JINXIANDAI CHUBAN BIAOZHI
SHEJI YANJIU

近现代出版标志设计研究

王艳云 ◎ 著

文化发展出版社
Cultural Development Press
·北京·

图书在版编目（CIP）数据

近现代出版标志设计研究 / 王艳云著 . — 北京：文化发展出版社，2021.12
ISBN 978-7-5142-3605-7

Ⅰ.①近… Ⅱ.①王… Ⅲ.①出版物－标志－设计－研究－中国－近代 Ⅳ.①G239.295

中国版本图书馆CIP数据核字（2021）第245030号

近现代出版标志设计研究

王艳云　著

出 版 人：宋　娜	
责任编辑：杨　琪	责任校对：岳智勇
责任印制：邓辉明	封面设计：盟诺文化

出版发行：文化发展出版社（北京市翠微路2号 邮编：100036）
发行电话：010-88275993　010-88275710
网　　址：www.wenhuafazhan.com
经　　销：全国新华书店
印　　刷：北京印匠彩色印刷有限公司

开　　本：710mm×1000mm　1/16
字　　数：281千字
印　　张：17.25
版　　次：2023年12月第1版
印　　次：2023年12月第1次印刷

定　　价：128.00元
ＩＳＢＮ：978-7-5142-3605-7

◆ 如有印装质量问题，请与我社印制部联系　电话：010-88275720

前言

标志作为视觉符号，是由特定的字体或图形等组合而成，有鲜明的信息传达功能。作为标志中的一种，出版标志既是出版机构的经营方略与企业文化的代表、象征，也是标志设计艺术与理念的展示。而最早的标志设计，则是由原始符号和图腾等发展而来。

上古时期，人类在集体狩猎或捕鱼的沟通中产生了语言，但无文字。随着火的发现和利用，人类生存方式有了较大的改变，在刀耕火种的同时，也开始使用契刻和结绳等方式来记事。但因无法解释一些自然现象，当时的人类崇拜万物，并在想象中创造出了主宰一切的神灵，用图形符号等替代或表现，并将之刻画在岩壁、陶器、工具或武器上，对其进行崇信与膜拜，后来这些符号图形逐渐发展演变为氏族部落的"图腾"，即原始的象征符号或标志。

当人类迈入文明时代后，随着社会生产与商品贸易的发展，古代的埃及、巴比伦、古印度及古希腊和古罗马等文明古国，陆续开始在各种陶器、金属器具和手工制品上刻画标记，以便于官方征税，或用于作坊主与工匠之间记账。遗存的古罗马庞贝城以及中东地区一些古代建筑物上，都曾发现刻有石匠专用的标志，如新月、车轮、葡萄叶等类似的简单图案，所有这些都逐渐成为后来标志的起源。与此同时，在当时亚洲的文明古国——中国，其商周青铜器铭文、秦砖汉瓦、铜镜和印信封泥上，也出现了刻有一些所有者、生产者的姓氏及产地等信息的符号或文字。

中世纪，随着欧洲的经济日益发展，各种行会组织逐渐壮大起来，要求在商品上打上行会认可的标志，以起到区分生产者的作用。由于行会标志在欧洲标志发展过程中起到承前启后的重要作用，从而被认为是欧洲标志发展的基础。同一时期的中国，在晋唐宋元的一些瓷器、漆器和金银铜铁制品上，也出现标明了生产者的作坊、地址，以及质量、防伪等标识。如"湖州镇石家念二叔照子"和"湖州真正石家念二叔照子"两种不同的印记，以及著名的山东济南专造功夫细针的刘家针铺的白兔商标等。此外，在图书出版领域，中国南北朝时期由于佛教的兴盛，大量佛经的抄写与传播需求，推动了雕版印刷的发明与兴起，至隋唐雕版印刷技术日趋成熟。宋代，中国又出现了活字印刷，促进了当时书籍业的迅速发展，官方、民营与个人书籍刻印出版纷纷涌现，在全国还形成了诸多的刻印中心。为宣示版权、防盗刻盗印，一些书坊还在刻印的书籍上印上坊名、文字或图形宣传防伪的牌记等，功能类似于现代图书的版权与出版标志，此种做法一直为后来的元明清所继承。

15世纪中叶，随着德国约翰内斯·谷登堡的金属活字印刷技术的发明与推广，书籍业也迅速发展，欧洲掀起了印刷出版的风潮，一些印刷商开始在印刷书籍的扉页或者封底印上代表自己印刷作坊的标志，如十字架与天球等，借以体现出版方、印刷商的身份乃至宗教信仰。随着时代的发展，欧洲印刷标志的设计形式也逐渐多种多样，有的采用格言、谐音与隐喻等方式来表现，还有的将家族的盾徽和纹章等也运用于印刷标志的设计。至18世纪，在工业革命浪潮的推动下，欧美各国生产行业竞争激烈，标志的使用范围日益扩大，出现了个体经营者专用于商业交易活动的标志设计。发展至19世纪初，现代意义上的标志设计及使用法则即商标制度在欧洲各国相继建立。且在工业化机器生产与传统手工生产的斗争中，欧美艺术设计领域陆续掀起了艺术与手工艺运动、新艺术运动、装饰艺术运动和现代主义设计运动等，这些现代设计运动的出现，直接或间接地影响到各国商品的标志设计，改变了自古典文明以来传统视觉表现及标志设计的内容和形式①。在印刷出版领域，传统的印刷工场早已被近现代出版机构所代替，一些大型出版社往往集印刷、出版、发行于一身，印刷标志也逐渐被出版机构标志所取代。与此同时，在世界潮流迅猛发展的背

---

① 庄黎，傅晓彪. 标志设计[M]. 武汉：华中师范大学出版社，2015：21.

景下，当时中国清王朝实行保守的闭关锁国政策，而近邻的日本在明治维新的西化与改革运动后，逐渐取代中国成为近代亚洲与欧美科技文化交流的代表。日本在向欧美学习现代工业文明的同时，也引入了印刷设备与技术，与世界现代图书出版发行几乎保持了同步发展的态势。欧美的书刊设计也借鉴了日本书籍的不对称题页排列及日本式装订与装饰方法等，而这些源自中国的书籍装订，以及中国创造的饾版印刷、拱花技术以及多色套印技术，在西方的观念中均刻上了日本特有的烙印。由此，与诸多领域一样，在近现代科技迅猛发展的潮流中，中国失去了与欧美国家及世界积极主动交往互进、同步发展的机遇①。

二

1840年鸦片战争开始以后，中国的国门被打开，西方工业商品大肆向中国市场倾销的同时，西方现代科技文化也随之输入。

在出版印刷领域，西方新兴的机械印刷设备与技术从晚清开始陆续输入中国，以往中国封建政府官刻、小私有者的坊刻及家刻等一统天下的局面，逐渐被近现代资本主义企业经营的新式印书馆和印书局所打破。其中1840年到1860年为外国传教士在中国创办新式现代出版企业的高潮期，如美华书馆、英华书馆、墨海书馆、格致书院以及益智会和广学会等。从1860年至1898年，清末"洋务派""维新派"积极学习西方先进技术，大力兴办新式出版机构如同文馆等。1898年到1911年是资产阶级民主派兴办出版阶段，如1900年留日学生在日本东京主持创办的刊物《译书汇编》，采用了当时新兴的现代书籍形式，即洋装书。与此同时，中国也出现了第一本洋装书，即1900年作新社发行、在日本印刷的日语教材《东语正规》，它的问世开创了中国现代书籍装订的先声，并很快影响到国内的上海、广州等地。至20世纪上半叶洋装书已占据中国出版市场的主流地位，成为最通行的新式书刊装订方式②。当时出版机构印行的洋装书，多采用机制纸，运用机器设备印刷，在装订上将传统线装书改为西式洋装书即平装书或精装书，书衣上舍去书名签条，用印刷宋体字、黑体字题写

---

① 沈珉．现代性的另一副面孔 晚清至民国的书刊形态研究[M]．北京：中国书籍出版社，2015：214．
② 徐雁，黄镇伟，张芳．中国古代物质文化史 书籍[M]．北京：开明出版社，2018：228．

书名。正文内容改传统的竖排为横排铅字，内页装饰及插图出现了诸如美女肖像、火车轮船、西洋人物等新题材。除此之外，洋装的平装书或精装书不仅有专门的版权页，在书籍的扉页或封底等还出现了出版社的出版标志等，这种形式不仅影响到中国新兴的洋装书即现代书籍的设计，还影响到当时线装书及其兼具出版标志与版权功能的牌记设计，如牌记标志图形设计与分布位置等。特别是中国近现代三大书局中的世界书局，还把卷帙浩繁的线装书改成洋装普及本，方便了读者翻检阅读和携带，大受市场欢迎，由此推动了传统线装书及牌记设计逐渐向现代图书及出版标志方向发展。

据《民国时期总书目》的统计，1912—1949年出版的各类中文图书（不包括线装书）124000余种，约占这一时期全部出版物的90%，涵盖了社会科学、科学技术等各个门类。其中社会科学和人文科学书籍占了绝大多数，且又以文学、政治、经济居多，占总数的45%，如哲学与心理学类3450种，宗教类4617种，社会科学总类3526种，政治类14697种，法律类4368种，军事类5563种，经济类16034种，文化科学类1585种，艺术类2825种，教育与体育类10269种，中小学教材类4055种，语言文字类3861种，中国文学类16619种，世界文学类4404种，历史地理类11029种，自然科学类3865种，医药卫生类3863种，农业科学类2455种，工业技术与交通运输类3480种，综合性图书类3479种等[①]。为了在竞争中占据优势地位，当时无论是平装本还是精装本，多重视书籍装帧设计。与此同时，为了展示出版机构形象，在市场竞争中保障自身权益，强化读者的认同感，出版机构大多重视出版标志的设计和使用，于是各具特色和寓意的出版标志设计纷至沓来。其中在标志设计的题材选择、设计手法、风格流派等方面，呈现出鲜明强烈的时代特征，中外融合的设计理念，以及大胆模仿与开拓的创新意识等，从而涌现出众多创意非凡、构思新奇、设计巧妙、风格隽永的优秀设计，如中华书局、商务印书馆、三联书店、良友图书公司等知名机构出版标志，被一直传承使用至当代。

中国近现代出版机构的出版标志，与日常生活用品如火柴、肥皂、香烟、化妆品、纺织品等商标不同，其设计所选题材中，动植物图形数量不仅大为减少，具有吉祥寓意的动植物更是有限。人物题材方面，日常生

---

① 段佩珠，程真. 北京图书馆的收藏与服务[M]. 北京：北京图书馆出版社，1998：60.

活用品商标设计热衷的神话传说、历史故事和戏曲人物形象不再，代之而起的是新兴各阶层的人物形象，如小学生、读书青年、知名学者、战场军人、劳动中的工人和农民等，此外还有来自西方艺术作品中的自由女神、播种者、思想者、工农兵等形象。现代科技图形题材方面，虽然出版标志与日用生活用品商标的题材类同，均使用了飞船、飞机、汽车、火车、轮船、地球仪、地图、引擎等图形，以及来自西方传统艺术样式如盾形、绶带、星辰等，但出版标志更多集中在地图、地球仪，以及大量象征着社会主义国家与共产党政权的镰刀、铁锤、五角星、齿轮和麦穗等图形上。还需说明的是，与同一时期的生活日用品商标设计不同，出版标志中没有出现反帝反封建的题材，以及在"提倡国货"号召下，也没有出现"雪耻""抵洋"等内容的图形设计。

在具体的表现形式方面，与日用品商标设计中具象写实的图形特点不同，近现代出版标志设计中的动植物及人物、建筑图形等日趋图形化，甚至还出现了大量的抽象化与几何化的设计。即便是在汉字标志中，除了传统的印章、封泥图形外，还出现了黑体美术字的几何形设计，如圆形、方形、三角形和菱形等，以及模仿西方商标设计的如中英文首字母的组合等。中文汉字书法标志中，中文印章式较多，无论是圆形、方形还是不规则形，大多延续了中华传统金石文化的流风余韵，阴文（或阳文）篆刻、隶书、楷体或行书等，大多形意相生，无不蕴含着深厚的文化精粹与意义象征。而适用机器印刷的新兴美术黑体字，将字体设计与探索的空间无限拓展，展现出前所未有的风格与气象。除了传统的书法文字外，近现代许多出版标志由图案和机构名称组合而成，有时会包括出版机构名称的英文名或简写名等元素。图书形态作为标志的基本构形样式，时常被许多出版机构所采用，如中华书局、商务印书馆、北新书局、开明书店等。在具体的设计手法上，近现代出版标志大量借鉴了中西方艺术作品，形式有雕塑、木刻、绘画等。在具体的文字与图形的设计上，采用了解构、穿插、借用、重合、叠置、错位等手法，使得出版标志设计呈现出渐变、透视、立体及动静结合等特殊视觉效果，增强了标志的形象性、生动性和独特性等，强化了其可识别和信息传达等效果，彰显出近现代标志设计的创造力与爆发力。此外，西方现代设计史上的几场风格探索运动，也在当时出版标志的设计上，留下了清晰的印记，如新艺术风格、装饰艺术风格和现代主义风格等。

三

　　中国近现代出版标志设计的局面开创与成就的取得，除了历史巨变、社会转型与中外文化空前的碰撞激荡等原因的推动外，还与当时参与图书出版的各类文化学者、艺术名家密不可分。他们来自诸多社会领域，虽然专业背景不同，但往往有着深厚的文化底蕴、中外贯通的学识胆略，以及大胆开放进取的探索精神，从而使得近现代出版及标志设计、发展与应用，呈现出包容性、开放性和多元性，出版标志的设计也展现出旺盛的生命力和创造力。

　　近现代出版机构早期还未形成专业的出版队伍，其从业人员来自社会多领域，呈现出多元化、复杂化等特点，由此也带来出版设计的职业化、专业化与非职业化、非专业化等并存的情况。其中最具代表性的是当时出版设计队伍，有些是来自专业的图案设计与书籍设计领域，如陶元庆、丰子恺、陈之佛、钱君匋等，他们在书刊装帧实践中，勇于创新，大胆尝试，从技术手法到艺术形式，既借鉴吸收外来影响，又注意继承传统，从而使近现代书籍的装帧、插画、封面和字体设计等，迈入了一个崭新的阶段。有些是来自艺术领域的画家，如司徒乔、孙福熙、王青芳、徐悲鸿、林风眠、庞薰琹、倪贻德、关良、张光宇、叶浅予、黄苗子、章西、池宁、黄永玉、丁聪、曹辛之等，这些画家也先后加入了书刊装帧设计的行列，且形成各自的个性化风格。这一时期除了画家外，还有不少作家本人也亲身参与到书刊的设计创作中，如鲁迅、闻一多、叶灵凤、沈从文、胡风、巴金、艾青、卞之琳、萧红、邵洵美等，他们主要为自己的作品设计封面，也为别人的版本做装饰。闻一多为新月书店，叶灵凤为创造社出版部，邵洵美为时代图书公司等就设计过多种封面[①]。对于这些躬身书籍装帧实践的设计师、艺术家和文化学者来说，做图书出版标志设计无疑也是其设计所及与兴趣所致。小小一枚出版标志的设计，往往凝聚着设计者的匠心和巧思[②]。如天马书店的出版标志由装帧艺术家陈之佛设计，其设计装饰性极强，颇有童话意趣。马为黑色，在马身之上画有两翼翅膀，并写有"天马书店"之名，马身弧形下写有天马书店的英文名，此标志是当时

---

① 吴永贵.中国出版史近现代卷：下[M].长沙：湖南大学出版社，2008：19.
② 上海市出版工作者协会编辑组.出版史料：第1辑[M].上海：学林出版社，1982：143.

出版标志设计的佼佼者①。新月书店出版标志为闻一多先生设计，他将书籍装帧巧妙糅合，一弯新月如镰，月儿两边拆嵌入一"新"字，字体曲折变形，如托月之烘云。晨光出版社的标志由著名美术家庞薰琹设计，他运用唐朝砖刻上的一幅鸡，制成了一个象征"雄鸡一唱天下白"的古雅、优美的图案。光明书局的明灯造型的出版标志，是书籍装帧名家莫志恒设计的。平明出版社标志是钱君匋设计的。开明书店的标志设计者是丰子恺，他既是画家，又是股东兼编辑。1926年丰子恺为开明书店设计店标后，还为叶圣陶、林语堂等编写的教科书绘制封面及插图，使得开明出版的图书在封面装帧及书内插图上与众不同②。新知书店的出版标志设计者是画家张谔，"一本打开的书上，似一把火炬，正在熊熊燃烧。……我们还开始印了由画家张谔设计的一个新知书店，这个最初的设计像是在一本书籍的前面有一根点燃了的火柴。后来，把火柴改成为火炬。它所包含的意义，显然是十分清楚的"③。良友图书公司的双鹅标志为出版人伍联德设计，圆形的黑色背景中，两只洁白的天鹅面对面凝视的瞬间，画面中形成"心"字图形，且双鹅口中还共同衔有良友拼音首字母LY组合的吊坠，双鹅合拢身旁的左右翅上分别有"良""友"二字，从而将"良友"心与心相通的寓意表达出来，构思设计皆巧妙，此标志成为良友著名的经典标志。

还有一些出版界的文化名人虽然没有亲自参与到出版标志的设计中，但他们作为出版人所具有的远见卓识，也直接或间接地影响到一些出版标志的选择与使用。1981年10月29日巴金致姜德明书信《关于文化生活出版社的商标》中提到，"文生社的商标是吴朗西选定的，借用了罗丹的雕塑，那个人在拔脚上的荆棘"④。（此处笔者认为有误，该雕塑作品不是罗丹的《思想者》，而是佚名罗马青铜雕像《拔刺的男孩》）。良友播种人的出版标志，当前学界多认为是来自国外一幅木刻画或者国外的木刻藏书票，有人将之称为耕种图或播种图，其线条粗犷，含义深远，当初编辑赵家璧专门选来做良友文艺图书的出版标志。当这幅图案第一次用在赵家璧主编的一角丛书上时，他还写过一段发刊词，专门谈了这幅播种图

---

① 张泽贤. 三十作家与现代文学丛书：下[M]. 上海：上海远东出版社，2018：833.
② 吴小鸥. 启蒙之光——浙江知识分子与中国近现代教科书发展[M]. 杭州：浙江工商大学出版社，2016：120.
③ 编辑委员会. 新知书店的战斗历程[M]. 北京：生活·读书·新知三联书店，1994：61.
④ 姜德明. 与巴金闲谈[M]. 成都：四川文艺出版社，2019：191.

的寓意，即"图书是精神食粮，编辑和作者，不都是精神食粮的播种者吗？"①除了良友外，中华书局的著名出版人陆费逵也主持设计并注册了中华书局的出版标志，一本精装书侧立着，封面上配以"中华"两字的篆书，古朴厚重，图书外围由连接在一起的缎带嘉禾环绕，寓意同心协力植根民族沃土与文化发展。该设计较好地把企业名称和发展理念融为一体，因而被沿用至今②。

四

综合而言，出版机构是一种商业与文化相结合的特殊产业，其发展既有一般商业化运作的特点，也有文化传播的独特性质，在社会中发挥着开启民智、传播文化、变革教育和普及知识等作用。其生产的产品——书籍除了商品属性外，还具备精神产品和文化价值的特性。相较其他标志或商标而言，出版标志设计往往注重图形的文化内涵，讲究设计的深刻寓意。因此，作为出版机构的企业形象代表的出版标志，其文化性、艺术性和精神内涵的呈现，多数较其他标志、标识或商标等要更加鲜明和突出。且因其强烈的文化属性，其设计的识别性、概括性、形象性、艺术性与审美性，以及时空上的延续性等尤为突出。因此，没有文化内涵的出版标志设计是苍白浅薄的，没有创意的设计是没有生命力的。正是基于这些特点与要求，出版标志设计在构思上需别出心裁，追求形中有意，并以最精练的造型语言、概括的装饰手法来表达深刻的含义，使之具有凝练生动而耐人寻味的视觉效果。

还需说明的是，相较其他标志或商标等设计，近现代出版标志通常只有方寸大小，且通常出现在书籍的封底、封面、扉页甚至书脊等位置。当出版标志在封面出现时，为了不喧宾夺主，通常出版标志不仅小，且多数为单线单色图形，标志也大多位于封面非核心位置，如封面的下方，距封面核心元素书名及著作者还有一定距离。即便是出版标志位于封底的中心位置，同样尺寸较小，更不用说书脊上的有限空间的标志设计。因此，由于出版标志的尺寸有限、色彩单一、位置多居于边缘位置，相对于其他领

---

① 丁景唐. 犹恋风流纸墨香：六十年文集 [M]. 上海：上海文艺出版社，2004：854.

② [日] 森哲朗. 中国抗日漫画史：中国十五年的抗日斗争历程 [M]. 于钦德等译. 济南：山东画报出版社，1999：30.

域的标志或商标，出版标志的设计往往是受限制的、非自由的设计，其设计成品也多数是浓缩版或袖珍版，因此在题材的选择上、设计手法上，文化内涵上都呈现出与其他标志或商标设计截然不同的区别与特点。

但毋庸置疑，近现代出版机构无论规模大小、知名与否，其出版标志的设计都各有千秋，除了大型出版机构的实力雄厚、有专门的设计部门或请专业名家进行设计外，更多的中小型出版机构，或是创办人率尔为之或朋友代劳，或偶然借用中外作品图形等，还有更多设计者的姓名已被历史所湮灭了。尽管如此，若能从题材、技法与使用等方面，近距离地观察其设计，也会捕捉到最真实、最贴近现实的生动表达。

鉴于此，为了能够尽可能全面且集中展示中国近现代出版标志设计的历史全貌，本书研究的时间段主要集中于20世纪上半叶。在撰写体例上分为上下两编，上编主要是近现代出版机构标志使用情况的梳理，其中包含代表性的民营商业、政社团体及外商在华出版机构及其出版标志使用等情况；下编为近现代出版机构标志设计风貌的研究，主要从出版标志的设计题材选择、设计手法表现与设计应用三方面进行阐述。

如今，历史跨越近现代已进入当代，随着社会的不断发展和进步，人类的社会活动及思维方式日趋复杂，但地域民族文化、宗教和语言等的差异，依旧是世界交流中不容忽视的壁垒和障碍，而出版标志以其鲜明的形象语言，表达了特定的内涵，成为人们沟通情感、交流信息、表达愿望的桥梁。审视当前中国出版标志，不难发现近现代出版标志的设计对其产生的深远影响，除了许多经典设计被一直沿用至今外，其设计题材的选择、设计方法和理念的运用等，也被很好地继承下来。在标志设计中依然选择植物题材的，如上海教育出版社、译林出版社、人民教育出版社和百花文艺出版社等；采用地球或地球仪的如西安地图出版社、中华地图学社、广州地图出版社、成都地图出版社等；以图书形象为题材的如中国中医药出版社、机械工业出版社、高等教育出版社、大象出版社等；采用印章形式设计的如人民文学出版社、九州出版社、学苑出版社、中国大百科全书出版社等；使用抽象形式的现代设计的，如二十一世纪出版社、湖南科学技术出版社、大连出版社等。

面对世界日益国际化的发展趋势，设计也要与时俱进。舍弃具象与写实的传统做法，追求几何化、抽象化的现代设计理念，正日益成为当前国际化的设计语言。但任何事物的发展都具有无法克服的两面性，过于抽象而影响普通大众的理解与认知，过于具象而影响标志设计的简洁辨识，造成接受性、应用性和实用性不高，所有这些无疑都是当下中国设计界在继承传统、面向世界时，要不断面对的挑战和课题。回溯历史，中国近现代的标志设计已经在20世纪上半叶的第一次挑战中，呈现了一张张生动有力的时代答卷，其中的经验得失至今不乏深刻的启迪意义和重要的参考价值。

作者

2023年5月

目录

上编　近现代出版机构标志使用状况

概　述　3

第一章　近现代民营商业出版机构标志　6

第一节　商务印书馆、中华书局与世界书局出版标志　6
 一、商务印书馆　7
 二、中华书局　19
 三、世界书局　24

第二节　大东书局、开明书店与文通书局出版标志　27
 一、大东书局　28
 二、开明书店　31
 三、文通书局　34

第三节　亚东图书馆、泰东图书局与良友图书公司出版标志　37
 一、亚东图书馆　37
 二、泰东图书局　39
 三、良友图书公司　41

第四节　广益书局、龙门书局、晨光出版公司等出版标志　45
 一、广益书局　46
 二、现代书局　52
 三、光华书局与光明书局　54
 四、龙门书局与晨光出版公司　58

第二章　近现代政社团体组织出版标志　　61

第一节　进步出版机构及标志　　62
一、新潮社与北新书局　　62
二、文化生活出版社与天下图书公司　　65
三、复社与改进出版社　　67
四、海燕书店与群益出版社　　70
五、生活·读书·新知三联书店　　73
六、文化供应社　　79

第二节　红色出版机构与标志　　81
一、《新青年》与新青年社　　82
二、解放社　　83
三、新华书店　　86
四、华北书店与韬奋书店　　94
五、吕梁与太行文化教育出版社　　97
六、大众读物社与东北画报社　　100
七、东北书店与战士出版社　　103

第三节　白色出版机构标志　　105
一、民智书局　　106
二、新生命社与新生命书局　　109
三、独立出版社　　111
四、拔提书店　　114
五、正中书局与汗血书店等　　115

第四节　中华职业教育社与其他社团出版标志　　117
一、中华职业教育社　　118
二、少年中国学会与中国青年党　　120
三、上海世界佛教居士林　　122
四、佛学书局与大法轮书局　　124
五、上海大雄书店与上海功德林佛经流通处　　127

第三章　近现代在华外国出版机构标志　　129

第一节　英国在华出版机构与标志　　131
一、别发印书馆　　131

二、麦美伦公司与英商公会　　133
第二节　日俄在华出版机构与标志　　136
　　一、日本堂与金星堂　　136
　　二、柴拉出版社与时代出版社　　138
第三节　美加在华出版机构与标志　　142
　　一、广学会　　142
　　二、青年协会书局　　147
　　三、华英书局与时兆报馆　　151
　　四、中华浸会书局与上海华美印书馆　　153
第四节　意法在华出版机构与标志　　155
　　一、慈幼印书馆　　155
　　二、土山湾印书馆　　158
　　三、益世报馆与崇德堂　　160
　　四、香港公教真理学会　　163

下编　近现代出版标志设计整体风貌

概　述　　167

第四章　近现代出版标志设计题材的丰富性与选择性　　169
第一节　人物、动植物与建筑风景　　169
　　一、人物与动物图形　　170
　　二、植物与花果图形　　176
　　三、建筑与自然风景　　177
第二节　书籍文字与书写工具　　179
　　一、书籍文字与字体　　179
　　二、古今中外书写工具　　188
第三节　天体图仪与车船武器等　　189
　　一、日月星与地图地球仪　　190
　　二、车船飞机与齿轮船舵　　196
　　三、火炬灯烛与镰锤枪弹　　200

第五章　近现代出版标志设计方法的多样性与创新性　202
第一节　灵活的文字与图形设计　202
一、文字标志设计　203
二、文字与图形的组合设计　209
第二节　中外经典美术作品的借鉴　212
一、绘画作品　212
二、版刻作品　215
三、雕塑作品　217
第三节　中外设计形式风格的融汇　221
一、对中国传统古籍牌记的发展　222
二、对西方现代设计运动风格的借鉴　228

第六章　近现代出版标志设计与使用杂象　235
第一节　出版标志的位置与数量　235
一、标志位置的不确定性　236
二、标志的多寡与应用随意　242
三、单标志的使用与限用　247
第二节　标志设计的混用与冒用　248
一、同名近名机构不同标志　248
二、异名机构相同相近标志　251

主要参考文献　254

后　记　259

上编

近现代出版机构标志使用状况

概　述

中国近现代新兴出版业经历了萌芽发展与繁荣衰落的发展历程，特别是在20世纪上半叶历史巨变、社会转型与时局动荡的夹缝中，民营出版业迅速崛起，取代了昔日以官办书局和教会出版为主导的出版市场。其中商务印书馆与中华书局两大出版机构的出现，改变了外国人在华出版机构的优势地位，奠定了我国现代出版业的基础[1]。而且民营商业出版机构多仿照现代出版模式，学习科学的管理方式，采用先进的机械印刷设备与技术，从根本上改变了以往传统雕版印刷耗时耗力的状况，且大批量的机械造纸与印刷出版，使得市场上物美价廉的新式现代图书大量涌现，书籍日益成为社会大众可以广泛涉足阅读学习的领域。与此同时，中国文人也从昔日"文不苟作"，转变为"率尔成书"，由此推动书籍的撰著、印刷、出版、购买、阅读与收藏等风潮。书籍正式从过去社会上层精英独享的专利，逐渐下移至普通社会群体共享，大众出版与阅读的时代从此开启[2]。

需要说明的是，20世纪上半叶由于实行出版登记制，社会个体进入出版业的门槛较低，一时间先后涌现出大大小小近万家出版机构，导致出现了出版主体多元化、机构复杂化、竞争白热化等局面[3]。随着出版市场的发展，不同社会群体的多样化需求，促使近现代出版模式与内容呈现出传统与现代齐头并进的发展局面。从出版机构的发展规模来说，当时的出版机构有大型、中型、小型之分，其中大型出版机构多为民营商业性质，如知名的商务印书馆、中华书局、大东书局、世界书局、中美图书公司、神

---

[1] 郭豫明. 中国近代史教程[M]. 上海：华东师范大学出版社，1997：39.
[2] 褚金勇. 作为变革动因的印刷机：中国近代文人著述出版的观念转型[J]. 出版发行研究. 2019：8.
[3] 肖东发. 中国出版通史[M]. 北京：中国书籍出版社，2008：4.

州国光社、良友图书公司等，多是资产达到25万元以上，职员人数达几百人甚至几千人，且大型出版机构一般都自设印刷部门与发行系统，其分支机构遍布海内外。中型出版机构也为数众多，资本一般在1万～25万元，主要有广益书局、现代书局、北新书局、华通书局、文明书局、有正书局、新亚书局等。除此之外，当时更多的出版机构多属于1000元以下的小型书局或书店等①。从出书性质来说，出版机构又有综合性和专业性之分，综合性出版机构多为大型出版机构，如商务印书馆、中华书局、大东书局、世界书局、开明书店等；专业性出版机构主要有法学书局、佛学书局、世界舆地学社、中医书局等，主要出版某一专业领域图书；还有一些专门出版经营古籍的机构，如扫叶山房、校经山房、抱经堂书局、来薰阁、来青阁、文瑞楼、著易堂、千顷堂书局等②。此外，若从经营性质与属性来看，近现代出版机构多为民营商业机构，同时还有党派政社组织机构，以及在华外商出版机构等。

无论是大型民营出版机构，还是中小型党派政社团体与在华外国出版机构，这些不同规模性质的出版机构，有的善于经营，后来发展成为行业的翘楚；有的定位不准，错失了发展机遇；有的不善运作，勉强维持；更多的出版机构如昙花一现，很快便湮没于历史的长河中。但不管是哪一种情况，为了在竞争激烈的出版市场赢得生存发展的机会，出版机构往往相互学习、取长补短，特别是在借鉴现代出版体制方面，大多重视自身出版机构的形象塑造与宣传，出版的图书上开始大量使用出版标志，不仅民营商业出版机构如商务印书馆、中华书局、世界书局、开明书店、大东书局、良友图书公司、生活书店、文化生活出版社、现代书局、海燕书店、群益出版社、龙门书局、晨光出版公司等，还有众多政社党派团体与外商在华出版机构等也同样，由此达到了出版机构形象宣传、市场营销和申明版权、防止假冒等一举多得的目的。

需要说明的是，使用出版标志的近现代出版机构中，发展历史较长的如商务印书馆、广益书局等，前后使用过的出版标志多达十余种，设计手法中西兼有，传统与现代风格兼备。有的出版机构出版标志却只有一种或两种，或三四种至五六种等，如中华书局、世界书局、良友图书公司、提拔书店、正中书局、独立出版社、上海佛教居士林、佛学书局、华英书

---

① 陈丽菲. 上海近现代出版文化变迁个案研究[M]. 上海：上海辞书出版社，2016：28.
② 陈昌文. 都市化进程中的上海出版业 1843—1949[M]. 上海：上海人民出版社，2012：198.

局、时代书局、上海土山湾印书馆等。特别是抗日战争与解放战争期间，中国共产党领导的解放区出版机构，因生活和生产条件极其艰苦，在纸张与印刷设备极其有限的情况下，出版发行的图书中，也有一部分使用了具有红色革命象征意义的镰刀、锤子、齿轮和五角星等元素的出版标志，如解放社、华北书店、新华书店、东北书店和战士出版社等。此外，也有诸多的出版机构，无任何出版标志。但无论哪一种环境与情况，近现代出版标志的设计早期不乏模仿的痕迹，且历经探索与发展后，也出现了一些优秀经典的设计，有的还一直被沿用至当代。总之，近现代出版标志设计既展示了出版机构的经营理念、精神追求与远景展望，又揭示了出版标志设计在探索发展的过程中，逐步提升与优化，以及大胆突破与创新等，所有这些都为中国近现代平面设计积累了大量丰富的经验，开辟了道路。

第一章
近现代民营商业出版机构标志

20 世纪上半叶中国出版领域先后出现了"三大""五大""六大"与"七大"等机构排名，其中"三大"指的是商务印书馆、中华书局、世界书局，"五大"是在"三大"的基础上增加了大东书局和开明书店，"六大"是在"五大"基础上又增加了第六大书局即正中书局。1937 年全面抗战爆发后，为推行国定本教科书，南京国民政府教育部在"六大"的基础上，又增加了贵阳文通书局，组成了"国定中小学教科书七家联合供应处"，即为"七大"排名的由来。本章所论民国出版机构，侧重于民营商业性质，相关章节顺序采用"七大"的排名，即商务印书馆、中华书局、世界书局、大东书局、开明书店与贵阳文通书局（正中书局隶属于国民政府，是官营党派出版机构，将在第二章政社团体组织出版机构中阐述）。这些大型商业出版机构多数创立时间较早，有的在相对较长的发展进程中使用过诸多的出版标志，且因其出现的历史阶段不同，这些出版标志的形态各不相同，从侧面揭示了出版机构经营理念、发展目标及标志设计风格的发展变迁。此外，知名中小出版机构，在参考其出版规模、数量、社会影响力的同时，重点关注其出版标志设计风格较为突出或具有代表性的，如良友图书公司、亚东图书馆、泰东书局、广益书局、现代书局、龙门书局与晨光出版公司等。

第一节　商务印书馆、中华书局与世界书局出版标志

三大出版机构中，商务印书馆是目前发现最早也是使用出版标志最多的出版机构，前后达 17 个之多，且有的标志使用时间还跨越了中国近

现代至当代，成为中国出版标志设计与使用的集大成者。商务印书馆的出版标志设计既有对传统形式的继承发展，又借鉴西方图形及现代风格的设计，更融合了中西方文化的优秀经典设计。从商务印书馆使用过的众多出版标志中，可清晰地看到近现代中国出版标志设计在不同历史阶段走过的发展历程。大型出版机构使用的出版标志数量，排在商务印书馆之后的是中华书局和世界书局。与商务印书馆相比，二者的数量分别只有商务印书馆的四分之一，即均为4个，且包含丛书标志在内。但中华书局经典的出版标志设计，自20世纪初开始使用，一直被沿用至今，是独特的例子。与商务印书馆和中华书局不同，世界书局的出版标志与其名称一样，在图形方面率先使用了地球仪，具有放眼世界、包容宇宙之寓意，其出版标志设计引发了诸多中小出版机构效仿，一时间以地球仪为题材的出版标志设计如雨后春笋，成为近现代标志设计中的一道独特风景。

一、商务印书馆

商务印书馆（英文名 The Commercial Press）是中国近现代出版领域中历史最悠久的出版机构。1897年创办于上海的商务印书馆，早期的创办人先后有夏瑞芳、高凤池、鲍咸恩、鲍咸昌等。商务印书馆创建之初以印刷为主，是一个专门印制商业簿记的小印刷所。发展至1901年增资改为股份有限公司，曾任前清翰林的维新派人物张元济加入，后陆续开设印刷厂、编译所及发行所等。此外还先后聘请高梦旦、王云五、蔡元培、老舍等文化名人加盟，逐步将编写出版大、中、小学等各类教科书作为核心业务后，商务印刷馆的发展规模迅速扩大，开始从印刷业走向出版业，业务范围也从教科书逐渐扩大至社会科学、自然科学及工具书等，最终均取得了辉煌的成就。在商务印书馆最繁荣时，其出版物占全国总量的半壁江山以上，位居出版领域首席地位。其出版的图书大致分为五类：第一类为教科书，以自编的国文、历史、地理等中小学教科书为主。第二类是现代文化普及丛书，如《万有文库》《大学丛书》等。第三类是各类古籍丛书，如《四部丛刊》《百衲本二十四史》《丛书集成》等。第四类为工具书，先后推出过《新字典》《辞源》《综合英汉大辞典》《四角号码辞典》，以及根据学科分类的植物学、动物学、医学、地质矿物学、哲学等辞典，还有中外人名、地名辞典等。第五类为期刊出版，如商务印书馆主办的《东方杂志》《小说月报》《英文杂志》《妇女杂志》《儿童画报》等。商务印书馆除了出版发行书刊外，还经营图书馆、创办小学和成人职业培训班、制造教具，涉足广告和保险业，并积极参与各项社会公益事业。如商务印书馆设立了东方图书馆、尚公小学校，制造生产教育器械设备，一度还参与拍摄电影等①。通过这些积极有效的举措，商务印书馆壮大了规模，增长了实力，在出版市场激烈的竞争中巩固了自己的地位，成为民国时期的出版巨头，对新式民营出版业的发展起到了积极的示范与带头作用。在商务印书馆的影响下，文明书局、开明书店、广智书局、有正书局、贵阳文通书局、小说林、群学社等新式现代出版企业如雨后春笋破土而出。由此，民营出版队伍日益壮大，并逐渐取代了清以来的教会出版、官办书局而成为近现代出版界的主要力量。

目前发现商务印书馆出版的图书上，先后使用的出版标志有 17 个之多，包括清末 4 个，民国时期 10 个，新中国成立后 3 个，其中尤以民国时期的数量最多、风格最为独特。

清末	1905 年	1906 年	1908—1909 年	1910 年
民国	1910—1913 年	1914—1922 年	1916 年	
	1915—1916? 年	1915—1921? 年	1917—1920? 年	
	1922—1929? 年	1926—1937? 年	1926—1951 年	1934?—1951? 年

---

① 侯怀银.民国教育学术研究 [M].长沙：湖南教育出版社，2018：298.

新中国			
	1950—1953 年	1956 年	1949 年至当代

（一）月桂枝与"商"字组合标志

目前发现，商务印书馆成立后的第八年即1905年，出版的"洋装书"即现代平装书或精装书上就已开始使用出版标志，1905年出版的《毛笔习画帖》（第二、三、五、六编）封底，出现了形似月桂枝叶环绕"商"字的标志。同样的标志还出现在商务印书馆1905年出版的布面精装本《增广英字指南》封底正中。在西方文化里，月桂枝叶是胜利、荣耀与智慧的象征，还有"赞美"及"敬意"等内涵，把月桂树的枝条做成花环的形状戴在身上或头上，是一种胜利或杰出的象征。古希腊人就曾以桂树叶编成冠冕，授予杰出的诗人，以示对其推崇和赞扬。在中国古代，传统的科举考试一般都在秋季，恰逢桂花盛开，也常把夺甲登科比喻成"折桂"。由此推知，商务印书馆早期的这枚出版标志设计，采用月桂枝图形，且将月桂枝系带成花环的样式，环绕中间的"商"字，其设计中西文化融合，象征寓意鲜明。

 1905 年	 《毛笔习画帖》第六编

（二）凤凰合抱印章形标志

凤凰是中国古代传说中的神鸟、祥瑞，也是百鸟之王。凤凰形体高大，约6尺至1丈，有柔而细长的脖颈。其喙如鸡，颔如燕，身上羽毛还有美丽的花纹。1906年商务印书馆出版的《毛笔习画帖》与《中学铅笔习画帖》的封底，出现了凤凰展翅合抱方印章形标志，其上书有篆体"商务印书馆"几个大字。

| 1906年 | 《中学铅笔习画帖》 | 《毛笔习画帖》封底 |

（三）青龙环绕印章形标志

大约在 1908 年至 1909 年，商务印书馆出版的图书上出现了青龙环绕方印章形的标志。青龙又称苍龙、孟章，是中国古代神话传说中的神龙，为"天之四灵"或"四象"即"青龙、白虎、朱雀、玄武"之一。此外，青龙居于"四象"中的首位，古人又按阴阳五行给五方配色，因其位于东方主木，代表色为"青"，故名"青龙"或"苍龙"等。青龙身似长蛇，麒麟首，鲤鱼尾，面有长须，犄角似鹿，有五爪，形象威武。1878 年清朝政府海关试办邮政，发行的邮票上就出现了青龙的形象。清末民初随着封建帝制的衰落与崩溃，象征着帝王形象的龙，开始走下神坛，成为民间大众文化的一部分。

| 1908—1909 年 | 《世界新舆图》 | 《世界新舆图》封底 |

有关这枚青龙标志，学者陈巧孙曾在研究中提到商务印书馆还将其用作店徽。"一本由吕瑞廷、赵澂璧编辑的《新编中国历史》，系商务印书馆光绪三十四年 (1908) 出版，该书当年发行六版，封底正中就印有一个颇为不小的青龙图案的出版标记。据熟悉书业掌故者言，它曾兼作老'商务'的店徽①。"除了《新体中国历史》一书外，目前笔者发现清宣统元年即 1909 年商务印书馆出版的《世界新舆图》封底的正中，也有同样的

---

① 陈巧孙. 小谈"出版标记" [J]. 《出版史料》 第一辑. 学林出版社，1982：141. 此处需要指出的是，该文中提到的《新编中国历史》，应为《新体中国历史》一书。

青龙形象的出版标志。标志中青龙孔武有力，龙身粗壮并卷曲成圆形，中间环绕的方印章形上，书有"商务印书馆"五个篆体字。且青龙中间与后方，还有方形框及放射状光芒的底纹等。

（四）"商"字镂空脸谱形标志

1910年在商务出版的《铅笔画范本》第四编、《水彩画范本》第十编、《钢笔画范本》第八编的封底上，出现了类似镂空的脸谱形的篆体"商"字标志，该标志设计抓住了篆体"商"字的整体造型特点，运用图形化的方式，将"商"字以脸谱形呈现出来，是文字图形化标志设计的代表。

| 1910年 | 《水彩画范本》第十编封底 | 《钢笔画范本》第八编 |

进入20世纪后特别是上半叶，商务印书馆使用的出版标志数量越来越多，目前发现的数量多达十种，这在当时也是少有的现象，这些标志主要有盾形、梅花形、印章形三种标志，以及商务印书馆英文名首字母CP与藤蔓组成的三种西式风格标志等。

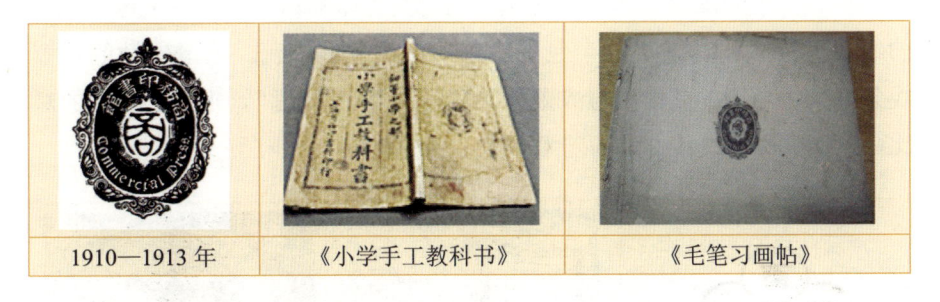

| 1910—1913年 | 《小学手工教科书》 | 《毛笔习画帖》 |

（五）盾牌与中英文组合标志

作为防御武器的盾牌，中西方古代、近现代皆有，但西方的盾牌形状最后还发展成为纹章与徽章的主要样式之一。商务印书馆在清末民初之间使用的盾形标志，其整体造型、装饰纹样与风格，呈现出鲜明的西方盾形纹章或徽章样式，其外缘边饰为西方常见卷草纹，但在盾形内的正中间为白底黑文的中文篆体"商"字，其上部弧形分布有"商务印书馆"五个中文楷体字，下部为商务印书馆的英文名"Commercial Press"。

目前发现商务印书馆出版发行的图书中，使用该盾形标志的图书相对之前的出版标志的图书较多，其中主要有：

- 1910年吕瑞廷、赵澂璧辑《新体中国历史》
- 1911年[日]尾竹竹坡、徐永清著《毛笔习画帖》（第一编）
- 1912年商务印书馆编译所编《小学手工教科书》
- 1913年王季烈编译《动物学新教科书》
- 1914年周越然等编《初级英文法教科书》
- 1914年徐铣校《鲁滨逊漂流记》

……

（六）梅花与中英文组合标志

中国传统文化中，梅、兰、竹、菊被称为"四君子"，是古人借物寓志的重要体现之一，因此"四君子"题材成为中国诗文书画中常见的形象。"四君子"之一的"梅"，形象多为枝干苍老古拙，花开傲雪凌霜，是高洁坚贞之品德、玉骨冰肌之姿质的象征。且梅开暗香袭人，非凡花俗物可比。梅花五瓣，文人画梅多以五小圆圈圈之，有正、有反，有侧、有倚，形象生动活泼。

目前发现自1914年开始，商务印书馆出版的图书上，出现了梅花形出版标志。标志中似用毛笔线条勾勒五瓣梅花，每个花瓣中各有一个商务印书馆名称中的汉简隶体字。梅花中间为商务印书馆英文名首字母C与P的组合，且P被置于C的半包围中，形似层叠的花蕊。毛笔勾勒的花瓣线条细劲、轻巧、灵动，与浓墨绘就的厚重"CP花蕊"，形成了鲜明的对比，是出版标志设计中书画艺术完美结合的典范。

| 1914—1922年 | 《新体师范讲义》 | 《西洋演剧史》 |

商务印书馆的梅花形标志的使用时间大约是1914—1922年，前后历

时八年左右，相较前面几种标志而言，该标志使用时间相对较长。且同时期设计使用类似梅花形标志的还有其他出版机构，如亚洲文明协会等，可见其影响之大。但在具体的标志设计中这些梅花形似神异，少了商务印书馆的留白、灵动和生趣。商务印书馆使用梅花形标志的图书较多，目前发现的主要有：

- 1914 年王季烈编译《物理学教科书》
- 1916 年王季烈编译《动物学教科书》
- 1916 年梁启超著《国学蠡酌》
- 1916 年蒋维乔编《教育学讲义》
- 1917 年宋文尉著《文法津梁》三册
- 1917 年庄俞编《新体师范讲义》
- 1917 年杜亚泉等译《盖氏对数表》附用法
- 1919 年吕瑞廷、赵澂璧辑《新体中国历史》
- 1919 年胡宪生编著《西兰蝶》（全一册）
- 1916 年许家庆编纂《西洋演剧史》
- 1920 年 [美] 盖葆耐编《实用英语教科书》（第一册语言练习）
- 1920 年商务印书馆编译所《初级英语读本》
- 1920 年哈金斯著《英文中国地理》

……

（七）印章形状与文字组合标志

商务印书馆还有两种出版标志，外形均类似印章形，且一方一圆。方印章形标志，上书近似于篆隶的"商务书馆"四个大字，其正中还有一个小的篆书"印"字。该枚标志黑底白文，文字布局饱满，有密不透风之感；圆印章形的标志，白底黑文，隶体竖扁，纵向取势，笔画疏密有致；其章面的文字布局，因受圆印章外形轮廓的限制，在具体的设计与处理中，相应的笔画或变形或削减，或适度地采用缺笔与断笔的手法，从而使得整体有一种含蓄蕴藉之美。

商务印书馆使用这两种印章形出版标志的图书主要有：

- 1916 年梁启超编《曾文正公嘉言钞》
- 1924 年贾丰臻等编译《有机化学教科书》
- 1924 年周越然编纂《现代英语初中教科书》第二册

- 1924 年郑辟疆编纂《虫体病理教科书》
- 1925 年郑辟疆编纂《虫体生理教科书》
- 1925 年 [美] 华盛顿·欧文著 林纾 魏易 译述《拊掌录》
- 1929 年商务印书馆编《动物学》
- 1926 年商务印书馆编《曾文正公嘉言钞》

……

1916 年	《曾文正公嘉言钞》封面	《曾文正公嘉言钞》封底
1922—1929 年	《动物学》	《拊掌录》

此外，商务印书馆类似的印章形标志还有一枚，出现在 1927 年出版的《文学大纲》一书上，在其书脊下端出现了一枚圆印章形标志，印章内有篆书"商务"二字。新中国成立后的 1956 年推广简化的汉字，该标志中的篆书"商务"，随之变为简化字。

目前发现使用印章形与篆书"商务"组合的标志图书，如：

- 1927 年郑振铎著《文学大纲》
- 1931 年 [日] 大村西崖著《中国美术史》
- 1934 年匡文涛编《微积分学讲义》
- 1949 年 [英] 喜斯考克斯著《化学工艺制造秘典》

……

1934?—1951? 年　《文学大纲》　《中国美术史》　《化学工艺制造秘典》

（八）CP 与藤蔓的组合形标志

商务印书馆早期不仅出版英文西学著作，还通过翻译出版了大量中国文化经典与中国问题论著等来传播中国文化。如1931年冯友兰的《英译庄子》（*Chuang Tzü*），何沙维译《墨子》（*Micius*），林文庆译《离骚》（*The Li Sao, An Elegy on Encountering Sorrow*），以及1926年梁社乾（George Kin Leung）翻译的《阿Q正传》（*True Story of Ah Q*），1939年林疑今（Lin I-chin）等翻译的《老残游记》（*Tramp Doctor's Travelogue*）、高尔德著《中国古代教育思想史》（*H. S. Colt: The Development of Chinese Educational Theory*），1935年萧恩承著《中国近代教育史》（*Theodore E. Hsiao: The History of Modern Education in China*），实业部银价物价讨论委员会编的《中国银价物价问题》（*Ministry of Industry: Silver and Prices in China*），吴芷芳（C. E. Wu）的《中国政府与政治》（*Chinese Government and Politics*），张印堂（Y. T. Chang）的《西北经济地理》（*The Economic Development and Prospects of Inner Mongolia*）等，这些著作多涉及哲学、教育、文学、艺术、历史、政治、经济、法律、文化、地理、矿业等领域[①]。

在商务出版的这些英文书籍上，出现了三种西式风格的标志。这三种标志大同小异，均以商务印书馆的英文名首字母C与P为核心元素，与繁简不同的西式卷草纹组合在一起，外部轮廓整体呈菱形。菱形的中心是英文花体大写字母C与P的上下穿插组合。目前发现这种风格的标志，出现在以下书籍的封底中：

- 1916年 [美]JAMESBAIDWIN《泰西五十轶事》

---

① 张志强. 1949年前商务印书馆的英文出版探析 [J]. 中国出版 . 2013(23)：13.

- 1918年《罗马大将该撒》
- 1919年马骥注释《威克斐牧师传》
- 1920年周越然编《英语模范读本》第一册
- 1920年吴兴周编《天方夜谭》
- 1918年梁溪裘译注《麦皋莱约翰生行述》
- 1920年商务印书馆编译所英汉对照《伊索寓言详解》

……

标志之一		
	1915—1916年	《泰西五十轶事》 《泰西五十轶事》
标志之二		
	1915—1921年	《威克斐牧师传》 《罗马大将该撒》
标志之三		
	1917—1920年	《伊索寓言详解》 《麦皋莱约翰生行述》

（九）字母CP与"商"字几何图形标志

20世纪上半叶商务印书馆还使用了两枚现代风格的CP出版标志，是互为阴阳文与"商"字的组合。其中阴文商字标志是在深色阴影的底纹衬托下，商务印书馆的英文名首字母C与P，组合成形似中文的"印"字，而在"印"字中间含有一个圆形的"商"字，中英文名皆涵盖其中。该出版标志的整体外形为三角形，但仔细观察该三角形又类似一把钥匙，又似一个奖杯。但无论哪一种，其标志设计的寓意都十分鲜明。与之相对应的阳文"商"标志，其设计中"C、P"与"商"字组合不变，但去掉了底纹。由此形成了主体的黑白对比，效果突出，一目了然，成为商务印书馆的经典标志，相较其他该标志在20世纪上半叶使用的时间较长。

此外，通过《民国商标汇刊》中的注册登记信息来看，商务印书馆的这两枚阴文和阳文标志，除了用于出版标志外，还用于其经营的文具、纸及其制品、颜料、油漆、理化学、测量、照相、教育等器械器具上，以及"不属于别类的机械器具及其附件"等之上①。

目前，发现的商务印书馆使用"C、P"与商字组合标志的图书比较多，其中主要有：

- 1920年[美]布里氏著、徐甘棠译《新式算学教科书》
- 1923年周越然编纂《新学制英语教科书》
- 1926年张华基、李许频著《女子刺绣教科书》
- 1926年郑辟疆编纂《虫体解剖教科书》
- 1926年凌鸿勋编《铁路工程学》
- 1926年梁启超著《中国文化史稿》第一编
- 1927年胡云翼编著《唐代的战争文学》
- 1928年[英]梅克洛克弗尔曼著 汪今鸾译《挪威一瞥》
- 1928年胡怀琛等著《新撰国文教科书八册》

……

1926—1937?年	《铁路工程学》	《第六才子书》

---

① 实业部商标局.民国商标汇刊[M].北京：知识产权出版社，2012：475.

1927—1952年	《唐代的战争文学》	《挪威一瞥》

（十）麦穗、齿轮、五角星与图书等组合标志

商务印书馆在1949年至1955年，使用了与红色革命元素有关的标志设计，如五角星、麦穗和齿轮等，虽然后二者只展现了局部，但其象征意义不言而喻。

目前发现商务印书馆的图书上出现该标志的主要有：
- 1950年吴泽炎编译《人体和疾病》
- 1950年周方白著 《绘画基本理论》
- 1950年寒荔辑《奖金剧选》
- 1950年黄逸之编著 《邹韬奋》
- 1950年陈浩雄编著《图案之构成法》
- 1952年萧寒编著 《郿鄂的音乐》
- 1952年丁士著《为什么》
- 1952年李舒编著《谈谈农村养鸡》
- 1953年凌永乐编著《日常生活中的化学知识》

……

此外，这一时期商务图书馆还有一枚打开的图书与"商"字组合的标志，该标志一直沿用至今。且这一时期商务印书馆的出版标志使用，往往是两三种标志同时使用，或在封面，或在封底，或在书脊下端等位置。具体如：
- 1950年伍匡甫著《猿类的生活史》
- 1951年王维克译注《自然界印象》
- 1952年张姞民著《谈谈维生素》
- 1952年赵又廷著《四角号码新词典》
- 1953年吴裹《生理学大纲》
- 1954年黄焕焜、马大强编译《电表》

- 1956年东北工学院（现名为东北大学）数学教学组编译《初等几何学教程》
- 1955年杨树达著《高等国文法》

……

1950—1953年	《谈谈农村养鸡》	《郿鄠的音乐》
1949至当代	《初等几何学教程》	《四角号码新词典》

二、中华书局

商务印书馆创立后逐步从印刷走向出版，并逐渐成为教科书出版领域的代表。其实辛亥革命成功后，最先推出适合民主共和政体教科书的，是与临时政府同时成立的中华书局①。1912年由陆费逵筹资创办于上海的中华书局，在创立之初就提出"教科书革命"和"完全华商自办"的口号，以出版中小学教科书为主，并印行古籍、各类科学、文艺著作和工具书等，因此在图书市场上中华书局与商务印书馆形成了竞争关系。1915年中华书局改公司添资本，广设分局，自办印刷，后又盘入文明书局、民立图书公司和聚珍仿宋印书馆等。1916年中华书局设分支局40处，在上海设立印刷总厂，成为合编辑、印刷、出版发行为一体的大型出版机构②。在人才方面，中华书局先后延揽汇聚的编辑人才有舒新城、张相、金兆梓、黎锦晖、左舜生、陈启天、钱歌川、吴铁声、张闻天、田汉、潘汉年、王宠惠、陶行知、刘大杰、马君武等。但与商务印书馆不同，中华书局的这

---

① 吴洪成.中国近现代教科书史论[M].北京：知识产权出版社，2017：206.
② 陈明远.文化人的经济生活[M].西安：陕西人民出版社，2013：88.

支编辑队伍中教育家占有更多的位置，如范源廉、余家菊、陈启天、舒新城、黎锦熙、庄泽宜、陶行知等多以教育名世[①]。在此背景下，20世纪初中华书局凭借教育名家团队及新式教科书的编撰力量而迅速崛起。除了致力于出版小学、中学及师范教科书外，中华书局还开始编纂字辞典等工具书，服务于教学及学生修业之用，随后又延伸至人文社科、学术图书、工具书、古籍和杂志出版领域，迅速发展成为与商务印书馆并列的民间第二大出版机构。

但相对于商务印书馆在出版标志的设计与使用上，中华书局的出版标志数量较少，目前发现的共有4种，其中最经典的是自1915年至当代一直使用的嘉禾与图书组成的出版标志。还有两种是不多见的中华书局英文名首字母穿插组合标志，以及中华书局英文名首字母与嘉禾组合标志。此外，中华书局还有一种钥匙串形的丛书标志等。需要特别指出的是，在近现代出版机构的标志使用中，中华书局的出版标志位置固定，尤其是其经典标志，一般都出现在书籍的封底，即便是出版的英文著作中，在封面或扉页出现了英文名首字母与嘉禾组合的新标志，其封底依然是经典的第一枚标志，这在当时的出版领域中较为少见。

（一）书与嘉禾组合标志

嘉禾在中国传统文化中为吉瑞的象征，古人将一禾两穗、两苗共秀或三苗共穗等生长异常的禾苗称为嘉禾，且嘉禾的出现是政治清明、天下太平的象征。近现代尤其是20世纪初嘉禾图案流行，并逐渐取代了清朝的龙纹而常出现在徽章、奖章、勋章与货币之上[②]。中华书局的经典标志就是嘉禾与图书的组合，标志中一本竖立的新式硬皮精装书，书的封面有两个巨大的"中华"篆体字，环绕书籍左右的是一禾两穗的嘉禾，该经典标志中华书局一直使用到现在。

从目前收集到的资料来看，中华书局开始使用嘉禾与图书组合的经典标志的时间大约为1915年，在此之前的图书中，目前还未发现使用出版标志的情况。自1915年开始使用该标志的图书主要有：

- 1915年谢蒙编《孔子》
- 1915年裘毓麟编《清代轶闻》

---

① 罗智国.近代中国书业的非凡时代 1905—1937[M].合肥：黄山书社，2017：99.
② 张仲淳.林元平.台海遗珍：厦门市博物馆藏涉台文物赏鉴[M].上海：学林出版社，2014：71.

- 1916年王梦阮著《红楼梦索隐》
- 1919年江山、杨文洵 编著《新制外国地理教本》
- 1921年李登辉、吴县杨锦森编《改订新制中华英文教科书》第一册
- 1933年初级中学用《新中华国语与国文》

……

| 标志之一 | 《孔子》 | 《改订新制中华英文教科书》 |

还需说明的是，1921年中华书局出版、由但焘等编著的《清朝全史》（1～4册），在其每一册的封底都有一枚中华书局标志，该标志虽然也是图书与嘉禾的组合，但与中华书局的第一种经典标志相比较，此处标志中的嘉禾与图书形象更写实，且嘉禾环绕的空间内为深色背景，背景中图书上的"中华"篆体字是并置，而非经典标志的右上左下的错落布局。另外，中华书局1915年、1924年、1929年、1933年、1935年版的《清朝全史》（1～4册），其封底标志却又都是中华书局的第一种经典标志，其原因为何，令人百思不得其解。

| 标志之二 | 《清朝全史》封面 | 《清朝全史》封底 |

（二）CH与嘉禾组合标志

中华书局英文名为"Chung Hwa Book Company"，20世纪上半叶中华书局的外国文学翻译出版，不论是从译本数量和规模来看，还是从译本的质量和影响来看，在当时都有着非常高的口碑。中华书局早期翻译出版

的外国文学作品以侦探和言情小说出版为主，后发展为戏剧、诗歌和散文等新文学类型。抗日战争爆发后因出版业务大为紧缩，外译出版作品改以童话为主。此外，再版和重译作品也非常多，其中再版频次较高的多为小说、戏剧和童话，出现重译的作品主要以经典名著为主[①]。

目前发现，中华书局 1936 年出版、由上海法文学会编纂的《英华双解法文辞典》上，其扉页出现了中华书局英文名前两个首字母 CH 与嘉禾的组合标志。该标志中嘉禾环围的圆形内，为中华书局英文名首字母 C 与 H 的组合，在其中间空白处，似乎还有一本小小的打开的书。需要说明的是该书为精装书，其封底烫印的出版标志，仍是中华书局的第一种出版标志。

标志之一	《英华双解法文辞典》扉页	《英华双解法文辞典》

（三）CHBC 穿插组合形标志

中华书局出版的英文著作中，还出现了中华书局英文名 Chung Hwa Book Company 首字母 CHBC 花体的穿插组合标志，且该标志主要出现在精装本的封面书名下方，封底依然为中华书局嘉禾与图书组合的标志。

目前发现的中华书局封面为英文名首字母穿插组合标志，封底为嘉禾与图书组合标志的图书主要有：

- 1929 年查尔斯·狄更斯著　沈步洲译《二城故事》
- 1929 年樊仲云注释《天方夜谈》（中文注释）
- 1931 年 [英] 艾略特著《织工马南传》（汉文注释）
- 1931 年《述异记》——英文文学丛书第七种
- 1932 年桂少盱译注《富兰克林自传》（中文注释）
- 1932 年吴锦森注释　马润卿校《霍桑氏故事选录》（英汉注释）
- 1932 年沈步洲译《块肉余生》

---

① 沈倩倩. 中华书局外国文学译著出版研究（1914—1949）[D]. 南京大学硕士论文 2012：1.

- 1946 年 [法] 雨果著　吴锦森译《孤星泪》
- 1948 年沈步洲译《二城故事》
- 1949 年托尔斯泰著《托尔斯泰短篇轶事集》

……

标志之二	《富兰克林自传》	《织工马南传》

（四）钥匙串形丛书标志

20 世纪上半叶中华书局出版的丛书系列非常多，其中在初中学生文库系列丛书的封面题名下方，出现了一小圆环串起的九把钥匙形标志。钥匙象征着开启智慧的大门，丛书标志中的钥匙为传统刀币形，且呈放射状分布。此外，在该丛书的封底同样为中华书局经典的嘉禾与图书组合标志。

出现此标志的丛书主要有：

- 1935 年桂绍盱编《英文法及其例外 + 六百个英文基本成语》
- 1935 年林天兰编《英文同音异字汇解》
- 1935 年张慎伯编《英文动词用法》
- 1935 年葛传椝编《英文致友人书》
- 1935 年俞皞如编《英文介系词用法》
- 1941 年徐阜农编《英文法表解》

……

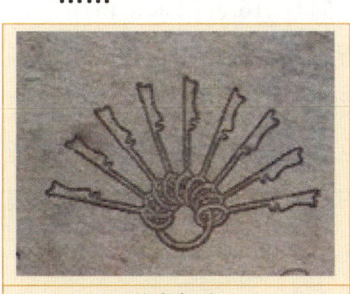

丛书标志	《英文同音异字汇解》	《英文法表解》

三、世界书局

1917年浙江绍兴人沈知方在上海创办世界书局，起初为生存发展，多迎合小市民需求，以出版通俗图书为主，如"礼拜六派"言情小说、武侠小说、黑幕小说以及风水、迷信、算命书等。后来世界书局转向国学名著、医学书籍等，且在国内率先出版连环图画书，出版发行日益活跃。1921年世界书局从独资企业改组为股份有限公司，设编辑所、发行所和印刷厂。此后已打开局面的世界书局又转向教科书市场，并从商务印书馆挖来范祥善为编辑所所长，邀请教育界知名人士吴研因、魏冰心、朱翙新等做编辑，邀请陶行知为工农大众编写实验教材等，很快占据了市场的较大份额。为了遏制世界书局在教科书市场上的强劲势头，商务印书馆与中华书局曾联手打压世界书局，但结果未能如愿，最终世界书局在与商务印书馆、中华书局的博弈中，形成了三足鼎立的局面。1926年到1934年为世界书局的全盛时期，出版书籍达2300余种，在长沙、广州、芜湖、桂林等地都设有分局。世界书局出版的图书中，最著名的是1928年至1933年间发行的"ABC丛书"，为普及民众的百科知识丛书，大约出版153种164册。古籍出版方面，世界书局在版本上下功夫，把卷帙浩繁的线装书改成洋装普及本，方便读者翻检阅读和携带，大受市场欢迎[①]。

目前发现，世界书局出版的图书中，共有四种出版标志，与商务印书馆、中华书局不同，世界书局的四种标志都是由地球仪和世界地图组合而成，这应与其名称一样，都有放眼世界之寓意。此外，从标志上的文字与图形组合设计变迁看，可以清晰地看出世界书局的四枚出版标志设计是不断摸索中逐步完善与提升的。

地球仪是仿造地球的形状，按照一定比例制作的地球模型，早在16世纪时德国人就制作出了相对完整准确的地球仪。16世纪末正值中国的明朝万历年间，意大利传教士利玛窦来华，带来了地圆说理论，并亲自制作地球仪，还撰写《坤舆万国全图》。受其影响，明万历三十一年（1603年），中国学者李之藻及明政府各制成一架地球仪。继明之后，清康熙帝引进制作地球仪外，还有许多其他来自西方的科学仪器，陆续对当时的国人了解西方地理大发现后的世界知识，起到了巨大的推动作用。历经清末

---

① 罗智国. 近代中国书业的非凡时代1905—1937[M]. 合肥：黄山书社，2017：100.

民初，在西方商品贸易及科技文化大量东渐的背景下，地球仪成为当时社会代表和世界先进文明的象征之一，一些商标及广告也纷纷开始使用地球仪等图形来进行设计宣传。

（一）地球仪与文字组合形标志

世界书局的第一种标志为地球仪与文字的组合图形。标志中的地球仪上，"世界书局"四个字的书写从右上向左下方书写，在状似世界地图的深色背景衬托下，四个白色字醒目突出。出现该标志的图书主要有：

- 1922年李岳瑞编《国史读本》
- 1922年黎世衡著《中国古代公产制度考》
- 1922年张子和编《芸兰泪史》
- 1923年吴公雄、刘再苏著《常识宝库》
- 1923年秦同培选《清代文评注读本》
- 1923年宋瘦菊著《海上说梦人》
- 1923年许指严编《石达开日记》

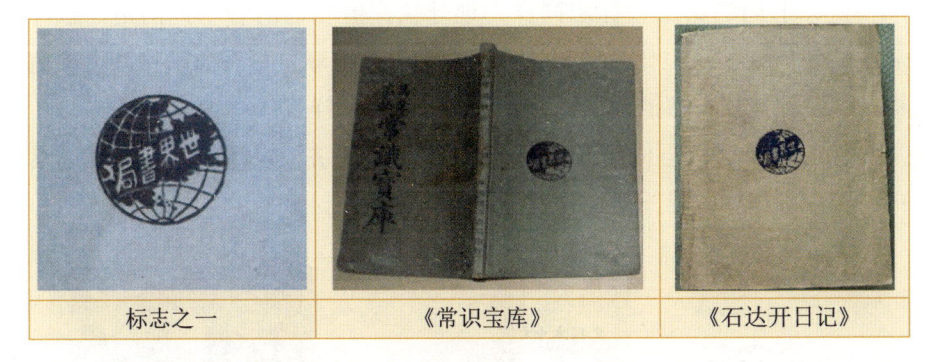

……

标志之一	《常识宝库》	《石达开日记》

（二）地球仪与地图、文字组合标志

世界书局的第二种标志中，地球仪上的地图相对比较清晰明确，呈现出亚欧非及大洋洲的轮廓，在地图的正中间是竖写的"世界"两个黑体字。整个标志的黑白灰层次分明，文字醒目突出，此标志显然是在第一种标志的基础上修改发展而来。

使用该标志出版的图书主要有：

- 1925年周树培编《欧美社交风土谈》英汉对照
- 1925年姜文洪、范广涛编《高级自然课本》

- 1926年洪杨党魁《石达开日记》
- 1927年唐效江、朱翊新编《新学制小学教科书高级卫生课本》第一册
- 1927年杨喆、范祥善编《新学制小学教科书初级国文读本》第八册
- 1927年朱剑芒编《前期小学国文读本》新主义教科书第七册
- 1928年赵苕狂编《白雪》现代名人杰作

……

| 标志之二 | 《白雪》 | 《高级自然课本》 |

（三）地球仪与环形文字组合标志

世界书局的第三枚标志同样为地球仪，但与前两者不同的是，该标志中的地球仪不仅呈俯视效果，且向左倾斜。地球仪上有象征性的世界地图，环绕地球仪中部的"上海世界书局出版"字样呈圆环状。

目前发现该标志似乎只出现在1930年黄人济、朱翊新、陆并谦编纂的《初中本国史》第一册、第三册、第四册等的封底上。

| 标志之三 | 《初中本国史》第一册 | 《初中本国史》第三册 |

（四）地球仪与文字、云气等组合标志

世界书局的第四种出版标志中，地球仪同样呈俯视角度，但不再倾斜，且地球仪左右及下方均有云气流动，地球仪正中从北极圈往下竖写"世界"两个黑体字。整个设计黑白对比分明，主体突出。与前三种标志

比较来看，第四种标志的图形文字组合最紧密，信息传达明确、突出，应该是四种标志设计中较优秀的一个。

世界书局出版的图书中使用该标志的主要有：
- 1929年李宗武编《人文地理ABC》
- 1930年朱翊新、唐效江编《新主义卫生课本》
- 1930年杨开道著《农民运动》
- 1932年林汉达编著《英文文法ABC》（全二册）
- 1933年李季谷编《高中外国史》下册
- 1933年谭正璧编《国文入门》
- 1935年黄方刚著《道德学》
- 1936年徐邃轩编著《现代儿童尺牍》上册
- 1940年上海补习教育协会研究部编《时代英文读本》第三册
- 1943年玛省原著《玻璃制造法》再版
- 1943年周颐年编《实用物理学题解》
- 1946年詹文浒主编《英汉四用辞典》

……

标志之四	《英汉四用辞典》	《道德学》

第二节　大东书局、开明书店与文通书局出版标志

开明书店与大东书局是除了商务、中华与世界书局外，民国时期"五大"出版机构中的另外两个，而文通书局是"七大"出版机构之一。目前发现的大东书局、开明书店和文通书局的出版标志各3枚。其中大东书局的出版标志设计由早期的地球仪，后转为现代印刷机械上的滚筒与齿轮，这在近现代出版标志中比较少见。开明书店的出版标志，有前后两种设计风格，最初的为传统印章形与文字组合，后来的标志设计图形发展为一本半开的书后，杲杲红日喷薄而出，为其经典的出版标志。开明函授学校丛

书出版标志，是在其经典标志中图书前置一上课用的手摇铃，寓意鲜明突出。文通书局的标志为传统的钟镈造型，丛书标志有两种，一种为传统印章文字形，一种为西式风格的圆镜形。

一、大东书局

1916年沈骏声等于上海创办了大东书局，与商务印书馆、中华书局、世界书局相比，大东书局是后起之秀。大东书局最初是由吕子泉、王幼堂、沈骏声和王均卿四人合资经营，1924年改为股份公司后，书局设有总厂、总务处、编译所、印刷所和货栈五大部门，集编、印、发于一体，在全国大中城市设分局16处。作为一家综合性出版机构，大东书局出书涉及多个领域，如中小学教科书、法律、国学、中医、社会科学丛书和儿童读物等。大东书局还出版了一批具有学术、史料和文献价值的图书，如郭沫若的《甲骨文字研究》《殷周青铜器铭文研究》，江恒源的《中国文字学大意》，于右任的《右任诗存》等。此外大东书局还出版了《四库全书总目》《中国医学大成总目提要》等国学书籍和《世界名家短篇小说全集》等文艺书籍。另外，大东书局还附设东方舆地学社，专门编绘出版中国和世界的各种地图，每年重印10余次，行销10万册以上等①。由于大东书局图书出版发行量大，其在教科书市场也占有较大的份额，从而与商务印书馆、中华书局、世界书局和开明书店并列为五大教科书出版机构。1954年按大东书局出书类别并入公私合营出版社后，大东书局不复存在。

从目前遗存的图书来看，大东书局早期出版发行的图书多无出版标志，发展至20世纪20年代中期，才开始使用出版标志。其出版标志主要有三种，且有的印在封底，有的在封面，有的甚至是在版权页内。

（一）云团衬托的地球仪形标志

大东书局早期的出版标志设计与世界书局早期的一样，都选用了地球仪的图形，但在具体设计上出现了与世界书局的第二种标志类似的问题，为了衬托自右上而左下的"大东书局"四个字，其下做底纹的深色似地图形状被扩展后，已无法分辨具体是哪个大洲。且与世界书局第三种标志类似的是大东书局的这个标志中，其地球仪左右及下方也有云气环绕，但云气线条处理呆板，似湿水的棉花团一般。

---

① 中国大百科全书出版社编辑部. 中国大百科全书[M]. 北京：中国大百科全书出版社，1990：72.

目前发现，大东书局出版的图书使用该种标志的主要有：
- 1912年营绳彦辑《古今名医万方类编》
- 1924年程宗猷著《长枪法选》
- 1925年张廷华评注《古诗读本》（历代诗读本第一种）上下册
- 1926年龚未斋著《雪鸿轩尺牍》
- 1926年陈希夷校阅《坐功图说》一册全
- 1931年侯毓珩《潭南辨感》（上册）

……

标志之一	《雪鸿轩尺牍》	《古今名医万方类编》

（二）齿轮与滚筒组合的标志

大东书局发展鼎盛时期，曾合并了上海别美彩色照相制版公司、龙飞印刷公司，且大东书局的印刷厂也扩建成能铅印、胶印、照相制版、凹版印刷、彩色制版、石印、珂罗版的全能厂，有大小印刷机30余台，除印刷书刊外，还承印邮票、印花税票、有价证券、各类纸币钞票、印花税票等[①]。或许是为突显自身的印刷实力与行业设备特点，大东书局的第二种标志就舍弃了第一种的地球仪元素，直接选用了与印刷机械相关的滚筒及齿轮，这在近现代标志设计题材与元素中非常少见。在这枚出版标志上的圆形的齿轮内，深色的背景中，直立的滚筒手柄恰似一个支架，上面撑开的书，左右白色的页面上分别是黑色篆隶体的"大东"二字。标志中文图黑白对比分明，细节处理完美。

大东书局出版的图书中，使用该出版标志的较多，如：
- 1933年蒋息岑等编辑　张令涛绘图《国语》第一四五版
- 1933年何学尼著《新女性的教育》

---

① 叶再生.中国近代现代出版通史[M].第2卷.北京：华文出版社，2002：423.

- 1933 年周毓梓编辑《物理》初版
- 1933 年王有珩著《东莱博义》
- 1933 年沈骏声著《母性的爱》
- 1934 年蔡雁滨编辑《唱歌游戏》
- 1935 年颜鸣盛著《外科大全》上下册
- 1940 年唐芹洲编《外科选要》全二册
- 1946 年薛元鹤、黄应韶编著《初中几何》下册

……

标志之二	《新女性的教育》	《词学常识》

（三）图书与文字组合标志

民国时期的图书中，还有一部分的出版机构名为大东书局，但地址却位于东北敌占区的奉天即沈阳，且出版日期的纪年为溥仪在"伪满洲国"所使用的年号康德。奉天的大东书局的标志，为打开的书本形，其左右页分别是"大""东"二字，与上海的大东书局标志上的"大东"二字书体一样，均为篆隶体。

目前发现使用该标志的奉天大东书局出版的图书主要有：

- 1941 年叶光华著《尺牍句解》
- 1941 年 叶光华编《物理有趣幻术》
- 1941 年 叶光华编《酢世大观》
- 1942 年 叶光华编《女学生书信》

……

标志之三 　　　　　《尺牍句解》 　　　　《物理有趣幻术》

二、开明书店

曾在商务印书馆做了近 15 年编辑的章锡琛，1926 年在上海创办了开明书店。章锡琛原在商务印书馆主编《妇女杂志》，1925 年因编辑《妇女杂志》特刊——《新性道德专号》而遭保守派人士的责难，被免去主编一职。后在胡愈之、郑振铎和丰子恺等支持下，1926 年章锡琛创办了《新女性》月刊，随着时间的推移，《新女性》每期发行量一度达到三千至五千册。在朋友的支持与鼓励下，章锡琛用商务印书馆的辞退金，加上其弟弟章锡珊的资助，创办开明书店。1929 年开明书店业务大增，章锡琛扩资重组开明书店为股份有限公司，文化名人丰子恺、夏丏尊、杜海生等投资入股，成为开明书店的股东。以开明书店为中心，当时聚集了鲁迅、叶圣陶、胡愈之、朱自清、朱光潜等 20 多位文化名人与学术名家，在这些名家的参与下，开明书店先后出版了大量中外名著，发行了立达学会的刊物《一般》和文学研究会的会刊《文学周报》，以及《新女性》《中学生》等刊物。此外，开明书店自创立后，一直以"不投机，不冒险，正正经经地出好书""实实在在地为读者服务"为宗旨，在全社会产生了深远的影响，取得了巨大的收益，最终成为规模仅次于三大出版机构商务印书馆、中华书局、世界书局的知名书店①。

目前发现的开明书店出版标志共有三种，第一种是早期的标志，为圆印章形文字设计。第二种、第三种为图书与旭日等的组合。这些标志有的位于封底，有的居于扉页，有的横跨封面与封底等。

（一）印章形与文字字母组合标志

圆印章形内，从上到下分别是黑体美术字"开"与"明"二字，"开

---

① 刘英编. 漫画宗师 丰子恺 [M]. 北京：民主与建设出版社，2012：68.

明"正中间的小圆内是开明的拼音首字母 KM。从视觉效果看，横竖笔画布满了空间，整体形似传统建筑中的圆形漏窗。目前发现该标志出现在开明书店 1926 年出版、由胡仲持所著《结婚的爱》的精装本封底上，还有同年出版的叶绍钧小说《城中》的封底上①。

| 标志之一 | 《结婚的爱》封面 | 《结婚的爱》封底 |

（二）图书与旭日组合标志

开明书店的这枚标志设计为木刻风格，标志中一本书脊向外竖着打开的书，在其深色的封面与封底上，分别是"开""明"两个字，展开的书页后为旭日初升图像，其半圆的轮廓线，与书封两端相接成为一体，四射的光芒与放射状展开的书内页，里外相呼应。该标志的寓意为杲杲日出，开卷读书。启发智慧、明辨事理。

开明书店出版的图书中，使用第二种出版标志的主要有：

- 1934 年梁遇春著《泪与笑》
- 1935 年陈望道著《修辞学发凡》
- 1945 年朱维之著《中国文艺思潮史略》
- 1946 年贾祖璋编《生物素描》
- 1946 年丰子恺著《缘缘堂随笔》
- 1948 年茅盾著《苏联见闻录》
- 1949 年中学生杂志社编《英文单词的学习》
- ……

---

① 张泽贤.民国出版标记大观[M].上海：上海远东出版社，2012：209.

| 标志之二 | 《缘缘堂随笔》 | 《生物素描》 |

（三）课铃与图书旭日组合标志

1932年淞沪战事前后，上海的教育资源匮乏，导致了越来越多的小学毕业生无法升学。为了使那些因"入学的资格不够""就学的年龄已过""学校因战事停闭"等，而无缘攀登学府门墙的青年人也能受到良好的教育，开明书店于1933年夏正式创办开明函授学校，目的是帮助学生自学，使他们此后能以同等学力的资格参加升学考试。按照当时教育部规定的课程，以及社会所需要的各种知识，开明书店分别聘请专家编撰出版各类讲义，指导函授学员学习①。

在此背景下，开明书店出版的开明函授学校教材，在其封面与封底上常有开明书店的出版标志，但封面上的新标志很独特，该标志是在开明书店原有的图书与旭日组合前，置一长柄的手摇课铃，其教育的寓意与象征不言而明。另外该标志中还将开明书店原标志中的"开明"二字位置的左右位置互换，或许新式的函授教育教材受西方文化的影响，已经注意到文字阅读从左至右的时代新趋势。

开明函授学校教材使用该标志的图书，主要有：
- 1934年丰子恺编《开明音乐讲义》
- 1936年夏丏尊、叶圣陶、宋云彬、陈望道合编《开明国文讲义》
- 1935年刘薰宇编《开明算数讲义》
- 1946年林语堂、林幽著《开明英文讲义》

……

---

① 商金林. 叶圣陶全传：第2卷[M]. 北京：人民教育出版社，2014：291.

| 标志之三 | 《开明音乐讲义》 | 《开明英文讲义》 |

三、文通书局

1908年由贵州省实业家华之鸿创办的文通书局，虽地处相对边远的西南边陲贵州，但其发展规模与当时全国许多民营大书局相比并不逊色，且文通书局资本与当时的商务印刷馆、中华书局等几大书局相比，一度名列全国第三。技术装备水平方面，文通书局的造纸与印刷机器，基本上成套由日本、美国、丹麦、德国等引进。人才方面，1937年抗战爆发后，全国政治、文化中心西移，担当战时陪都的贵州，迎来了东南沿海及内地名校如浙江大学、大夏大学、湘雅医学院、交通大学唐山工学院、私立之江大学工学院等高校的内迁。在此背景下，文通书局及时抓住了历史机遇，广邀社会名流学者等参与发展，至1941年文通书局已成为西南地区最大的全国性的，编辑、出版、营销三位一体的现代出版企业。与此同时，文通书局还聘请了知名学者出任文通书局编辑所正副所长，主持图书和《文讯》杂志的编辑出版工作，在全国范围内聘请各界学术专家泰斗担任编审委员，类似举措极大地推动了其出版业务的繁荣。文通书局先后出书两百余种，涉及文学、史地、天文、数学、理化、建筑、医学、教育等门类。其出版的书刊除沦陷区外，发行几乎遍布全国。文通书局在出版界的崛起，使同行刮目相看，同时也就有机会参与到国定本教材的编印出版发行工作中。1943年国民政府教育部为统一大后方高中、小学教科书的编写，统筹全国中小学教科书的印刷发行工作，将贵阳文通书局纳入其中，成为"国定本中、小学教材七家联合供应处"（简称"七联处"）之一。从此，文通书局跻身于与商务印书馆、中华书局、世界书局、开明书店、大东书局、正中书局齐名的七大书局的行列中①。

---

① 刘学洙.黔疆初开[M].贵阳：贵州人民出版社，2013：172.

（一）钟与文字组合标志

钟是中国传统乐器之一，多为青铜铸造，原用于古代宗庙及宴会时的演奏，后与鼎一样，逐渐发展为统治阶级王权与皇权的象征。自唐代以后，各封建统治者多竞相铸造朝钟、佛钟、道钟等，并且铜钟越铸越大，以求彰显自己的神权和皇权地位。发展至近现代的铜钟多置于寺庙或城市古建钟鼓楼中，主要用于报时、警示与集众等。

文通书局的出版标志中，形似书籍切口的平台上，置有一钟，在其左右上方，形成依次放大的三个半圆，似乎是表现钟声由内到外扩散，平台内有"文通书局"四个黑体字。整个设计寓意也直接明了，借钟声开启民智、激励国人、弘扬传统文化精神等。

文通书局出版的图书大多使用该标志，且标志常出现在图书的封底，相对比较规范。如：

- 1937 年邱倬译著《邱氏最新内科学》
- 1941 年张世禄著《中国文字学概要》
- 1942 年莎士比亚著 曹未风译《汉姆莱特》
- 1942 年姚薇元著《鸦片战争史事考》
- 1943 年殷炎麟著《大学丛书：西洋戏剧史》
- 1946 年乔治吉辛（G. R. Gissing）著 朱厚锟译《文苑外史》
- 1947 年叶维法著《现代性病学》
- 1947 年阎金谔著《川剧序论》
- 1948 年白寿彝编《中国伊斯兰史纲要》
- 1949 年里昂洛夫著《无名英雄》

……

出版标志	《中国文字学概要》	《川剧序论》

（二）印章形与文字组合丛书标志

文通书局出版的图书中，还包括系列"丛书""丛刊""文库"等，往往涉及大学教材、学术著作、文学作品、医学书籍等领域。其中具有代表性的有文艺丛书和医学丛书，其标志设计也极具特色，如文艺丛书的标志为中国传统的方印章形，上有篆体"文艺丛书"四个字。

使用该标志的文通书局文艺丛书主要有：

- 1947年萧赛著《柴霍甫传》
- 1948年高寒著《旅尘余记》

……

| 文艺丛书标志 | 《柴霍甫传》 | 《旅尘余记》 |

（三）西式镜形丛书标志

文通书局出版的医学丛书上，使用的出版标志为西式风格的圆镜造型，圆镜的上下左右都装饰有缠绕卷曲的纹样，特别是下方的装饰中还有丝带状高低错落的悬挂。在圆镜中的上方"医学丛书"四字呈弧形分布。

目前发现，文通书局使用西式镜形标志的医学丛书，主要有：

- 1947年郑文思编著 凌敏猷校正《青霉素临床之应用》
- 1948年郑文思编著《抗生性物质之研究》

……

| 医学丛书标志 | 《青霉素临床之应用》 | 《抗生性物质之研究》 |

第三节 亚东图书馆、泰东图书局与良友图书公司出版标志

近现代中小出版机构中,社会影响较大的有亚东图书馆、泰东图书局和良友图书公司等。其中亚东图书馆在民国出版行业中,占有一席之地,主要与陈独秀、胡适、章士钊这几位新文化运动旗手的影响密切相关。在这些文化旗手的鼎力支持下,亚东前后聚集了有四十多名作者的队伍,使得亚东图书馆从一个名不见经传的小书店,逐步发展为新文化运动浪潮中声名显赫的专业出版机构①。同样,在初期的新文化运动中,泰东图书局也做出了巨大的贡献,成为新文化运动著名团体——创造社的摇篮。创造社是由郭沫若、田汉等于"五四"新文化运动初期成立的团体,是当时最大的文学社团之一,且它的产生、发展与泰东书局的扶持密不可分。由于泰东图书局的支持与运作,推动了创造社刊物及丛书的快速面世,产生巨大的社会影响②。良友图书公司是中国第一家以图像出版为主的民营出版机构,曾出版多种画报、画册,如首创了中国第一本大型综合性新闻画报,出版了《中国新文学大系》(1917—1927年)、《良友文学丛书》等,这些都成为中国现代出版史上的扛鼎力作,对当时的社会生活及出版行业产生较大影响。

目前发现亚东图书馆与泰东图书局使用的出版标志均为2枚,且两个出版机构共计4枚出版标志中,除了亚东经典的中英文与地球仪组合的标志外,剩余3枚均为圆印章形的文字出版标志。相对亚东图书馆与泰东图书局而言,良友图书公司的出版标志数量较多,包括丛书出版标志在内数量多达5个,其设计或中或西,或传承发展,或模仿借鉴,展现出不同的发展理念与设计风貌。

一、亚东图书馆

1913年创办于上海的亚东图书馆,前身是芜湖科学图书社,负责人是安徽绩溪人汪孟邹。③1917年陈独秀进入北大,此时的北大已成为新思潮、新文化的中心。因陈独秀与汪孟邹关系密切,亚东图书馆不仅吸引了大量高水平的作者,还获得了北大出版部在上海和南方地区的代理权,一

---

① 徐松如.都市文化视野下的旅沪徽州人(1843—1953年)[M].上海:上海人民出版社,2015:191.
② 李怡,毛迅.现代中国文化与文学[M].成都:四川巴蜀书社有限公司,2018:68.
③ 柳斌杰,林英.中国出版家汪孟邹[M].北京:人民出版社,2022:48.

方面经销北大出版部图书以及北大学术演讲丛书，还有北京新潮社出版的6种丛书；另一方面印行新杂志和代销期刊，如《少年中国》《少年世界》《建设》《新潮》《新群》等7种新杂志，代销《新青年》《科学》《新教育》《北京大学月刊》《民铎》《解放与改造》等30余种期刊，所有这些举措都为亚东图书馆带来了经济效益和社会效益的双丰收[①]。此外，亚东图书馆还整理出版了大量古典小说，首次印行新式标点《水浒传》《儒林外史》《红楼梦》等古典小说名著，也出版过"五四"以后涌现的一批新诗集，以及蒋光慈等的一批早期的革命文学作品，在中国现代史和文学史上，起过无可取代的作用，对传播新文化、新思想做出了贡献[②]。1932年后随着新文化运动的退潮，亚东图书馆也开始走向衰落。

（一）中英文与地球仪组合标志

亚东图书馆的第一枚标志与世界书局一样，也使用了地球仪，且地球仪上的世界地图展现的是亚欧非及大洋洲，轮廓形状及地理位置也较为准确，这或许与亚东早期以出版地图起家有关[③]。但与世界书局不同的是，亚东图书馆出版标志将中英文名称环绕分布于地球仪的外围，上部是英文，下部是中文，且中英文衔接处分别有一朵小花饰，起到间隔、过渡与装饰的作用。该标志中英文相结合，又有象征现代科技文明的地球仪，从而将亚东图书馆放眼世界、高标准严要求及宁缺毋滥的理念很好地传达了出来，无疑是近现代出版标志中的优秀经典设计。

目前发现使用亚东图书馆该标志的图书主要有：

- 1925年俞平伯标点《三侠五义》
- 1932年张其柯编《现代情书第三集》
- 1933年胡适译《短篇小说》
- 1933年《今古奇观》全六册
- 1933年海尔博著《达尔文传及其学说》
- 1936年张维祺著《致死者》
- 1938年蒋光慈、宋若瑜著《纪念碑》
- ……

---

① 徐松如.都市文化视野下的旅沪徽州人（1843—1953年）[M].上海：上海人民出版社，2015：191.

② 汪原放.回忆亚东图书馆[M].上海：学林出版社，1983：1.

③ 张泽贤.民国出版标记大观[M].上海：上海远东出版社，2012：546.

| 标志之一 | 《三侠五义》封底 | 《短篇小说》 |

（二）印章形文字穿插组合标志

亚东图书馆还有一种标志，为"亚东"二字的变形组合。其中繁体的"亚"字，从中间向四周扩展为圆形，其圆形中为繁体的"东"字。从整体来看，俨然一个圆形的印章。且使用该标志的图书，出版与发行地点为大连。

目前发现使用该标志的图书主要有：

- 1943年文言语体对照《新儿童尺牍》

……

| 标志之二 | 《新儿童尺牍》 | 《新儿童尺牍》 |

二、泰东图书局

20世纪初，一些热衷于政治的知识分子和旧官僚，想效仿西方国家体制建立议会政治，于是纷纷成立各种团体派系，为自己的政治主张发声。在此背景下，1914年上海泰东图书局应运而生。但后来随着局势的转变，当初参与泰东的创办者多作鸟兽散，泰东图书局转由股东之一的赵南公主持。赵南公沿袭了泰东早期的出版方针，继续出版具有进步思想及探讨中国社会问题的书籍。后为兼顾经济利益，又向流行小说方向发展，但最终效果不佳。此后赵南公弃旧趋新改组泰东，通过与创造社合作，泰东图书局得到新文化精英领袖郭沫若的鼎力相助①。郭沫若为泰东图书局编辑了"创造社丛书"三部书稿，即诗集《女神》、改译本《茵梦湖》和标点本《西厢记》，出版后引发巨大社会反响。1922年泰东图书局又推出了《创造》季刊，一年后又出版了《创造周报》，所有这些为泰东图书局的发展闯出了一条新路。但遗憾的是，后来创造社与泰东决裂而分道扬镳，泰东虽然仍锐意进取，但与创造社合作时的风光不再，再加上后期的财务管理不善、人才流失，以及1938年赵南公的病逝，泰东图书局的发展日趋暗淡。

目前发现的泰东图书局的出版标志主要有两种，一种为印章形与篆书文字组合标志，一种为印章形与黑体美术字组合标志。

（一）印章形与篆书文字组合标志

该标志的圆印章形内为篆隶体的"泰东图书局"，文字呈十字形布局，在其四角为传统的边角装饰纹样。目前发现该标志主要出现在精装本的封底，且多为烫印标志。如：

- 1915年曾毅著《中国文学史》
- 1919年罗贯中著《三国演义》

……

| 标志之一 | 《三国演义》 | 《中国文学史》 |

（二）印章形与黑体美术字组合标志

泰东图书局的第二种出版标志，在圆印章形时有时无的轮廓内，黑体美术字"泰东"两字笔画粗壮坚实、硬朗、厚重，给人以较强的视觉冲击力。

---

① 创造社元老与泰东图书局——关于赵南公1921年日记的研究报告 [J]. 中华文学史料，1991(1).

| 标志之二 | 《西厢》 | 《石达开诗钞》 |

泰东图书局出版的图书中，使用该出版标志的如：
- 1929 年章太炎著《国学概论》
- 1932 年卢冀野编《石达开诗钞》
- 1929 年华维素著《俄国文学概论》
- 1930 年章洲若著《中国土地问题》
- 1931 年郭沫若编《西厢》

……

三、良友图书公司

　　1925 年由伍联德在上海创办良友图书公司，先后经历了良友印刷公司（1925 年）、良友图书印刷公司（1926 年）和良友图书印刷股份有限公司（1928 年）三个发展阶段①。良友图书公司在其发展中，除设有编辑部外，还自设中型规模的印刷厂和门市部。在其编印发行一体的基础上，1926 年 2 月创办《良友》画报，为我国第一本大型综合性新闻画报，延续出至 1945 年，最高印数达 4 万份。后又出版多种画报、画册，成为我国以图像出版为主的第一家出版机构。1932 年良友图书公司设文艺书籍出版部，聘赵家璧为主编，陆续编辑《中国新文学大系》《良友文学丛书》《一角丛书》等文学系列书和单行本，作者有鲁迅、茅盾、巴金、老舍、丁玲等文化名人。1937 年改组为良友复兴图书公司，赵家璧任总编辑。1946 年因股东意见不一，遂告停业，1984 年良友在香港复业。

---

① 范军，何国梅. 商务印书馆企业制度研究：1897—1949[M]. 上海：华中师范大学出版社，2014：194.

目前发现良友图书公司的出版标志有5枚，其中包括木刻播种人标志、双鹅标志、文字标志等，此外还有一种丛书标志，为几何风格的天鹅图形。良友的出版标志多位于图书扉页或封底，且有的一本图书上还同时出现两种甚至是三种不同标志，或将标志空前放大至封面、环衬和书脊上等情况。

（一）木刻播种人形象标志

良友的木刻播种人形象的出版标志，是一个头戴草帽的西方男子，走在耕地中，左手紧握口袋，右手向后播撒种子的木刻形象。关于这个出版标志，赵家璧曾提起过，"我从西方出版的成套文学书的扉页上，看到都有一幅图案设计作出版标记，这也引起了我的兴趣。正巧在一位同学处看到一张国外的藏书票，这幅木刻画虽带有点儿洋味，但我欣赏它线条粗犷有力，含义深远，便请美术家加上了几笔，用作'一角丛书'的标记[①]。"对于该标志中的图形与寓意，赵家璧主编的"一角丛书"上，还写过一段发刊词，专门谈了这幅播种图的寓意，即图书是精神食粮，编辑和作者都是精神食粮的播种者[②]。

良友图书公司出版的图书中使用播种人形象标志的图书主要有：

- 1932年沈端先（夏衍）著　赵家璧主编《高尔基评传》
- 1933年鲁迅编译《一天的工作》
- 1933年丁玲著《母亲》
- 1933年何家槐著《暧昧》
- 1934年郑振铎著《欧行日记》
- 1935年茅盾编选　赵家璧主编《中国新文学大系》
- 1935年郑振铎编选《文学论争集》
- 1936年王统照著《春花》
- 1936年赵家璧著《新传统》·1936年巴金著《爱情三部曲·雾》·1936年施蛰存著《善女人行品》
- 1937年赵家璧辑《二十人所选短篇佳作集》

……

---

① 张泽贤.民国出版标记大观[M].上海：上海远东出版社，2012：228.
② 丁景唐.犹恋风流纸墨香：六十年文集[M].上海：上海文艺出版社，2004：854.

| 标志之一 | 《高尔基评传》 | 《春花》 |

（二）双鹅标志

在东西方文化中，天鹅都是纯洁、忠诚、高贵和优雅的象征，有"美善天使"之称。良友图书公司的第二种出版标志即双鹅图形，整体轮廓为圆形的黑色背景中，两只天鹅相对并凝视，双鹅口中合衔的吊坠式良友拼音首字母 LY，与双鹅左右翅上的"良""友"二字呼应。在近现代出版标志中，采用天鹅及类似对称图形设计的比较少见。

目前遗存的良友图书公司出版的图书中，使用双鹅标志的主要有：

- 1930 年梁得所选译《世界名歌集》
- 1931 年李朴园著《中国艺术史概论》
- 1931 年梁得所著《女贼》
- 1932 年马国亮著《回忆》
- 1933 年周起应编《高尔基创作四十年纪念论文集》
- 1934 年马学禹译《美国十二女大伟人传》
- 1935 年李伯元著《庚子国变弹词》
- 1935 年屠格涅夫著《父与子》
- 1936 年阿英著《小说闲谈》
- 1937 年葛琴著《总退却》
- 1937 年汪仑编《高尔基作品选》
- 1940 年蒋牧良著《旱》
- 1946 年万有画库《世界人种装饰》《夜之巴黎》《神秘的印度》《墨索里尼画传》等。
- 1946 年丰子恺著《艺术丛话》

还有一些图书上两种标志组合出现，其中扉页上为播种人标志，封底为双鹅标志的，如：

- 1936年鲁迅编 曹靖华译《苏联作家七人集》
- 1936年阿英编选《史料索引》
- 1936年劳伦斯著 唐锡如译《骑马而去的妇人》
- 1941年叶圣陶著《四三集》

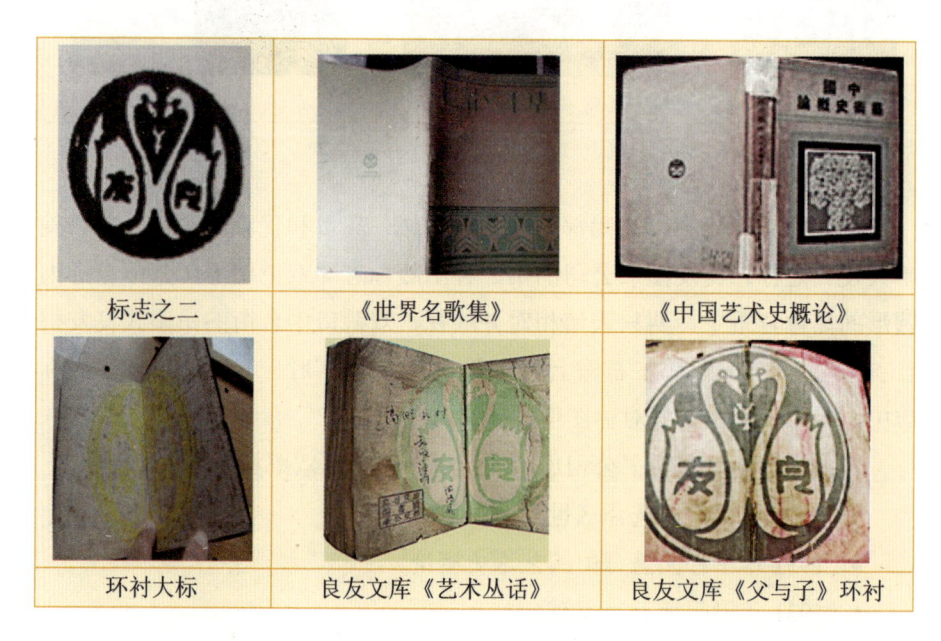

……

标志之二	《世界名歌集》	《中国艺术史概论》
环衬大标	良友文库《艺术丛话》	良友文库《父与子》环衬

（三）印章形与文字组合标志

  黑底白文的圆印章形文字良友标志，其外围笔画依圆形轮廓多处理成圆弧形，内部笔画匀称连绵，姿态优雅温和中有飘逸之感，属文字型标志中的优秀设计典范，该标志应该是良友图书公司早期所用。

  此外，还有一款近似方形印章的良友图书公司文字标志，"良友"二大字在上，图书公司印行在下。如1937年齐同的著作《炼》，标志出现在其封面的左下角。

标志之三	标志之四	《炼》

（四）几何形天鹅与波纹组合的丛书标志

良友读者丛书标志也出现了天鹅的形象。在三角形的构图中，一只几何形的天鹅，在曲水微波中正展翅引吭高歌。该标志设计用了抽象的几何形概括手法。使用该出版标志的图书，如1932年马国亮文集《昨夜之歌》的封底。

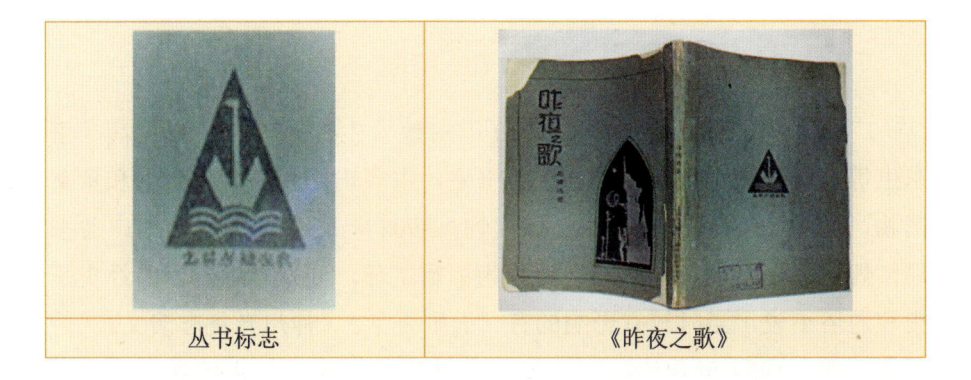

| 丛书标志 | 《昨夜之歌》 |

第四节　广益书局、龙门书局、晨光出版公司等出版标志

清末创办的广益书局，历经了清末、民国与新中国三个时期，1947年还参加了出版机构的"五小联"（广益书局、北新书店、大中国图书局、新亚书店、中联书局），并担任部分教科书的印刷发行工作[①]。30年代中期，上海现代书局编辑出版的《现代》杂志、《现代创作丛书》都很有影响，鲁迅、茅盾、叶圣陶等作家都为之写稿，其编辑有施蛰存、杜衡、穆时英等。光华书局由知名出版人沈松泉、张静庐创办，二人曾经都任职于泰东图书局，且该书局与郭沫若、成仿吾、郁达夫等作家组织的新文学团体——创造社关系密切。光明书局的创办者也是行内人，曾先后在科学书局、民智书局工作，虽然光明书局规模不大，人员不多，却出版发行了不少适应时代潮流、合乎青年需要的书籍杂志，受到广大读者的欢迎。龙门书局是当时最大的一家以印刷外文科技图书为主要业务的民营企业，为大学及师范院校等教科书的出版、引进国外原版教材等方面做出了重要的贡献，在知识界具有广泛的社会影响。

---

① 熊月之.上海名人名事名物大观[M].上海：上海人民出版社，2005：449.

目前发现广益书局出版的图书使用的标志多达 11 个，数量之多仅次于商务印书馆的 17 个。现代书局的出版标志设计特立独行，具有鲜明的现代主义风格，光华书局、光明书局与晨光书局的标志设计除了传统的书法体、美术黑体外，还采用了瓦当、画像砖石、人物、日月星、地球仪、雄鸡及灯烛等新素材，在设计上传统与现代并举。

一、广益书局

广益书局原名广益书室，1900 年由魏天生、杜鸣雁、萧伯润、李东生等合资创设于上海，初名广益书室，主要出版科举考场用书和童蒙读物，如策论和《十三字经》等读物。1904 年广益书室改名为广益书局，魏炳荣任经理，后聘胡怀琛等为编辑主任，开始出版石印的经史子集和通俗小说，当时较有影响的有《天则百话》《神州光复志演义》《俗语典》等。1934 年开始，广益书局大量排印出版加标点的通俗小说，与新文化书社竞争。因其书籍装帧简陋，字体密集，书价低廉、折扣多等原因，市场上一度畅销。1937 年后因受战事影响，广益书局营业额锐减。1944 年广益书局改组为股份有限公司。1947 年广益书局参加"小五联"(广益书局、北新书店、大中国图书局、新亚书店、中联书局)，担任一部分"国定本教科书"的印刷发行工作。此外，广益书局拥有石印印刷厂和铅印印刷厂，在北京、成都、广州、汉口、开封、长沙、沈阳、南京、南昌、重庆等地设有分店，新中国成立后并入四联出版社等单位[①]。

目前发现广益书局使用的出版标志较多，前后多达 11 枚，既有传统风格的，又有现代风格的。其中传统风格的如印章形与文字组合的两种，古代车骑图两种，蝙蝠与文字组合的 1 种，嘉禾与文字组合的 1 种；现代风格的如图书穿插立体组合的两种，地球仪图形的两种。

（一）图书与文字组合形标志

广益书局的图书与文字组合形标志主要有两种。

一种是标志的整体造型是由似乎横置的书与竖立打开的书穿插而成，在横置的书脊上有"广益书局"四个字。目前发现出现该标志的图书有绣像仿宋完整本系列，如《永庆升平》（上下册）、《包公奇案》《民国史演

---

① 施宣圆. 中国文化辞典 [M]. 上海：上海社会科学院出版社，1987：1202.

义》《新红楼梦》《繁华梦》等。此外，还有一些如：胡寄尘编辑《明史演义》、胡协寅著《闺秀佳话》、吴承恩著《西游记》等。

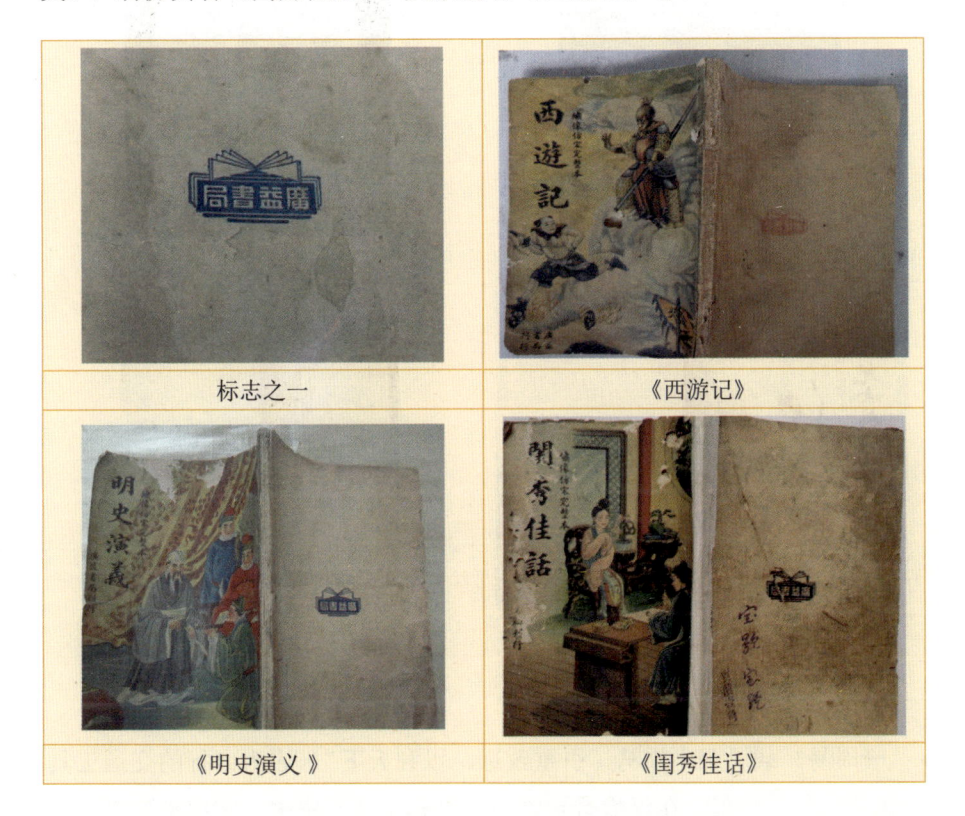

标志之一	《西游记》
《明史演义》	《闺秀佳话》

另一种图书与文字组合的标志中，六本竖立的图书，四高两低，其书脊都朝向画面。因其高低有致，似高楼林立之感。在书籍的下方是"广益书局"四个字呈"V"形分布，具有现代风格特点。

出现该标志的图书，如广益书局出版的《四体百家姓》《四体千字文》《唐诗三百首读本》《古唐诗合解读本》等，同样也有绣像仿宋完整本系列，如目前无法查明具体出版时间的《粉妆楼》《正续儿女英雄传》等，此外还有：

- 1947年白芸著《大侠霍元甲》
- 1948年隆保璇著《初学简明历史指南》
- 1948年胡协寅著《御纂医宗金鉴》
- 1950年天彭唐宗、海容川著《医经精义》

……

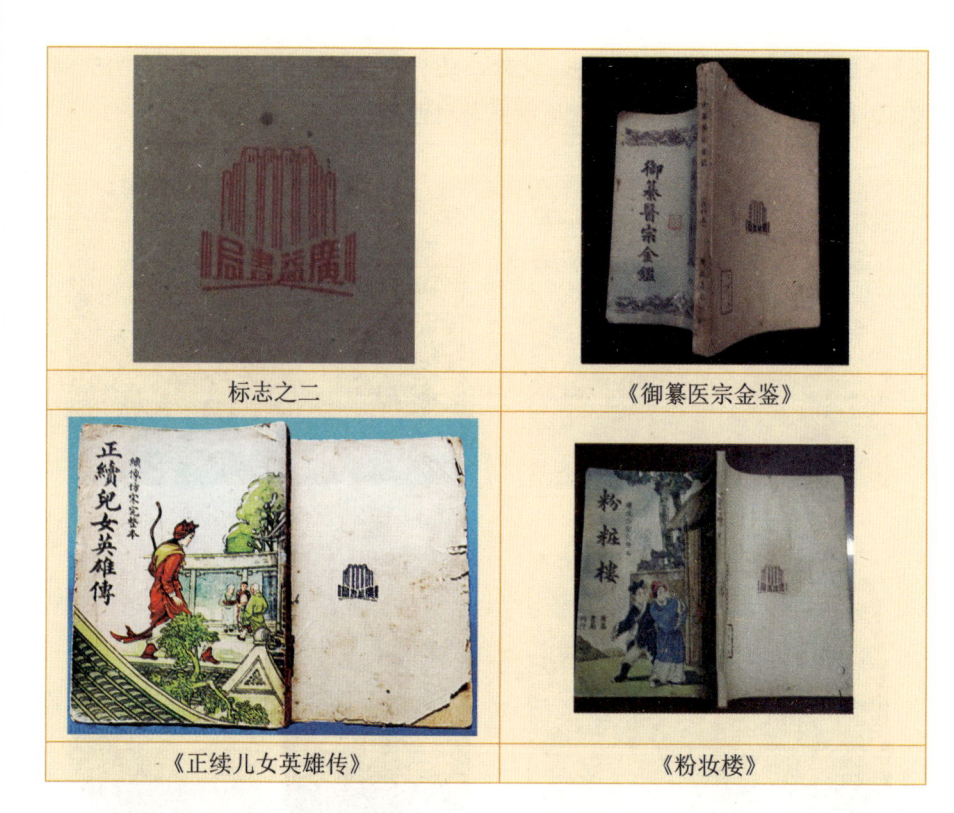

标志之二	《御纂医宗金鉴》
《正续儿女英雄传》	《粉妆楼》

（二）古代车马形象标志

《周易》载"服牛乘马，引重致远，以利天下"。古人出行的交通工具主要是牛车与马车。在汉魏晋至隋唐时期祠堂或墓室中，常用集雕刻与绘画于一体的画像砖或画像石作为建筑装饰。而在这些画像砖石上，多运用平面线刻或浮雕等技法，再现农耕、狩猎、捕鱼、庖厨、宴饮、乐舞百戏与车骑出行等场景。广益书局的两枚古代车马形象标志设计，从其表现手法与风格展现来看，很明显源自古代的画像石或画像砖，但在具体细节上各有不同。

第一枚标志中，图形为一本打开的书，两页连在一起绘有一御者驾车而行，厢舆四周敞露，但上方有盖。车马下方有"广益书局"四个字，在书的背后是两个线条由重到轻渐变的半圆。标志中的车马与人物形象所呈现的，为画像砖石平面减地阳刻后凸起的效果。

出现该标志的广益书局图书有《古文辞类纂正编》第五册、文言文对照《幼学琼林读本》、绣像仿宋完整本《西游记》，此外还有：

- 1940年叶玉麟编著《白话译解战国策》
- 1937年卢国秦越人扁鹊著《徐灵胎医书全集》
- 1937年王心湛著《山海经集解》《晏子春秋集解》

……

第二枚标志出现在《袁中郎全集》一书的封底。虽然同为古代车马,但与第一种标志中的车马有诸多的不同,第二种标志中御者驾驭一匹马的马车,御者的身后还有乘车的人,在马车的背景中还立有一块巨大的碑石。此外,该标志中的车马人物形象效果虽类同于画像砖石,但呈现的却是线条勾勒的白描手法。

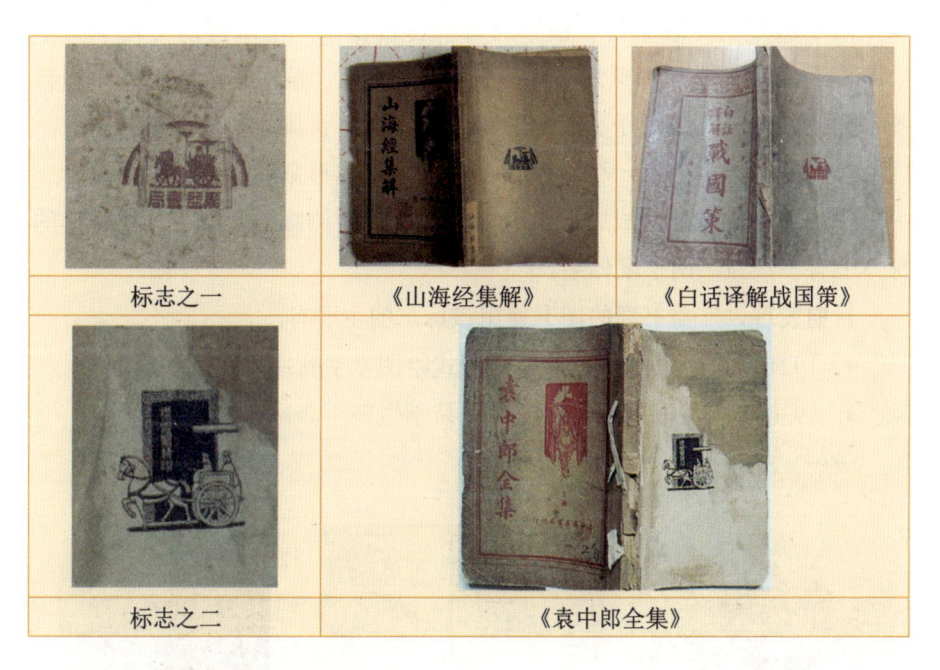

标志之一	《山海经集解》	《白话译解战国策》
标志之二	《袁中郎全集》	

(三)嘉禾与文字组合标志

该标志出现在1923年广益书局出版的《绘图白话学生小字典》的封底上。封底上一个巨大的椭圆形花框内,最上方有"上海广益书局总发行所",左侧"电话四一八三号",右侧"开授棋盘街中市",下方"分设各省支店"等信息,在这些信息的中间是嘉禾环抱的"益"字。从"益"字上方的"商标"二字判断,嘉禾与"益"字组成的图形,为上海广益书局总发行所的商标。作为出版机构,机构的商标也就是标志,即广益书局众多标志中的一枚。

| 标志之一 | 《绘图白话学生小字典》 | 《绘图白话学生小字典》 |

（四）蝙蝠图形与文字组合标志

由于蝙蝠的"蝠"与"福"同音，自古以来，中国传统文化中将空中展翅飞翔的蝙蝠，寓意为"福从天降"。因此，蝙蝠图形被视为中国传统吉祥纹样之一，被赋予了趋吉避凶、求富贵、祈康寿、保顺安的寓意。广益书局的标志中也有一个将蝙蝠图形作为主体形象的标志。但在该标志中，蝙蝠的身体被处理成盾形，双翼被简化成两侧舞动的飘带。在盾形的身体上有"广益"两个篆体字。

目前发现，广益书局的图书使用该标志的主要有：

- 1921年广益书局编辑部编《新式绘图学生新字典》
- 1930年广益书局编辑部编《简易学生新字典》

……

| 标志之一 | 《简易学生新字典》 | 《新式绘图学生新字典》 |

（五）地球与文字组合标志

广益书局的出版标志中，地球与文字组合的也有两种。

第一种标志，地球上无经纬线，但地球上除了世界地图外，还有云气缭绕，在云气与地球仪之上，竖写着"广益"两个大字。该标志的设计手法与世界书局的经典标志设计有相似之处。出现该标志的图书有《峨眉剑侠传》与《粉妆楼》等。

第二种标志中，有经纬线的地球仪上，绘着美洲与欧洲的世界地图，在其中间为"广益"两个字。在地球仪的中间还有一个环带，上面有广益书局的英文名。

使用该标志的广益书局的图书主要有：

- 1936年江天览著《五彩姻缘》
- 1944年叶玉麟著《评注经史百家杂钞》

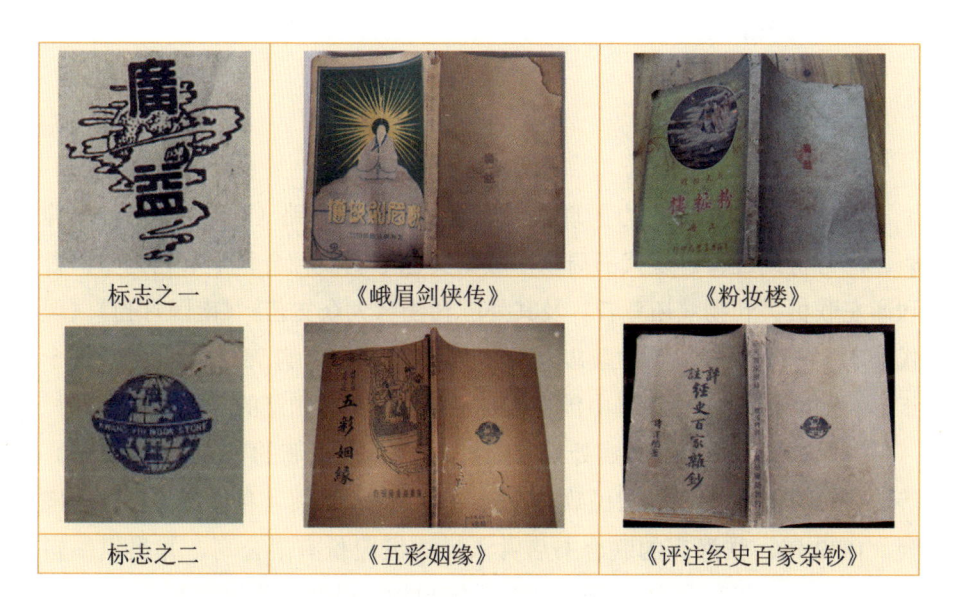

……

标志之一	《峨眉剑侠传》	《粉妆楼》
标志之二	《五彩姻缘》	《评注经史百家杂钞》

（六）印章形与文字组合标志

广益书局印章形与文字组合标志有两种，一种是圆印章形内，正中由上至下为"广益"二字，其右左分别为"书"与"局"。如李伯通编著的《清朝全史演义》一书的封底标志等。另一种同样为圆印章形内只有"广益"二字，但二字笔画一粗一细，对比鲜明，如《古今奇案汇编》的封底标志等。

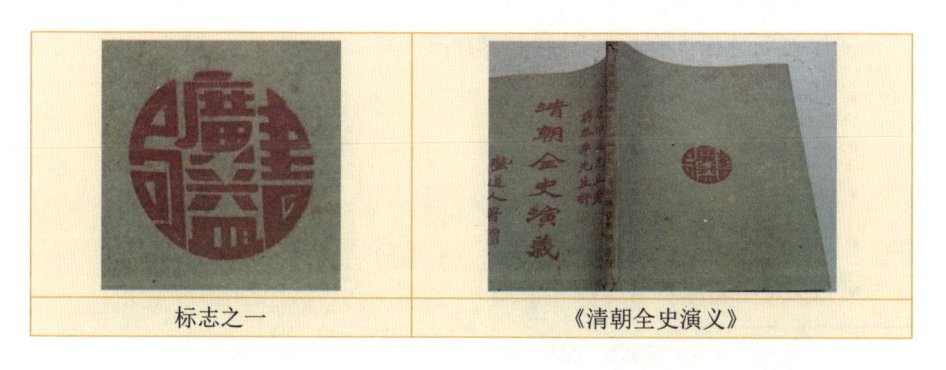

标志之一	《清朝全史演义》

标志之二　　　　　　　　《古今奇案汇编》

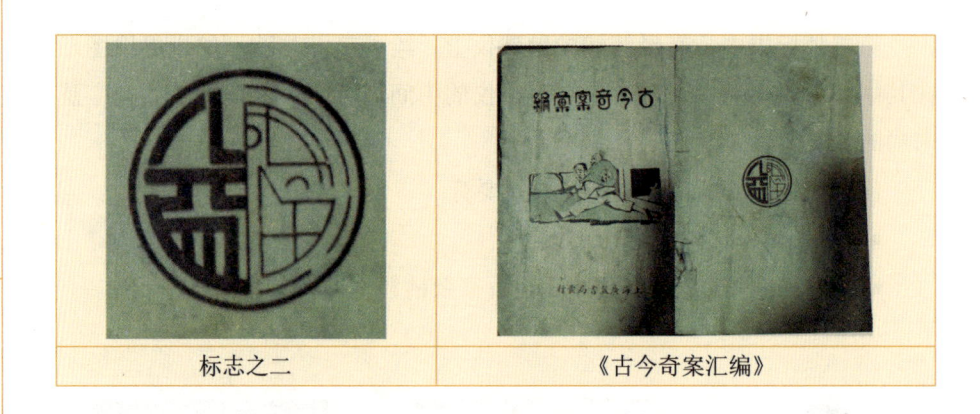

二、现代书局

1927年由洪雪帆创办的现代书局位于上海四马路（今福州路），张静庐、卢芳协助经营。现代书局以出版新文艺书刊及社会科学书刊为主，曾刊印左联机关刊物《拓荒者》及其外围刊物《大众文艺》《南国月刊》《现代小说》和《新流》4种杂志，后出版各种书籍，有郭沫若的《创造十年》《少年维特之烦恼》《中国古代社会研究》，蒋光慈的《丽莎的哀怨》《菊芬》，郁达夫的《展痕处处》《饶了她》，洪灵菲的《流亡》《归家》等。1931年现代书局被国民政府查封，洪雪帆被迫将4种进步文艺杂志停刊。1932年，张静庐的联合书店并入，改组股份有限公司，并另组编辑部，出版《现代》杂志、《现代儿童》等刊物，以及丁玲的《夜会》、张天翼的《蜜蜂》、老舍的《猫城记》等书籍。1936年现代书局停业[①]。

（一）现代建筑标志

现代书局的第一种标志为由5本精装书的书脊，叠加组成形似高耸的现代建筑，在建筑的下方有"现代书局"4个字。该标志设计具有现代设计运动中的装饰艺术风格。

现代书局使用该标志的图书主要有：
- 1928年郭沫若译《浮士德》
- 1928年陈大悲著《幽兰女士》
- 1928年钟宪民著《深渊》
- 1928年金满成著《血与爱》
- 1928年郭沫若著《反正前后》

---

① 熊月之.上海名人名事名物大观[M].上海：上海人民出版社，2005：572.

- 1929 年祝秀侠著《祝老夫子》
- 1931 年罗曼·罗兰著 叶灵凤译《白利与露西》
- 1932 年郭沫若著《沫若诗集》
- 1933 年格拉特考夫著《沉醉的太阳》
- 1934 年中野重治著 尹庚译《中野重治集》
- 1934 年伍启元著《中国新文化运动概观》
- 1934 年韩侍桁著《文学评论集》
……

标志之一	《浮士德》
《反正前后》	《祝老夫子》

（二）丛书标志

现代书局的丛书标志出现在展望丛书第五种的系列图书上，且该标志多位于书的扉页。标志整体为三角形，在三角形内深色的背景中一个行进的青年，左手拿着工具，腋下夹着工程图，右手搭额头，向前方眺望。这种三角形的人物图形构图，在出版标志设计中较为少见。

现代书局使用该丛书标志的图书主要有：

- 1929 年邱韵铎著《死囚之末日》
- 1929 年邱韵铎著《魏都丽姑娘》
- 1929 年龚冰庐著《炭矿夫》
……

丛书标志	《死囚之末日》
《魏都丽姑娘》	《炭矿夫》

三、光华书局与光明书局

　　1925年张静庐、沈松泉、卢芳等于上海创办光华书局，张静庐任经理，沈松泉、卢芳分管出版和营业。1929年前后，张、卢相继退出，由沈独自经营，书局在南昌、北京、武昌、杭州等设立分店。光华书局出版过创造社和左联作家的著译，如郭沫若的《三个叛逆的女性》、漆树芬的《经济侵略下之中国》、张定灏的《不平等条约研究》，以及"幻洲丛书""欧罗巴丛书"等，共约二百余种。1935年5月因债务无法偿还，被上海法院查封而歇业①。光华书局的出版标志目前发现的有四种，其中第一种为文字图形标志，第二种为图书形，第三种为旭日花卉图形，第四种为油灯与文字组合标志。

---
① 　熊月之：上海名人名事名物大观 [M]．上海：上海人民出版社，2005：531．

（一）文字图形标志

光华书局的文字图形标志，是由书局名"光华"二字上下组合穿插而成，浑然一体，其整体外围似圆印章形。

光华书局使用该标志出版的图书主要有：
- 1929 年李白英著《江南民间情歌集》
- 1929 年郭沫若著《文艺论集》
- 1929 年成绍宗译《漫郎摄实戈》
- 1930 年李白英编《断肠诗词》
- 1930 年滕固编《唯美派文学》
- 1931 年邱汉平著《先秦法律思想》
- 1931 年 黄人影著《郭沫若论》
- 1932 年贺杨灵编《小山词》
- 1933 年赵景深著《中国文学小史》
- 1934 年李白英编《断肠诗词》
……

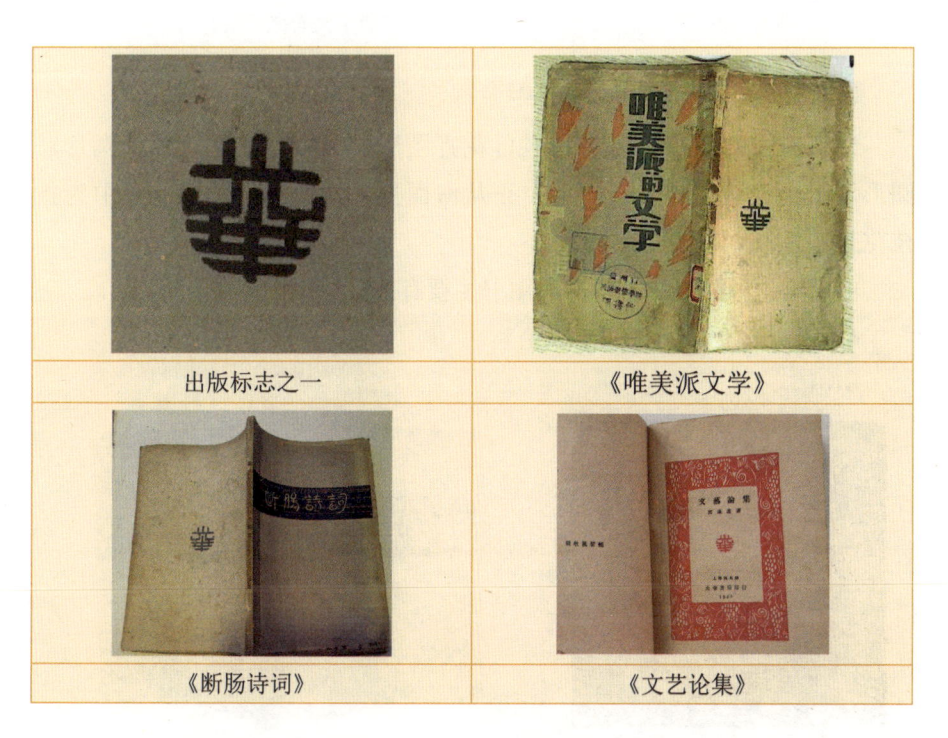

出版标志之一	《唯美派文学》
《断肠诗词》	《文艺论集》

（二）书、文字与日月星组合标志

光华书局第二种标志为书本形，且该书的封面插图中，深似黑夜的背景框内，印有太阳、星星、月及亮光等。在其上方有"光华"二字，且其后光芒四射，照亮黑色的夜空。

光华书局出版的图书中，使用该标志的有：

- 1928年新文学毛边本 贺杨灵著《古诗十九首之研究》

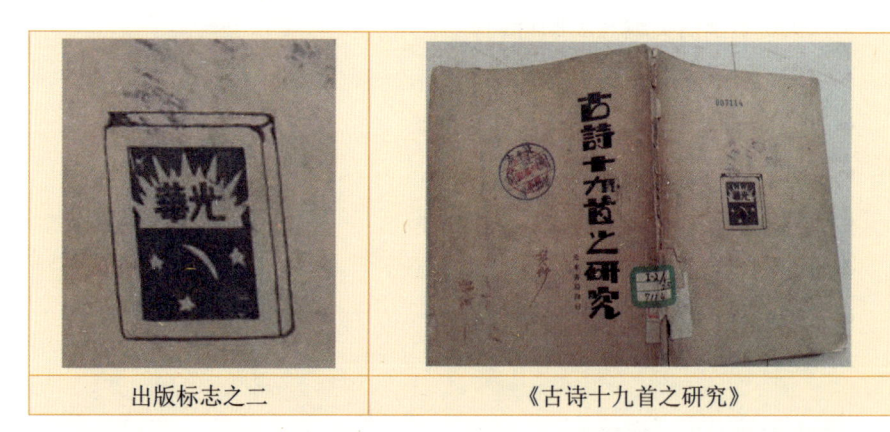

……

| 出版标志之二 | 《古诗十九首之研究》 |

（三）海上旭日与花卉图形组合标志

光华书局的第三种标志为旭日花卉图形，该标志整体轮廓为圆形，圆形背景中一轮旭日光芒四射，正从海面上喷薄而出，画面前景中为折枝花卉。

出现第三种标志的光华书局图书主要有：

- 1926年郁达夫著《小说论》

……

| 出版标志之三 | 《小说论》 |

（四）油灯与文字组合标志

　　1927年王子澄等创办的光明书局位于上海的福州路，书局以出版社会科学、文艺著译为主，参与编辑工作的有平心、阿英、金则人等，出版发行了《中国近代史》《各国革命史讲话》《政治经济学基础教程》《世界经济地理教程》《中国新文学运动史资料》《现代语辞典》《中国文学家大辞典》《文艺理论丛书》《光明文艺丛书》《光明戏剧丛书》等。同时，光明书局还刊印了《知识》半月刊、《文学界》月刊等。抗战期间光明书局先后在金华、汉口、广州、桂林、重庆等地设立办事处，经营批发业务。1941年太平洋战争爆发不久，光明书局遭日军查封，次年启封。1942年春，因《现代青年书信》有抗日内容，全部被劫，损失惨重。新中国成立后，于1955年并入新文艺出版社①。

　　光明书局的出版标志为横向的长方形，在其上部为一盏油灯，下部为"光明书局"四个美术黑体字，据说该标志为书籍装帧家莫志恒设计②。莫志恒生于1907年，浙江杭州人，擅长书籍装帧设计，1931年毕业于上海国立劳动大学工学院，曾任上海开明书店、商务印书馆、桂林文化供应社、华东行政委员会美术设计、编辑等。

　　光明书局图书中使用该标志的主要有：
- 1934年张若英编《中国新文学运动史料》
- 1935年石苇编译《萧伯纳》
- 1937年焦敏之译《中国经济地理》
- 1941年鲍煜著《个人修养与社会服务》
- 1941年许幸之编著《天长地久》
- 1941年肖洛霍夫著《静静的顿河》
- 1941年王独清译《新生》
- 1945年邱尼山著《现代青年书信》

　　……

---

① 熊月之.上海名人名事名物大观[M].上海：上海人民出版社，2005：531.
② 张泽贤.民国出版标记大观[M].上海：上海远东出版社，2012：136.

| 出版标志 | 《天长地久》 |

四、龙门书局与晨光出版公司

龙门书局创设于民国中期，且一直以影印西方科技、教育图书为主，为启迪国人思想、促进中国教育和科技发展起到了重大作用。同时，在引进和介绍西方名著的同时，1930年龙门书局发明了化学制版的翻印技术，进一步降低了生产成本，解决了大批影印的生产问题，为贫苦的青年学子提供了价格比较低廉的国外优秀科技教育类图书。新中国成立后的1954年，龙门书局并入科学出版社，1993年新闻出版署批复同意科学出版社以"龙门书局"为副牌的申请。昔日指引青年走科技救国之路的"龙门书局"又重返中国出版之林[①]。

晨光出版公司创建于民国后期，虽然是一家小型民营出版社，却是当时的文化名人老舍、巴金、钱锺书、徐志摩和萧乾等与出版家联手创造的文化奇迹，在中国现代文学史上影响深远，其"晨光文学丛书"，在中国文化史上更是意义非凡。

（一）瓦当形与文字组合标志

龙门联合书局初名龙门印务局，1930年由严幼芝、严仲华创立于上海，编辑有程克猷等。1932年改名龙门书局，经营影印西书业务。1937年龙门书局联合全沪影印西书同业，改组为股份有限公司，并改名为龙门联合书局。1945年龙门书局设编译部，从事出版工作。除影印西书外，龙门书局还出版《飘》《琥珀》等著名外国文学畅销书。新中国成立后龙门书局重点出版工程图书。1954年公私合营，龙门书局并入科学出版社[②]。

龙门书局的出版标志为圆形瓦当内，"龙门书局"四个篆体字由右向左分布。龙门书局使用该标志的图书有：

---

① 史品上[M]. 上海：上海教育出版社，2015：46.
② 马学新. 上海文化源流辞典[M]. 上海：上海社会科学院出版社，1992：195.

- 1947年季文美编著《材料力学》
- 1948年陶庸生著《国学概要》
- 1948年傅东华著《飘》
- 1949年朱凤豪编著《新三角学讲义》
- 1929年谢大任、徐燕谋编著《现代英文选》

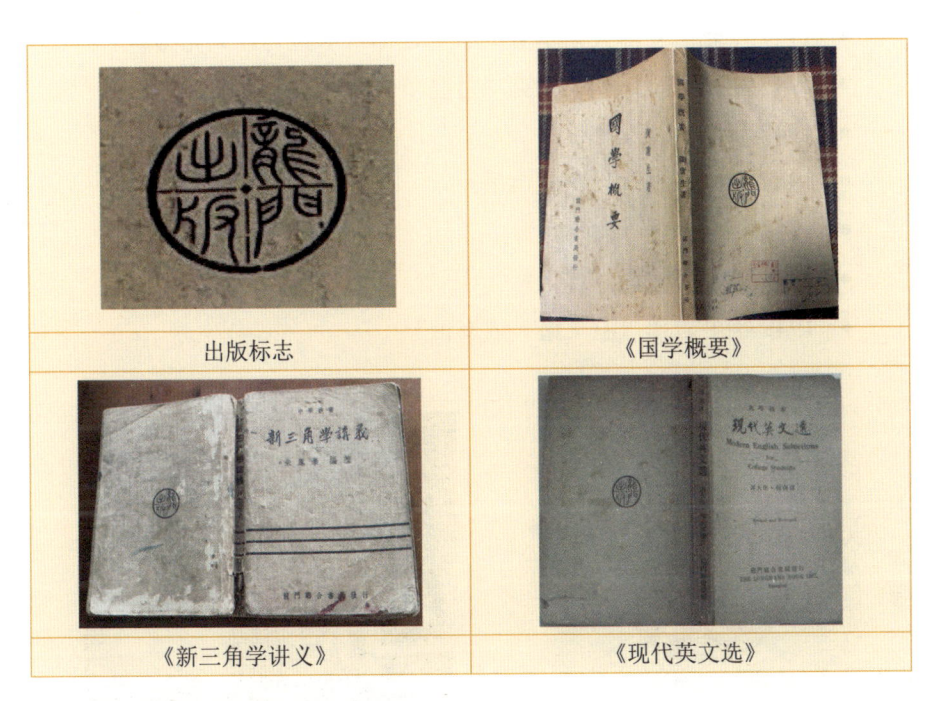

……

出版标志	《国学概要》
《新三角学讲义》	《现代英文选》

（二）金鸡与地球组合标志

由作家老舍与赵家璧合办的晨光出版公司，1947年6月创办于上海。出版有"晨光文学丛书"38种，大多为名作，如巴金的《寒夜》《第四病室》，钱锺书的《围城》，老舍的《四世同堂》，徐志摩的《志摩日记》等。晨光出版公司还曾重印良友图书公司出版的《苏联版画集》和翻译作品"美国文学丛书"多种。晨光出版公司出版物内容丰富、纯正，装帧、印制皆佳[1]。

晨光出版公司的标志为圆形的深色背景中，一只雄鸡正引吭高歌。在鸡的身上，分别有字母"C"和"S"。据研究，该出版标志设计者为画家庞薰琹。晨光出版公司使用该标志的图书有：

---

[1] 叶再生.中国近代现代出版通史：第4卷[M].北京：华文出版社，2002：21.

- 1947年季文美编著《材料力学》
- 1948年陶庸生著《国学概要》
- 1948年傅东华著《飘》
- 1949年朱凤豪编著《新三角学讲义》
- 1929年谢大任、徐燕谋编著《现代英文选》
- 1940年老舍著《骆驼祥子》
- 1947年陀思妥耶夫斯基著　耿济之译《卡拉马佐夫兄弟》
- 1947年赵家璧译斯坦贝克《月亮下去了》
- 1947年老舍著《寒夜》
- 1947年张天翼著《在城市里》
- 1948年老舍著《微神集》
- 1949年石华父译《传记》
- 1949年吴岩译《温士堡·俄亥俄》

……

| 出版标志 | 《在城市里》 |

第二章
近现代政社团体组织出版标志

辛亥革命胜利后，在梦想建立西方式的"议会政治"幻想下，各种社会力量纷纷组建政党，一些党派还创办发行书刊报纸，大力宣传自己的主张。在此背景下，20世纪初的中国先后组建的大小政党数量达三百多个，其中主要有1911年成立的中国社会党、国民联合会、中华民国宪政党、政学会等；1912年的国民公党、中华民国自由党、中华平民党、中华民国政党、国民协会、中华民国联合会、中华民国工党、工商勇进党、中华共和促进会、统一党、公民急进党、共和党、民主党等；1913年的进步党、中国社会民主党等；1921年的中国共产党等；1925年的中国致公党等；1932年的中国台湾民主党等；1935年的中华民族革命同盟等；1938年的中国自由党等；1941年的中国民主同盟等；1945年的中国三民主义联合会、中国民主建国会、中国国民党民主促进会、九三学社等；1946年的中国洪门民治党、中国农民自由党等；1947年的中国农民党、中国台湾民主自治同盟、中国新社会革命党等等[1]。这些政党中的多数内部派系繁多、关系复杂，曾在拥护孙中山还是拥护袁世凯的选择中始终分化不定、左右摇摆。

1912年由孙中山先生创立，前身是兴中会的同盟会，联合四个小党派改组为国民党，1919年正式宣称中国国民党。1921年中国共产党成立，三年后开始了书写国共两党合作的历史篇章。1937年卢沟桥事变爆发，中国各党派联合起来形成了抗日民族统一战线。经过八年艰苦卓绝的全面抗战，1945年终于迎来了胜利。但国民党为实施独裁统治背信弃义，竟悍然公开发动内战，由此中国社会进入了反内战反独裁的解放战争阶段。与此同时，中国其他民主党派大多积极参与到反内战的行列中，这期间一些民

---

[1] 方庆秋.民国党派社团出版史丛[M].南京：江苏人民出版社.1996：3.

主党派与共产党一样遭到国民党政府的敌视和迫害，创办的出版机构、发行的书刊被关停、取缔，出版发行工作被迫转为地下秘密进行，甚至移至中国香港、新加坡等地。

目前遗存的20世纪上半叶各政党社团出版的图书中，数量多且有出版标志的主要以共产党和国民党领导的出版机构最具代表性。此外在抗战与解放战争期间，面对国家的生死存亡与民族和平统一，还有一些思想开明的进步民营出版机构，如文化生活出版社、天下图书公司、复社、改进出版社和生活·读书·新知三联书店等，在共产党的宣传和影响下，积极宣传救国救民思想，出版了马列等著作，其出版标志设计也丰富多彩，具有鲜明的时代特征。与此同时，其他民主党派与社团组织，如中国青年党、少年中国学会、中华职业教育社和上海世界佛教居士林等，有的有出版标志，有的无，有的还采用代理印刷发行机构的出版标志等。总之，近现代政社团体组织的出版标志设计，题材多种多样，手法灵活多变，设计风格也各具特色。

第一节　进步出版机构及标志

早在中国共产党成立之前，为了更好地向社会大众宣传和介绍革命思想，当时的革命领导人就开始参与或创办革命出版机构，发展至20世纪30年代中期以后，中国共产党在积极创办自己的出版机构的同时，还通过各种方式引导和影响国统区的民营进步出版机构，推动革命宣传及出版事业的快速发展。当时受共产党影响的民营进步出版机构，主要有新潮社、北新书局、海燕书店、群益出版社、华夏书店、文化生活出版社、文化供应社、改进出版社、国讯书店、骆驼书店、三户图书社、中国出版社、中外出版社、莽原出版社、世界知识出版社、生活书店、新知书店、读书生活出版社和文化供应社等。这些出版机构大多拥有自己的出版标志，但也有例外，如当时北平的未名社、上海的大江书铺、福建的东南出版社等。

一、新潮社与北新书局

1918年11月，在北京大学就读的傅斯年、罗家伦等发起成立了新潮社，第二年又创办了《新潮》杂志，专以介绍西方近代思潮或批评中国现代学术及社会各问题为宗旨，提倡个性解放和男女平等，大量刊载新文学创作和翻译作品，在进步知识分子中产生较大的影响，1922年《新潮》杂志停刊。1924年北新书局在北京正式成立，创办初期北新书局主要经售新潮社的出版物，受陈独秀、李大钊、胡适等新文化运动名人的支持，北新书局也陆续出版了鲁迅、周作人、郁达夫和冰心等一大批现代文学家的作品。1926年，北新书局被军阀张作霖关停后不久迁回上海。1931年北新书局因经售中共地下书店——华兴书局的出版物，一度被上海国民党当局查封，1933年又因出版涉及民族宗教问题而再一次被查封。启封后的北新书局一度改名青光书局，不久又恢复旧名①。此后的北新书局，逐步将出版重点和方向，从文艺读物转向儿童读物和教科书领域。

目前发现的北新书局出版标志共有三种，多出现在平装书的封底。第一种为书与太阳光芒的组合；第二种为印章形与图文组合；第三种为书与旭日文字组合标志。同一时期类似题材的出版标志设计，还有大明书局、现实出版社、大陆图书公司、大新书局、一心书店、中西书局与国光书店等。

（一）书与太阳光芒组合标志

该标志的所用题材及设计手法在近现代出版标志中比较常见，即书与太阳光芒的组合，太阳光芒正中一本打开的书页上分别是美术黑体"北""新"两个字。

北新书局使用该标志的图书主要有：

- 1929 伊巴臬兹 李青崖译《启示录的四骑士》
- 1930 年梁遇春编《小品文选》
- 1931 年周阆风编《小朋友科学伟人》
- 1933 年林兰编《巧舌妇的故事》
- 1933 年林蓝编《金田鸡》
- 1934 年陶明志著《周作人论》
- 1935 年赵景深辑《元人杂剧辑逸》
- 1935 年胡云翼著《中国文学史》
- 1936 年谭正璧著《国学概论讲话》
- 1937 年徐志摩著《落叶》五版

---

① 徐鲁．徐伯吹在北新书局的前前后后[J]．中华读书报．2017(3)：15．

- 1940年钱洪翔编《最新立体几何难题集解》
- 1946年郭沫若著《归去来》
- 1947年郁达夫著《郁达夫散文集》

……

| 标志之一 | 《元人杂剧辑逸》 | 《巧舌妇的故事》 |

（二）印章形与文图组合的标志

该标志外形采用了方形图文印章轮廓，其内部文与图组合的形象不甚明确，既像张开的一对翅膀，上面分别书写着"北新"与"书局"几个字；又像繁复的植物底纹，将印面分成了左右部分，中间上端的空白处还有一圆点，用意不明。

出现该标志的图书主要有：

- 1927年（英）安杰尔著、张友松译《新闻事业与社会组织》
- 1927年鲁迅著《野草》
- 1927年衣萍、铁民合译《少女日记》（上下两册）

……

| 标志之二 | 《新闻事业与社会组织》 | 《野草》 |

（三）书与旭日文字组合标志

北新书局的第三种标志，整个构图为长方形，其左下方为打开的书，书后偏右有两轮大小不一但重叠的旭日，两重光芒交相辉映于方形框内；

框内的右半部，是竖写的"北新"与"书局"四个字，此横长方形的设计在民国出版标志中不乏类似的，如东方书店的出版标志等。但"北新"与"书局"四个字从左向右排序，在当时应较为少见。

目前发现使用该标志的图书主要有：
- 1930年鲁迅著《呐喊》
- 1933年杨东莼编《本国文化史大纲》
- 1932年J. S. Hoyland著《世界文化史要略》
- 1937年冰心著《冰心小说集》

……

| 标志之三 | 《呐喊》 | 《本国文化史大纲》 |

二、文化生活出版社与天下图书公司

作为抗战前就成立的进步出版机构，文化生活出版社与天下图书公司在出版标志的设计上，不约而同地都借鉴和应用了西方古典雕塑形象，一个是古罗马佚名青铜雕塑《拔刺男孩》，一个是法国现代著名雕塑家罗丹的作品《思想者》。

（一）拔刺男孩雕塑形象标志

文化生活出版社是吴朗西、伍禅等于1935年5月创建于上海的出版机构，总编辑为巴金，编辑陆蠡、丽尼等。在上海沦为"孤岛"时期，文化生活出版社在霞飞路（今淮海中路）霞飞商场设有门市部，不久被查封。抗战时期文化生活出版社曾在重庆、广州、桂林设分社，金华设办事处。文化生活出版社以出版中外文学著译闻名文坛，兼出社会科学、自然科学书籍，有《文学丛刊》《译文丛刊》《现代生物学丛书》《少年读物小丛书》等。抗战期间曾用"烽火社"名义，在内地陆续出版宣传抗日的文艺小册子。上海方面改由陆蠡负责，后来陆蠡被日军逮捕，由吴金堤代为主持。1946年，吴朗西、巴金等返回上海，重振业务。1950年，吴朗西任社务委员会主任兼编辑，主持业务。1954年文化生活出版社并入上海新文艺出版社①。

文化生活出版社的标志，为古罗马佚名青铜雕塑《拔刺男孩》形象，标志中男孩将左脚搭在右膝盖上，正低头聚精会神地拔左脚上的刺。在雕塑下的基座上，刻有"文化生活出版社"七个字。

目前文化生活出版社遗存的图书中，出现该标志的图书数量众多，主要有：

- 1935年果戈理著 鲁迅译《死魂灵》
- 1946年朱洗著《智识的来源》
- 1947年威尔逊著 沈谏之译《罗曼·罗兰传》
- 1947年卞之琳译《浪子回家》
- 1949年老舍著《骆驼祥子》

……

| 文化生活出版社标志 | 《罗曼·罗兰传》 |

（二）《思想者》雕塑形象标志

从与天下图书公司业务工作发展相关的人员，即葛一虹的生平事迹记载来看，天下图书公司同样是一家进步的出版机构。出生于上海嘉定的葛一虹，1933年8月加入中国左翼戏剧家联盟，1938年在重庆任中华全国文艺界抗敌协会理事、戏剧界监事，1939年6月参加中华全国文艺界抗敌协会组成的作家战地访问团，后担任中苏文化协会主办的杂志《中苏文化》常务编委，这期间翻译了苏联名剧《带枪的人》，此剧相继在晋察冀

---

① 熊月之.上海名人名事名物大观[M].上海：上海人民出版社，2005：490.

边区和延安等革命根据地演出，中国舞台上第一次出现列宁、斯大林的光辉形象，在国内外引起很大轰动①。抗日战争胜利后，葛一虹主持以介绍苏联文化为主的天下图书公司的工作，这期间与他人一起相继翻译出版了苏联图书《苏联概况》《苏联木刻》《苏联要求什么》《高尔基画传》《普希金画传》等，介绍苏联社会主义的科学文化成就。1947年天下图书公司出版了葛一虹主编的《苏联木刻》一书，郑振铎为之作序。1949年8月天下图书公司又出版了古元绘制插图的《刘志丹的故事》《社会主义的现实主义》等。

天下图书公司的标志为雕塑《思想者》形象，该标志不仅出现在图书的封底，还在封面以插图的形式出现，且出现该标志的图书主要集中在1949年出版的图书上，具体情况如下：

- 1949年荒芜译《社会主义的现实主义》
- 1949年庄寿慈译《谈苏联文学》
- 1949年[苏]顾尔希坦著　戈宝权译《文学的人民性》

……

| 天下图书公司标志 | 1949年《社会主义的现实主义》 |

三、复社与改进出版社

复社与改进出版社均是全面抗战爆发后成立的出版机构。1937年美国进步作家、记者埃德加·斯诺，将自己在中国西北革命根据地实地采访的见闻，汇集成著作《西行漫记》（《红星照耀中国》），该书于1937年10月在伦敦首次出版。1937年底，胡愈之从斯诺处得到刚从英国寄来的英文样本，即商请胡仲持等十多人，在一个月内译成中文，书名译为《西行

---

① 中国戏剧出版社.弦歌不辍 中国戏剧出版社60年[M].北京：中国戏剧出版社，2017：95.

漫记》。当时上海的出版社多不敢公开出版此书，胡愈之自办出版社，取名"复社"，自任负责人，主持出版发行工作①。1938年3月1日《西行漫记》首印1000册，很快就售罄，半年内又连印五六次。《西行漫记》从多个方面展示了中国共产党为民族解放而艰苦奋斗的精神，且一位西方记者公正客观的、毫无党派之见的报道，也让当时的中国热血青年深受鼓舞，纷纷奔赴延安和新四军抗日根据地。此外，《西行漫记》出版后，国外不少出版社也纷纷翻印，受到了海外华侨的热烈欢迎，在世界上产生巨大的反响②。除了《西行漫记》外，1938年6月，复社还出版了《鲁迅全集》。次年4月，又翻译出版《续西行漫记》。后来还秘密翻印了《列宁选集》和毛泽东的《论持久战》《论新阶段》等著作。1939年秋，经理胡仲持等被汪伪特工所捕，出版业务随之终止③。

（一）方印章形与文字组合标志

复社的出版标志为方印章形文字标志，标志中的"复社"二字为篆隶书体。且随着标志所处位置不同，"复社"二字或左右或上下组合。目前发现出现该标志的书主要是1938年的《西行漫记》、1939年的《续西行漫记》，且标志分别出现在版权页及书脊下方。版权页上为"复社"二字左右组合的标志，书脊下方为"复社"二字上下组合标志。

| 标志之一 | 《西行漫记》版权页 | 《续西行漫记》版权页 |

① 胡序威. 胡愈之文化现象研究 [M]. 北京：生活·读书·新知三联书店，2016：259.
② 胡序威. 胡愈之文化现象研究 [M]. 北京：生活·读书·新知三联书店，2016：261.
③ 上海市文物保护研究中心. 上海抗战史迹图集 纪念抗日战争胜利70周年 [M]. 上海：中华地图学社，2015：118.

| 标志之二 | 《西行漫记》书脊 | 《续西行漫记》书脊 |

（二）圆印章形与文字组合标志

改进出版社是 1939 年由福建省政府创办，社长黎烈文是左翼作家，与身为中共地下党员的作家邵荃麟夫妇关系密切，出版社的工作人员中也有中共地下党员。出版社的编辑部最早设在福建永安县城外七八公里的虾蛤村一个小祠堂里，抗战胜利后，改进出版社社址迁至福州。改进出版社先后编辑出版了 6 种期刊，即 1939 年 4 月 1 日的《改进》半月刊，9 月的《现代儿童》月刊，11 月的《现代青年》月刊，1940 年 1 月的《战时民众》半月刊，2 月的《战时木刻画报》半月刊，以及 4 月的《现代文艺》月刊。同时，还编辑出版了《改进文章》《现代文艺丛刊》《现代青年丛刊》《现代儿童小丛书》《世界名著译丛》《世界大思家丛书》《建设丛刊》，以及各种单行本，合计出版图书达 100 多种[①]。在特殊的历史时期，改进出版社出版的大量进步的文艺期刊和图书，在宣传抗战、揭露日军暴行方面，产生了积极的社会影响。

目前发现的改进出版社标志为圆印章形与文字组合，其中"改进"二字为美术黑体字，部分笔画与圆印章形轮廓重合，且在重合中为适应圆印章形边缘，进行了相关笔画的变形或拉长等处理，使得文字图形化特征愈加鲜明。

目前发现改进出版社图书中出现该标志的主要有：

- 1940 年 S. 褚威格著 许天虹译《托尔斯泰》
- 1941 年莫洛亚著《英国人》

---

① 叶再生. 中国近代现代出版通史：第 3 卷 [M]. 北京：华文出版社，2002：692.

- 1942年高时良著《近东与远东》
- 1942年姚奔著《给爱花者》
- 1943年荃麟著《麒麟寨》

……

| 改进出版社标志 | 《近东与远东》 |

四、海燕书店与群益出版社

1901年俄国大文学家高尔基曾创作了著名散文诗《海燕》，又名《海燕之歌》。在俄文中"海燕"一词有"暴风雨的预言者"之意，每当暴风雨来临之前，海燕常在海面上下翻飞，展现出勇敢和无畏的精神。全面抗战爆发后以海燕命名的出版机构众多，其中1938年成立的海燕书店，是一家进步的出版机构，当时在中国共产党人的帮助下，曾出版过众多抗战文艺书籍与杂志[①]。群益出版社是抗日战争时期郭沫若在重庆发起组织的一个进步文化组织，新中国成立后海燕书店与群益出版社、大孚出版公司合并为新文艺出版社。

（一）海燕与暴风雨组合标志

海燕书店1938年4月初创于汉口，1940年迁沪。原名海燕出版社，因避同名，于社名前加"香港"字样，后改称书店。海燕书店由俞鸿模独资筹建并主持，俞鸿模是福建省福清市人，印尼归国华侨。抗日战争时期，俞鸿模曾先后任延安鲁迅文学院教师、新华社日语翻译、武汉海燕书店董事长、新知书店香港办事处主任等。关于出版社的名称，俞鸿模希望"海燕出版社能在昏暗的黑云笼罩大地的时候，像一只'高傲的海燕，

---

① 施宣圆. 中国文化辞典[M]. 上海：上海社会科学院出版社，1987：1235.

勇敢地、自由自在地'飞掠着、吼叫着迎接光明①"。抗战期间海燕书店出版了许多宣传中国共产党抗日主张的进步书刊，如1939年出版的《地下》《前夜》等书籍②。日军侵占上海租界后，海燕书店被迫停业。抗日战争胜利后，海燕书店复业，相继出版了《少年时代》《革命春秋》《今昔蒲剑》《钢铁是怎样炼成的》等。1945年出版的新书《沃野》《烽火天涯》《地下》等反映抗日题材的作品，遭到上海警察总局的查禁，与《什么是社会主义》《论联合政府》等被列为违禁书刊③。1948年海燕书店又出版了胡风主编的《七月文丛》，葛一虹等编辑的《新演剧》，王任叔主编的《新地文学丛书》，姜椿芳编辑的《译文丛刊》《苏联文学史》《苏联新地理》《苏联外交史》等④。

　　据张泽贤先生的《民国出版标记大观》，海燕书店的海燕标志主要有两种，其中一种是在暴风雨中搏击的海燕，另一种是在平静的大海上飞翔的海燕。但笔者目前发现的标志只有暴风雨中的海燕标志，且主要出现在1948年以后，甚至还出现在新中国成立初的1950年、1951年等。其中新中国成立前后出现该标志的海燕书店图书主要有：

- 1948年[苏]果戈里《赌棍》独幕喜剧
- 1948年郭沫若著《抱箭集》
- 1949年侯干城著《任务》
- 1949年董秋斯《杰克·伦敦传》
- 1949年[苏]邬斯宝斯基著《遗失街风习》
- 1949年[苏]弗拉易尔曼著 穆俊译《初恋》
- 1950年石韵辛夷编《新儿女英雄传评论集》

……

---

① 福建省政协文史资料委员会. 文史资料选编. 第3卷 文化编[M]. 福州：福建人民出版社，2001：328.
② 福州晚报. 抗日者[M]. 福州：海峡文艺出版社，2018：286.
③ 建省政协文史资料委员会. 文史资料选编. 第3卷 文化编[M]. 福州：福建人民出版社，2001：330.
④ 熊月之. 上海名人名事名物大观[M]. 上海：上海人民出版社，2005：630.

| 出版标志 | 《赌棍》 | 《新儿女英雄传评论集》 |

（二）笔与立体文字图形组合标志

群益出版社是由郭沫若创办的进步出版机构，1942年8月在重庆开业，首任经理为郭沫若之侄郭培谦(字宗益)。群益出版社以"文化之田，深耕细耨。文化之粮，必熟必精。为益人群，不负此生"为办社宗旨。早期出版社以出版郭沫若在抗日战争时期的新作为主，如历史剧《虎符》《棠棣之花》《屈原》《孔雀胆》《南冠草》《筑》等，以及郭沫若的学术著作《青铜时代》《十批判书》《蒲剑集》《羽书集》等，此外还有早期译作《少年维特之烦恼》《茵梦湖》等。同时，群益社还出版了一批进步作家的话剧剧本，如阳翰笙的《天国春秋》《草莽英雄》，夏衍的《水乡吟》，陈白尘的《岁寒图》《升官图》等等，这些作品深刻地反映了社会现实，有明显的针对性，上演时轰动一时，为当时积极宣传民主、争取团结、反对专制、推动民主革命和进步文化等起到不可估量的作用[①]。1946年春，该社迁往上海。1948年10月，该社因受上海国民党当局的迫害迁至香港。上海解放后迁回上海[②]。

群益出版社标志为立体文字图形与钢笔的穿插组合，立体化图形处理的"群益"二字，上方为横托一本打开的书，下方"群"字部首中的"口"被设计成圆形，一支蘸水钢笔从中穿越而出，其设计与构思非常具有现代感。群益出版社出现该标志的图书主要有：

- 1946年郭沫若著《孔雀胆》
- 1946年郭沫若著《南京印象》
- 1946年郭沫若著《屈原研究》
- 1946年郭沫若著《十批判书》
- 1946年郭沫若著《筑》

---

① 冯克熙. 路漫漫其修远[M]. 重庆：重庆出版社，1998：45.
② 许力以. 中国出版百科全书[M]. 上海：书海出版社，1997：595.

- 1947年[德]马克思著 郭沫若译《政治经济批判学》

……

| 群益出版社标志 | 《孔雀胆》 |

五、生活·读书·新知三联书店

生活书店、新知书店与读书生活出版社，是由进步文化人士创办的三家书店，从20世纪30年代起出版了许多进步的书籍和刊物，对引导青年走向进步，在宣传抗日救亡运动中，在争取民主自由、反对独裁政治的斗争中，以及在宣传共产主义的思想运动中做了大量工作。1948年，三家书店在香港合并，成立了生活·读书·新知三联书店①。

（一）方印章形与文字组合标志

生活书店的前身是生活周刊，1925年10月在上海创刊的《生活周刊》，原是黄炎培创立的中华职业教育社的机关刊物，从第二卷第一期起，改由邹韬奋任主编。"九一八"事变以后，民族危机空前加重，邹韬奋利用《生活周刊》积极宣传抗日救国。由于《生活周刊》鲜明的政治倾向，被国民党当局查封。1932年为了救亡图存的需要，邹韬奋和胡愈之等共同倡议，以《生活周刊》为基础，创立了生活书店。生活书店成立以后，陆续创办了《大众生活》《新生》周刊、《妇女生活》《文学》月刊、《世界知识》《译文》等刊物，出版了包括马列主义经典著作以及哲学、经济、历史、地理、自然科学、文学艺术等各个门类图书1000多种，丛书20余种，在当时的社会上产生了重要的影响。生活书店还在各地广设分店，形成规模经营。与此同时，为保护书店不被国民党相关部门破坏，生活书店在上海成立了一批化名的出版机构，如华夏书店、峨眉出版社、远东图书公司、韬奋出版社、兄弟图书公司和骆驼书店等②。

目前发现的生活书店的标志有两种，一种为文字标志，即"生活"两字，该字是《生活》创办人黄炎培早期为周刊一挥而就的。出现该标志的

---

① 叶再生.中国近代现代出版通史.[M] 第2卷.北京：华文出版社，2002：1172.
② 姚一鸣.中国旧书局[M].北京：金城出版社，2014：233.

图书有：

- 1932年生活周刊社编《游日鸟瞰》
- 1938年[苏]绥拉菲摩维支著 曹靖华译《铁流》
- 1938年[苏]卢卡契著 以群译《小说》百科小译丛之四
- 1939年 臧克家著《从军行》
- 1946年 费孝通著《民主宪法人权》
- 1947年 沈志远著《新经济学大纲》

……

标志之一	《铁流》	《游日鸟瞰》

（二）木刻读书青年形象标志

　　1934年李公朴在上海协助邹韬奋筹办《生活日报》，由于国民党政府的阻挠而未能实现。后来李公朴与艾思奇等创办的《读书生活》半月刊，颇受读者欢迎。1936年起，《读书生活》将受读者欢迎的问答分类归纳编辑出书，并成立了读书生活出版社，亦称读书出版社。全面抗日战争爆发后出版社内迁汉口、重庆，并在广州、贵阳、桂林、昆明等地设立分社，同时在上海先后以辰光书店、鸡鸣书屋、北极书店等名义出版书刊，1938年《资本论》三卷在上海陆续出版，很多进步学者纷纷购买，此后若干年中该书再版，且版本还经湛江、重庆、中国香港、新加坡等地，被辗转运送到大后方的江苏新四军地区、陕北延安和东北解放区等[①]。除此之外，抗战与解放战争时期读书生活出版社还出版了《苏联艺术讲话》《铁甲列车》《大众哲学》《晋察冀边区印象记》《资本论的文学构造》《资本论通信集》《实践与真理》《中国及其未完成的革命》等，发行《读书生活》《大家看》《认识月刊》《文学月报》《新音乐》等刊物[②]。

　　读书生活出版社的出版标志形象，来自比利时木刻版画作品《一个人的受难》中的一幅。在一个竖长方形的图案、深黑的背景中，一青年背靠

---

① 邹振环.20世纪上海翻译出版与文化变迁[M].桂林：广西教育出版社，2000：237.

② 鄂基瑞等编《中国现代文学词典》中国现代文学词典[M].上海：上海辞书出版社，1990：811.

路灯杆，黑夜中的路灯散发着一圈圈的光晕，青年借着光亮沉浸在读书的世界中，在画面下方是"读书生活出版社"几个字。

读书生活出版社使用该标志出版的图书主要有：

- 1936年柯根著 杨心秋、雷鸣蛰合译《世界文学史纲》
- 1937年艾思奇著《哲学与生活》
- 1937年葛一虹、田鲁编《苏联艺术讲话》
- 1937年[苏]伊凡诺夫著 罗稽南译《铁甲列车》
- 1938年艾思奇著《大众哲学》
- 1938年初立波著《晋察冀边区印象记》
- 1938年周恩来著《怎样进行持久抗战》
- 1938年[苏]聂奇金纳著 郑易里译《资本论的文学构造》
- 1938年[德]卡尔·马克思著 郭大力、王亚南译《资本论》
- 1939年[苏]米定·拉里察维基等著 艾思奇、郑易里译《新哲学大纲》
- 1939年马克思、恩格斯著 郭大力译《资本论通信集》
- 1939年艾思奇《实践与真理》（初版）
- 1939年[苏]H.普拉特著 蒋天佐译《中国及其未完成的革命》
- 1941年[苏]米定·易希金柯编著，平生、麦园等合译《辩证法唯物论辞典》
- 1945年[日]佐野袈裟美著 刘慧之、刘希宁合译《中国历史教程》六版
- 1946年杜克展译《近代新历史》
- 1947年郭大力、王亚南译《资本论》（全三卷）
- 1948年艾思奇著《大众哲学》

……

| 读书生活出版社标志 | 《近代新历史》 | 《世界文学史纲》 |

（三）书与齿轮、火柴等组合标志

1935年8月新知书店由钱俊瑞、薛暮桥等在上海创办，前后出版图书约400种，期刊10种。抗战初期，新知书店总店迁至武汉、桂林、重庆，并陆续在重庆、金华、丽水、常德、襄阳、柳州等地设立多处分店，在香港设立办事处。新知书店以出版政治学、经济学理论及马克思主义的著作为主，其中有代表性的如《中国货币制度往哪里去》《中国农村社会性质论战》《辩证唯物论入门》《世界文学译丛》等，特别是新知书店在武汉时曾以"中国书店"名义出版马克思主义经典著作。此后，新知书店及书刊在屡遭查禁的情况下，除继续用"新知"出书外，还以远方书店、实学书局等为名，出版了不少书籍。与此同时，新知书店还出版了《中国农村》月刊、《语文》月刊和理论刊物《新世纪》等①。

目前发现，新知书店出版的图书封底中使用了三种标志。第一种外形似书籍的火柴盒上，一只手的两个手指捏着刚刚擦燃了一根火柴，手的背景下方为齿轮，其下的两个横线中有"新知"两个字。

新知书店图书中出现该标志的图书主要有：

- 1936年狄超白著《通俗经济学讲话》
- 1936年中国农村经济研究会著《中国农村描写》
- 1936年白超狄著《通俗经济学讲话》
- 1936年章乃器、钱俊瑞、骆耕漠、狄超白合著《中国货币制度往哪里去》
- 1936年中国农村经济研究会编《中国农村描写》
- 1936年中国农村经济研究会编《中国农村社会性质论战》
- 1936年千家驹、李紫翔著《中国乡村建设批判》
- 1936年都莱士著 朱沅芷译《今日的法国与人民阵线》
- 1936年[苏]莱渥铁爱夫著 吴大琨、庄纪尘合译《大众政治经济学》
- 1937年[日]宫田保郎著、常乐人译《货币的实际知识》
- 1937年俞庆堂编《战时国文教材》
- 1937年薛暮桥著《农村经济底基本知识》
- 1937年[苏]M.伊林著《人类征服自然》
- ……

---

① 熊月之.上海名人名事名物大观[M].上海：上海人民出版社，2005：662.

|  标志之一 |  《中国货币制度往那里去》 |  《人类征服自然》 |

新知书店的第二种标志为一本打开的书，书上似乎有一把燃烧的火炬，光芒四射。

出现该标志的图书，如：
- 1947 年孙冶方译《简明哲学辞典》
- 1947 年哲学研究社编著《新哲学研究纲要》
- 1947 年许涤新著《现代中国经济教程》
- 1948 年梅碧莘著《中美之间》
- 1948 年 [苏] 罗森塔尔、尤金合著 孙冶方译《简明哲学辞典》

……

|  标志之二 |  《中美之间》 |  《简明哲学辞典》 |

新知书店的第三种标志为圆环形内一工人手持舵轮回身远眺的形象。该标志有的出现在图书的封面上，有的出现在封底。目前发现出现这种标志的书主要有：
- 1947 年多列士著　朱世笋译《多列士自传》
- 1948 年邹韬奋著《事业管理与职业修养》

……

|  标志之三 |  《多列士自传》 |  《事业管理与职业修养》 |

（四）星光与劳动场景组合标志

生活书店的另一种出版标志来自店徽，是由苏联宣传海报《打击懒惰工人》移植而来的设计。在深色的背景中，三个挥动锄镐的筑路工人正在劳动中，其上方及侧方分别有一条弧线和直线光芒，在其劳动的地基下方有"生活书店"几个字。目前发现出现该标志的图书有1947年陈原的《世界政治手册》，在该书的封面、扉页、书脊下端及封底右上端都有该标志。

1948年10月26日，为了适应全国解放的新形势，生活书店、新知书店和读书生活出版社三家在香港宣布合并，成立生活·读书·新知三联书店。为此，书店美编室的曹辛之根据生活书店的标志及店徽为三联书店进行了重新设计：一个圆的图案中，三个劳动者挥锄扬镐，但标志中略去原来的弧形光芒，而在劳动者的斜上方增加一颗五角星。在劳作者下方是一条横线，代表着大地。横线下写着"三联书店"四个黑体字①。

|  生活书店标志 |  《世界政治手册》 |  《世界政治手册》 |

三联书店出版的图书中，使用该标志的图书如：

- 1948年[苏]普列汉若夫著 张仲实译《马克思主义的根本问题》
- 1948年李何林编著《近二十年中国文艺思潮论》

---

① 中共上海市委党史研究室．日出东方 中国共产党诞生地的红色记忆（下）[M].上海：上海锦绣文章出版社，2014：138.

- 1948年沈钧儒著《七四老人健康访问记》
- 1948年[苏]高尔基著《旁观者》
- 1948年乔木编译《正在到来的美国恐慌》
- 1949年[苏]伏契克著《绞索套着脖子时的报告》

……

| 三联书店标志 | 《绞索套着脖子时的报告》 | 《马克思主义的根本问题》 |

六、文化供应社

抗战时期，随着国土的大片沦亡，广西桂林等地成为后方的文化中心，当时一大批文化工作者先后内迁到桂林。1939年胡愈之向桂系的民主人士李任仁、陈劭先建议在桂林创办文化供应社，陈劭先任社长，胡愈之任编辑部主任。文化供应社除了开展正常业务外，还印制出版了宣传抗战、传播民主思想的书籍，如邓初民著《中国社会史教程》、萨空了著《科学新闻学概论》、周伯棣著《租税论》、石兆棠著《哲学概论》、欧阳予倩著《忠王李秀成》、艾芜著《荒地》、黄药眠著《美丽的黑海》、宋云彬著《中国文学史简编》、张毕来著《欧洲文学史简编》等二百多种图书[1]。1944年11月桂林失陷，文化供应社被破坏。抗战胜利后文化供应社复业，并在广州、香港等地设立分支机构。新中国成立后，文化供应社结束工作。

（一）五角星与碑形组合标志

文化供应社的标志主体形似一深色石碑，石碑前有一颗硕大的五角星，在五角星的下方，即碑座立面上，有"文化供应社"五个字。该标志既出现在文化供应社图书的封面，也有的位于封底。

---

[1] 中国现代文学词典[M].上海：上海辞书出版社，1990：811.

| 出版标志 | 《保家乡》 | 《民生哲学的新认识》 |

文化供应社出版的图书中，使用该标志的图书有：
- 1940 年李仲融著《形式论理学与辩证法》
- 1940 年宋云彬著《鲁迅语录》
- 1940 年万民一著《民生哲学的新认识》
- 1941 年林曦著《戚继光斩子》《砍不断的头》
- 1941 年司马文森著《保家乡》

……

（二）雄鸡与旭日组合的标志

文化供应社还有一枚雄鸡与旭日组合的丛书标志，主要见于香港文化供应社出版的中学略读系列丛书的封面上。

香港文化供应社出版的图书中，使用该标志的图书主要有：
- 1947 年邵荃麟选注《创作小说选》
- 1947 年赵家缙、张声智编《名人传记》
- 1948 年文宠选注《话剧选》
- 1948 年葛琴选注《散文选》

……

| 丛书标志 | 《话剧选》 |  《散文选》 |

第二节　红色出版机构与标志

第二次国内革命战争时期，中国共产党建立了农村革命根据地，实行苏维埃工农民主专政，因此根据地又被称为苏区或红区等。此后随着形势的发展，革命政权还陆续建立了抗日根据地和解放区等。本书将20世纪上半叶由中国共产党直接领导的出版机构，均称为红色出版机构。

早在1915年中国共产党创始人之一陈独秀就创办了《新青年》（《青年杂志》），大力提倡"科学""民主"，积极宣传马克思主义等。后来《新青年》成为中国共产党的机关刊物。1921年中国共产党正式成立以后，即着手创办出版机构，宣传中国共产党的政治纲领及主张，先后成立的出版机构有上海的新青年社、人民出版社、上海书店、长江书店，汉口的长江书店，南昌的文化书社、明星书店等。

1927年蒋介石和汪精卫先后发动政变，国共合作宣告破裂。此后，在国民党统治区内，凡是出版进步思想倾向的书刊，均在被审查之列，红色出版机构更是遭到各种监察与迫害，发展至后来，许多红色出版机构不得不转入地下发展。为了避免暴露相关信息，红色出版机构出版发行的图书上不仅略去了出版标志，有时出版的图书还不得不进行伪装，封面书名常常采用假名等，最后连出版机构的名称也常变化不定，甚至有的红色出版社还被迫成立了一批化名的出版机构作掩护。与此同时，第一次大革命失败后，中国共产党也开始创立自己的军队，走农村包围城市的道路，先后建立了几十个地方革命根据地。1931年11月7日，中华苏维埃共和国临时中央政府在江西瑞金宣告成立，中央出版局作为苏区新闻出版和发行事业的中央管理机构也随之成立。当时出书较多的红色出版机构有闽西列宁书局、中央革命军事委员会出版局、工农美术社、中国工农红军学校出版科、中国工农红军卫生学校编审出版科等。但由于当时战争频繁、物质条件艰苦，中央苏区的纸张与印刷等多粗糙、不易保存等，出版的图书上是否有出版标志及标志设计使用情况等，现在多已无从得知[①]。

1933年8月，川陕革命根据地成立了12家出版局和工农书店。1936年红军长征最后到达陕北会师，中央机关也随之迁移至陕北。1937年4月，中央党报委员会创办解放周刊社，并发行《解放》周刊。1938年设立

[①] 吴永贵.中国出版史 近现代卷[M].长沙：湖南大学出版社，2008：374.

解放社，6月党中央成立了中央出版发行部，至1939年8月，即发行新书98种。9月新华书店作为独立建制单位正式成立，随即迅速在其他敌后根据地陆续建立地区总店和分支店。到第三次国内革命战争时期，分支店发展到735家。从1937年开始到1947年中央机关离开陕北，陕甘宁边区的中央出版发行部、解放社、新华书店、大众读物编译社、青年知识社等机构团体出版了大量的图书，仅中央印刷厂印刷、解放社和新华书店发行的书籍就有三百余种，达百万册①。与苏区相比，虽然陕甘宁边区出版环境和条件依然艰苦，但在当时出版发行的部分图书上，目前仍发现了一些数量有限的出版标志。

一、《新青年》与新青年社

1915年9月15日中国共产党的主要创始人和党早期主要领导人之一的陈独秀，在上海创立了《青年杂志》，《青年杂志》从第二卷起改称《新青年》，并由上海群益社代理出版发行。1920年9月，上海共产主义小组决定以《新青年》杂志为机关刊物，成立新青年社。新青年社由陈独秀直接领导，沈雁冰、李达、陈望道等负责编辑工作，苏新甫负责发行业务，先后刊行《新青年》《劳动界》等刊物，出版了列宁的《民族与殖民地问题》等马列主义著作，以及《新青年丛书》《社会主义史》《哲学问题》《社会主义讨论集》等书籍。1921年1月新青年社迁往广州。1921年7月中国共产党成立，新青年社成为党的出版机构，发展至1923年停业。

（一）雄鸡与英文首字母组合标志

1920年前出版的《青年杂志》，在其封面中部的左上方，均有一剪影式的雄鸡，在雄鸡的腰腹正中还有一个英文"青年"young的大写首字母Y，从雄鸡的象征与Y的代指来判断，该图形应为《青年杂志》的标志。出现该标志的《青年杂志》具体有：

- 1916年新青年杂志创刊号《青年杂志》第一卷第三号
- 1916年新青年杂志创刊号《青年杂志》第一卷第四号
- 1916年新青年杂志创刊号《青年杂志》第一卷第五号
- 1916年新青年杂志创刊号《青年杂志》第一卷第六号
- ……

---

① 赵生明.新中国出版发行事业的摇篮[M].西安：太白文艺出版社，2017：79.

| 标志之一 | 《青年杂志》 | 《青年杂志》 |

（二）地球仪与握手图形组合标志

1920年新青年社成立后，出版的《新青年》杂志，在封面正中均为一个圆形地球仪，在地球仪东西两端各伸出一只手紧握在一起。出现该标志的具体有：

- 1920年《新青年》第八卷第三号
- 1920年《新青年》第八卷第五号
- 1920年《新青年》第八卷第六号
- 1921年《新青年》第九卷第二号

……

| 标志之二 | 《新青年》 | 《新青年》 |

二、解放社

全面抗战爆发后，中国共产党先后创建了陕甘宁、晋察冀、晋冀鲁豫、晋绥、华中、山东等多个敌后抗日根据地。据统计，全面抗战八年仅陕甘宁边区的延安就有72家单位出版了总计539种图书。其中解放社和新华书店是最重要的两家出版机构，出书数量超过延安出版总量的一半。其他如八路军军政杂志社、华北书店、八路军留守兵团政治部、陕甘宁边区政府办公厅、中共西北中央局调查研究室等机构，出书数量都在10种以上①。

受共产国际及苏联的影响，当时在中国共产党领导的苏区、解放区和革命根据地的出版机构与图书上，都集中出现了五角星、锤子、镰刀等元素，如解放社的三种出版标志中的前两种。

（一）五角星形标志

解放社是中共中央在延安设立的出版机构，成立于1937年4月24日，原名解放周刊社，1938年1月起改为解放社。主要出版马克思列宁主义的经典著作和党的文件，也出版其他政治、经济、军事等方面的书籍。解放社的地址先设在延安南大街，后迁至清凉山上。出版的期刊主要是《解放》周刊，出版的书籍有《列宁丛书》《革命历史丛书》《抗日民族统一战线指南》《解放文选》《马恩丛书》《抗日战争丛书》《列宁选集》《斯大林选集》《联共（布）党史简明教程》《论共产党》《论马恩列斯》《辩证唯物论与历史唯物论基本问题》《马克思主义与文艺》《鲁艺丛书》《陕甘宁边区实录》等，解放社出版的书籍在国民党统治区内发行时，曾用中国出版社的名义。新中国成立后，该社即宣告解散②。在当时延安条件十分艰苦的情况下，解放社出版了大量革命书刊，为宣传党的方针政策，传播马列主义和毛泽东思想等做出了重要的贡献。

解放社出版的刊物上，先后出现了三种标志，第一种就是红色五星标志。由于中国共产主义运动是受苏共革命胜利的影响而开始的，中国共产党也是苏联向中国输出革命，并作为共产国际的一个支部而成立的，所以中国共产党的政治宣传符号如五角星、镰刀与锤子等多源于苏联。其中五角星是共产国际与共产党使用最为普遍的象征符号，象征着革命、光明、胜利与荣誉等。特别是苏联在第一次世界大战中为了加以区分，将五角星涂成了红色。在后来世界社会主义国家中，红五角星具有了鲜明的政治意识形态③。中国共产党也将红色五角星作为无产阶级革命的象征，在诸多的中央机关建筑、出版机构标志及出版物上，都有红五星等的出现。

---

① 吴永贵，左军.红色出版的历史考察与启示[M].光明日报.2011(6)：14.
② 尚海等.民国史大辞典[M].北京：中国广播电视出版社，1990：522.
③ 谢倩赟.抗战时期中国共产党政宣符号演变研究[D].浙江师范大学硕士论文，2016：8.

解放社出版的刊物上，出现该红五角星标志的图书有：

- 1938 年联共中央特设委员会编《干部必读：苏联共产党历史简要读本》
- 1949 年恩格斯著《干部必读：社会主义从空想到科学的发展》
- 1949 年马克思著《干部必读：社会发展简史·政治经济学》
- 1949 年联共中央特设委员会编《干部必读：苏联共产党历史简要读本》
- 1949 年列宁、斯大林著《干部必读：论社会主义经济建设》
- 1949 年列宁著《干部必读：国家与革命》

……

 标志之一	 《干部必读：苏联共产党历史简要读本》	 《干部必读：国家与革命》

（二）镰、锤与枪支等组合的标志

皖南事变前，八路军和新四军政治宣传符号使用交叉的"镰刀"和"锤子"形象，代表着工人阶级和农民阶级的联合，其寓意比"五角星"更直白、更形象。因而当时中国共产党各种机关、学校、部队营地等的内部布置上，"镰刀"和"锤子"交叉的形象大量出现。除此之外，还有象征革命军队的符号枪支等，当镰刀、锤子与枪支一起组合，即为工农兵团结合作的象征。解放社的第二种标志就是镰、锤与枪支的组合。

解放社使用该标志的图书，主要有：

- 1947 年马克思、恩格斯、列宁、斯大林著《思想方法论》
- 1947 年列宁著《共产主义运动中的"左派"幼稚病》
- 1947 年列宁著《卡尔·马克思》
- 1942 年博古编译《辩证唯物论与历史唯物论基本问题》第三分册

……

| 标志之二 | 《思想方法论》 | 《共产主义运动中的"左派"幼稚病》 |

（三）书法体的文字标志

在解放社出版的图书中，还出现了草书体的"解放"文字标志。结合 1938 年 7 月 1 日，毛泽东曾为《解放》周刊题词："坚持抗战，坚持统一战线，坚持持久战，最后胜利必然是中国的"，以及毛泽东还于 1939 年和 1948 年两次为新华书店题写店名等事迹来推断，解放社的草书体的"解放"标志，或许也源自当时毛泽东的题词。

草书体的"解放"文字标志主要出现在：

- 1938 年毛泽东著《抗日游击战的一般问题》
- 1939 年《斯大林选集》1～5 卷
- 1942 年《辩证唯物论与历史唯物论基本问题》
- 1944 年《经济问题与财政问题》

……

| 标志之三 | 《经济问题与财政问题》 | 《辩证唯物论与历史唯物论基本问题》 |

三、新华书店

1937 年 4 月 24 日在延安清凉山万佛洞的一个石窟里，作为中共中央机关刊物《解放》周刊的发行部——新华书局诞生了，同年 10 月新华书局改名为新华书店。新华书店的成立标志着人民出版发行事业开始书写新的篇章。随着抗日战争和解放战争的推进，陕甘宁边区的新华书店发展迅速，延安新华书店、西北抗敌书店、陕甘宁边区新华书店、延安华北书店、第一野战军随军书店和25个县级的新华书店等相继建立，形成了互相配合的革命出版发行网。

  延安新华书店以出版发行传播马列主义理论和党的方针政策为基本宗旨。1939年当抗日战争进入相持阶段，中国共产党领导的八路军、新四军在敌后创建了大批抗日革命根据地，革命队伍迅速壮大。与此同时，国民党却消极抗日，积极反共，在国统区禁止《解放》周刊、《新中华报》和解放社出版的其他革命书刊发行，还查禁各地进步书刊。再加上沦陷区日伪实行残酷的"三光"政策，还不准一切物资、书籍报刊和宣传品运往革命根据地。面对这种严峻的形势，1939年2月为了加强出版发行工作，中共中央决定成立中央出版发行部，新华书店实行单独建制，克服一切困难，把马列、毛泽东著作和党中央的政策文件以及革命书籍、报刊等，发行到敌后各抗日根据地和国统区。1939年6月1日，中央在中央党报委员会出版发行科的基础上，在延安清凉山设立中央出版发行部。1939年年底，中共中央出版发行部为了加强和扩大新华书店的机构建设，将延安新华书店改名为新华书店总店，负责全国的出版发行工作，建立与全国进步书店、同业界的业务来往联系，承担图书编辑、出版任务，管理新华书店，负责向全边区、敌后抗日根据地和国民党大后方的发行任务，逐步沟通与晋绥、晋察冀、晋冀鲁豫等革命根据地发行网点的联系[1]。与此同时，中央要求每个根据地都要建立印刷与出版部门，以及组织发行和输送的机关，为此各地相继成立了众多的新华书店分店[2]。抗战结束后的1947年2月，中共西北局宣传部决定把边区群众报社和陕甘宁边区新华书店一起并入西北新闻社。1949年5月，陕甘宁边区新华书店大部分职工进驻西安，成立西北新华书店，原边区新华书店改为延安分店[3]。

  目前发现，当时各根据地、大后方及国统区新华书店分店遗存下来的图书中，多数无出版标志。有出版标志的仅有陕甘宁边区新华书店、西北新华书店延安分店、晋察冀新华书店、冀东新华书店、冀南新华书店等，且因为各种原因，这些机构出版发行的图书上也不是每一本都有出版标志。

---

[1] 赵生明.新中国出版发行事业的摇篮[M].西安：太白文艺出版社，2017：80.
[2] 郑士德.图书发行学概论[M].北京：新华书店总店，1984：23.
[3] 陕西省地方志编纂委员会.陕西省志·出版志[M].西安：三秦出版社，1998：250.

（一）麦穗与书等组合标志

陕甘宁边区新华书店1948年出版的《教育通讯特辑》，其封底有一枚出版标志，标志中两株麦穗合围的中间，一本背向打开的书，书的封面与封底上，分别为美术黑体"学""习"二字。但其余陕甘宁边区新华书店出版发行的图书，还未发现相同或其他标志。

| 陕甘宁边区新华书店标志 | 《教育通讯特辑》 |

（二）农耕与文字组合标志

1947年3月，国民党胡宗南部队进犯延安，中央机关及部队作战略转移。陕甘宁边区新华书店并入边区群众日报社，随军转移，从事战争中的书报发行工作。1948年4月收复延安，陕甘宁边区扩大为西北解放区，陕甘宁边区新华书店也扩大为西北新华书店。不久，西北新华书店随军挺进西安，工作范围由陕甘宁边区扩大到整个大西北，工作重点放在了迅速扩大的新解放区的网点建设上，留守在延安的原边区新华书店改名为西北新华书店延安分店①。

西北新华书店延安分店在1949年出版发行的《毛泽东的人生观与作风》，在书的封底有呈三角形构图的标志。从整体看，该三角形其实是"北"与"西"字的上下结构组合。在"西"字框内有相向耕地的两组人与牛的图形。

| 西北新华书店延安分店标志 | 《毛泽东的人生观与作风》 |

---

① 郑士德. 新华书店五十春秋 [M]. 北京：新华书店总店，1987：13.

（三）麦穗与钢笔等组合标志

1941 年 4 月，晋冀鲁豫根据地制定了《各抗日根据地文化教育政策讨论提纲》，详细分析了当时根据地文化工作面临的斗争任务，提出在交通运输极为困难的条件下，发展文化教育必须自身要出版大量的图书。为此，各根据地根据因地制宜建立起印刷出版机构，翻印或编著各种书籍，包括理论的、社会科学的、自然科学的以及中小学教科书等。

1941 年 5 月 5 日，新华书店晋察冀分店成立，业务上由延安新华书店总店指导，行政上由晋察冀日报社领导。抗日战争时期和解放战争前期，书店主要经售报社印刷出版的报刊和图书。解放战争开始后，新华书店晋察冀分店也随同报社一起返回冀晋区根据地。1947 年 3 月，书店和新华印刷局合并，仍用新华书店晋察冀分店的名义出书。不久，冀晋、冀中新华书店也先后并入新华书店晋察冀分店，分店改称晋察冀新华书店，并以此名义出版图书。在这期间，晋察冀新华书店编印、发行了大量的图书，如 1948 年 2 月，晋察冀新华书店出版发行了《毛泽东选集》《有事和群众商量》《中国土地法大纲》《大众哲学》（重改本）、《平分土地文献》《土地政策重要文件汇集》等，以及文艺读物如《李家庄的变迁》《患难余生记》《陕北民歌选》《王贵与李香香》《日日夜夜》《丹娘》《大旗》《毛泽东印象记》等①。

目前发现的晋察冀新华书店出版标志有两种，其中之一为麦穗、钢笔和旭日光芒组合的图形，出现该标志的图书有：

- 1947 年解放社编《整风文献》
- 1947 年 [苏联] 郭尔巴托夫著 苍木译《宁死不屈（塔拉斯一家）》
- 1947 年毛泽东著《论查田运动》
- 1947 年毛泽东著《农村调查》
- 1947 年列宁著《唯物论与经验批判论》
- 1948 年冀中行政公署教育厅编《生理卫生学》
- 1948 年斯诺等著《南征一年》

……

---

① 齐峰，李雪枫. 山西革命根据地出版史 [M]. 太原：山西人民出版社，2013：52.

| 标志之一 | 《整风文献》 | 《马恩列斯毛论农民土地问题》 |

晋察冀新华书店出版标志之二为圆印章形与文字"晋察冀"的组合，出现该标志的图书主要为1945年出版，目前发现的有：

- 1945年陈伯达著《评中国之命运》
- 1945年陈伯达著《阎锡山批判》
- 1945年毛泽东著《论持久战》
- 1945年毛泽东著《新民主主义论》
- 1945年毛泽东著《论联合政府》
……

| 标志之二 | 《评中国之命运》 | 《阎锡山批判》 |

（四）齿轮、镰锤与枪、书组合标志

全面抗日战争爆发后，1938年7月建立冀东抗日根据地。当时的冀东特委，由晋察冀边区管辖。1941年5月，晋察冀创建新华书店，随后又创建了冀中、冀热察、北岳三个战略区的新华书店。抗日战争胜利后，为了提高人民的文化生活水平，冀东区党委向晋察冀边区请示办一个书店，得到了晋察冀边区新华书店从人员与物资设备等方面的支持。1946年1月，冀东新华书店在遵化县城开业，除了销售图书、教材外，还担负着冀东区出刊的《救国报》《长城日报》《冀东日报》的发行任务。1946年9月，国民党向冀东解放区发动了全面进攻，冀东书店跟着区党委机关撤离转移。1947年7月，遵化县城第二次解放后，冀东新华书店又迁回原址并恢

复营业。同年12月，冀东行署将星火印刷厂及其所属的造纸厂划归新华书店，与新华书店原有的石印局合并，合并后统称冀东新华书店印刷厂，主要任务是印制小学课本，也翻印一些图书，如《中国土地法大纲》《谈文艺问题》《为独立和平民主而奋斗》《土地法》《告农民书》《马恩列斯论农民土地问题》《毛主席论目前形势和我们的任务》等①。

目前发现冀东新华书店出版发行的图书上有两种出版标志，第一种为齿轮、镰锤与图书组成，出现该标志的图书主要有：

- 1948年刘少奇著《论国际主义与民族主义》
- 1948年马克思、恩格斯、列宁、斯大林著《思想方法论》
- 1949年解放社编《农业社会主义问答》
- 1949年罗克汀编《自然科学讲话》
- 1949年解放社编《农业社会主义问答》
- 1949年许立群编《中国史话》

……

| 冀东新华书店 | 《中国史话》 | 《论国际主义与民族主义》 |

冀东新华书店第二种出版标志为青年读书的形象，标志中一男青年学生正在聚精会神地读书，其手中打开的图书封面与封底上，分别为"新""华"二字。出现该标志的图书主要有：

- 1947年坚白著《天空的秘密》
- 1947年俞铭璜著《新人生观》
- 1948年刘少奇著《论国际主义与民族主义》

……

---

① 河北省新闻出版局出版史志编辑部.中国共产党晋察冀边区出版史资料选编[M].石家庄：河北人民出版社，1991：531.

冀东新华书店 　　《天空的秘密》 　　《新人生观》

（五）挥镐刨地的劳动场景标志

1945年4月，冀南部队一举解放了威县、平乡、清河、广宗等县城，冀南区党委和冀南行政公署搬到了威县城后，决定在当地设立冀南书店总店（后改为冀南新华书店）。到1945年年底，全店共有干部、工人二百余人，分别从事编辑、出版、发行、印刷等工作。冀南书店总店有一个印刷厂，四台八页铅印机、四台脚蹬机和八台石印机，工人一百余人。在纸张供应很困难的条件下，依然印行了不少书籍。1945年8月日军投降后，冀鲁豫广大中小城市得到解放。从1946—1947年冀南新华书店出版发行的书籍，其中包括《马恩列斯毛论农民问题》，毛泽东的《新民主主义论》《论联合政府》，列宁的《共产主义运动中的"左派"幼稚病》，斯大林的《列宁主义问题》；还出版了一些文艺书如《小二黑结婚》《李有才板话》《李家庄变迁》等等。冀南新华书店各地支店和县书店，除发行冀南的出版物外，还大力发行华北新华书店、山东新华书店、东北书店、光华书店、冀鲁豫新华书店的出版物等[①]。

冀南新华书店标志为一个正奋力挥镐刨地的劳动者形象，劳作者双手抡起锄头，挥至头顶，形成一个半圆的抛物线，恰似半轮落日，身后是被锄过的地。出现该标志的图书有：

- 1948年 [苏联] M.伊林、E.谢加尔合著 什之译《从猿到人》
- 1948年陈伯达著《人民公敌蒋介石》
- 1948年斯大林著《关于辩证唯物主义和历史唯物主义》
- 1948年冀南行署农业处编《种树育苗法》
- 1948年 李季著《新编鼓词：卜掌村演义》
- ……

---

① 新华书店总店编辑. 书店工作史料 [M]. 北京：新华书店总店，1982：23.

| 冀南新华书店 | 《人民公敌蒋介石》 | 《从猿到人》 |

（六）麦穗与五角星等组合标志

1941年地处晋察鲁豫解放区的山西太岳区，建立起以太岳新华书店为中心的图书出版格局。太岳新华书店在报社内部设立了丛书编辑部，出版工作主要是翻印其他根据地的图书和文件。书籍除自印外，书店还派人到太行区采购，穿过敌人严密封锁的自晋线，将书运回太岳书店。曾出版《整风文件二十二种》《思想方法论》《马恩列斯论共产党》等书，以配合整风运动。到1943年，纸张、印刷条件逐渐好转后，1944年书店的出版和发行工作进入突飞猛进的时期，出版了许多重要书籍，如《共产党宣言》《新民主主义论》《中国革命与中国共产党》《两个策略》《辩证唯物论和历史唯物论》《政治经济学》《联共（布）党史简明教程》等。从1944年到1949年，太岳新华书店共出版图书387种。1949年新中国成立后，太岳新华书店与新华书店太原分店合并，成立新华书店山西分店，直属于新华书店总管理处[①]。

目前发现太岳新华书店的出版标志有两种，其中之一为麦穗与五角星的组合，且主要出现在《青年活页文选》的封面。

- 1948年《目前我们的形势与任务》
- 1949年《青年活页文选》
- 1949年《青年活页文选合订本》（一）

……

太岳新华书店的第二种标志为五角星与书店名拼音的首字母组合，且五星四周有光芒四射。出现该标志的图书如1945年的《敌人口中的八路军新四军与共产党》等。

[①] 齐峰，李雪枫.山西革命根据地出版史[M].太原：山西人民出版社，2013：201.

太岳新华书店标志之一　　　　　太岳新华书店标志之二

四、华北书店与韬奋书店

　　1940年春夏之间，在重庆的邹韬奋、徐伯昕与黄洛峰、徐雪寒共同商定，向中共南方局领导人周恩来提出申请，建议由生活书店、新知识书店和读书出版社联合派出干部，分两个组去延安和太行山八路军总部所在地，开展新文化出版发行工作。他们的提议很快得到党中央同意，当年10月在延安北门外文化沟开始筹建延安华北书店[①]。1944年11月，为纪念生活书店创办人、进步的新闻出版家邹韬奋先生逝世，为纪念邹韬奋先生，延安华北书店改为华北－韬奋书店。当时因国民党军队的封锁，陕甘宁边区缺乏现代化印刷器材，于是该店自办木刻活体字印刷厂，出版了《兄妹开荒》《白毛女》《血泪仇》与绘图《新三字经》等通俗读物。与此同时，还自办石印厂，出版领袖像、年画和连环画等[②]。华北－韬奋书店，从1941年到1945年，同新华书店和陕甘宁边区新华书店并肩战斗，成为延安的一支重要出版发行队伍，还出版发行了大量革命书刊以及文艺、中初级理论读物和中小学课本、参考书，以及少年儿童读物和通俗读物等，为普及边区文化教育、扩大图书发行事业做出了贡献，为全国的抗日战争和解放战争的胜利，发挥了不可估量的作用[③]。

　　目前发现华北书店的出版标志有两种，但设计构思基本一致，均为三角形构图，风格简约，标识鲜明。

---

① 陕西省地方志编纂委员会编.陕西省志·出版志[M].西安：三秦出版社，1998：252.
② 中国大百科全书总编辑委员会.中国大百科全书 新闻出版[M].北京：中国大百科全书出版社，1990：434.
③ 赵生明.新中国出版发行事业的摇篮[M].西安：太白文艺出版社，2017：193.

（一）文字与图书组合的标志

该标志的三角形中一本打开的图书上，两页分别书写有楷体的"华""北"两字。使用该标志的图书主要有：

- 温济泽编著《自然课本》陕甘宁边区教育厅审定、高级小学使用
- 张养吾编著《算术课本》高级第三册
- 魏东明编著《国语课本》第三册

……

| 标志之一 | 《国语课本》 | 《算术课本》 |

华北书店的第二种标志同样为三角形与图书组合，但其中打开的书已经简化为由单线构成，同样在书页两侧分别有"华""北"两字，出现该种标志的图书比较多，如：

- 1942年徐立群编《中国史话》
- 1942年陕甘宁边区编《自然课本》
- 1942年江声编《战时地理》
- 1942年矛盾著《创作的准备》
- 1943年李俊编《庄稼俗语》
- 1943年E.万西里夫斯基《苏联的发明故事》
- 1943年A.塞咪尼著《奴隶的儿子》
- 1943年孙犁著《怎样写作》
- 1943年胡克峰著《论知识分子》
- 1943年黄寿慈著《风云雷电》
- 1943年何澄著《日月星辰》
- 1943年鲁迅著徐茂庸译注《理水》
- 1943年卡达耶夫著《我是劳动人民的儿子》
- 1944年高沐鸿著《美满家庭》

- 1944年晋冀鲁豫边区编《战时新课本》
- 1944年魏东明编《边区国语课本》
- 1948年晋冀鲁豫边区教育厅审定《初级算数课本》

……

| 标志之二 | 《我是劳动人民的儿子》 | 《庄稼俗语》 |

另外，由于韬奋书店由华北书店改名发展而来，韬奋书店的标志与华北书店相同，只是将其第二种标志中的"华北"二字，变为"韬奋"。出现这种标志的图书有《自然课本》《绘图庄稼杂字》《兄妹开荒》等。

| 韬奋书店标志 | 《自然课本》 | 《绘图庄稼杂字》 |

（二）古建筑与文字组合的标志

华北书店的第三种标志，为类似北京天坛祈年殿的古建筑与文字的组合标志。且该标志与北京书店的出版标志类似。

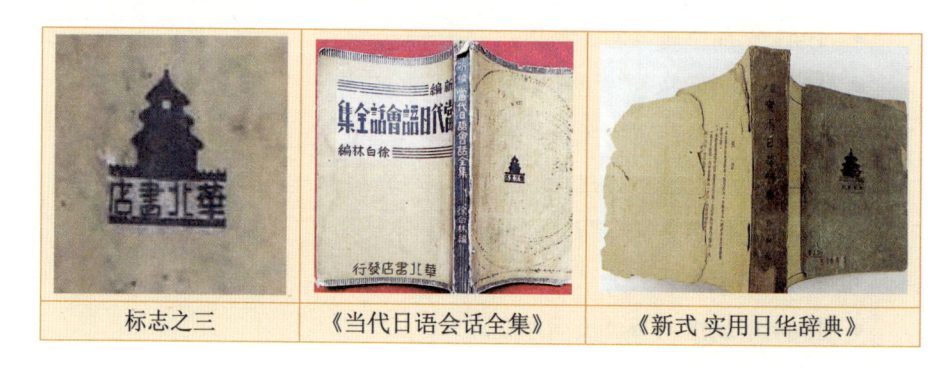

| 标志之三 | 《当代日语会话全集》 | 《新式 实用日华辞典》 |

目前发现的华北书店出现该标志的图书主要有：
- 1942 年徐白林编《当代日语会话全集》
- 1942 年徐白林编《新式 实用日华辞典》

……

五、吕梁与太行文化教育出版社

1937—1949 年间，山西吕梁地区作为晋西北、晋绥革命根据地的主阵地，是保卫中共中央所在地延安的前沿阵地。得益于重要的战略地位与中共的有力领导等重要因素，吕梁红色出版蓬勃兴盛，为吕梁乃至山西的抗日解放事业做出重要贡献。

吕梁文化教育出版社是晋绥地区的一个通俗读物出版社，筹办时间为 1940 年 3 月，当时中共晋西区党委（即后来的晋绥分局）宣传部，为开展晋西北的文化运动，决定设立一个专门编辑出版通俗书报的机关，定名为吕梁文化教育出版社。为了配合当时促进国内政治民主化的宪政运动，出版社编辑了《通俗宪政运动小丛书》八种，用油印套色刊行。此外，出版的读物分为甲乙两种。甲种以基层干部为主要对象，指导他们工作学习；乙种为一般宣传性质，直接供普通群众阅读，有的就直接印制成单张的传单散发。其中甲种通俗丛书如《社会发展简史》《怎样办村选》《怎样办民革室》《巩固农钞》《开展合作运动》，乙种通俗丛书如《爱护抗日军》《新西北施政纲领读本》《不买日本货》，以及冬学教材两种，如《识字课本》《常识读本》；剧本三种，如《顽固大失败》《群众剧选》《铁路工人张好义》等①。

（一）文字与麦穗高粱的组合标志

遗存的吕梁文化教育出版社的图书上，目前发现出版标志有两种，第一种为出版社名中的"吕梁"二字与麦穗高粱的组合标志，其中麦穗与高粱的苗及穗形成首尾合围之势，中间环抱方正有力的"吕梁"二字。目前发现的图书中使用该标志的主要有：
- 1946 年张友编《水推长城》
- 1946 年马烽编《天下一家人》

---

① 山西省政协文史资料研究委员会. 山西文史资料：第 27 辑 [M]. 太原：山西人民出版社，1983：103.

- 1946年马烽、西戎编《吕梁英雄传》
- 1947年《读报常识》
……

吕梁文化教育出版社标志之一　　吕梁文化教育出版社标志之二

（二）书文字与山脉霞光组合标志

吕梁得名于其地处山西吕梁山脉地区，吕梁文化教育出版社当初成立的地点就位于吕梁的兴县，属于山西省的西北部，周围山脉起伏。吕梁文化教育出版社的第二种标志为一本打开的书与呈锥体的两座山脉的组合，书上两页分别为"吕梁"二字，山脉的上方霞光四射。

（三）书与齿轮或山脉文字组合标志

太行文化教育出版社，是1938年根据中共中央北方局的意见筹办于山西长治，下设编辑部、文化教育部、出版后勤部等。当时出版社的主要任务是宣传党的抗日民族统一战线政策；联络团结文化教育界人士；训练小学师资，开展抗日教育工作；编辑出版小学教科书及各种图书、教材、宣传册等。1940年2月，中共中央北方局将太行文化教育出版社与《新华日报》华北版合并后，编印了大量的图书，主要有：《新千字文》《华北形势详图》《华北敌后——晋察冀》《世界地理初级读本》《世界简史》《关于宪政问题》《近代史讲话》等，对当时的抗日宣传起到了重要的推动作用[①]。

太行文化教育出版社标志一　　太行文化教育出版社标志二　　太行文化教育出版社标志三

① 李绍君. 武乡的红色驻地 [M]. 太原：山西人民出版社，2011：210.

太行文化教育出版社标志四　太行文化教育出版社标志五　太行文化教育出版社标志六

　　太行文化教育出版社的出版标志比较多，目前发现的有六种，其中书与齿轮组合的有三种，山脉与山脉或文字组合的有三种。书与齿轮组合的三种标志中，书或直立或斜置于齿轮中，如标志一与标志二。有的斜置图书封面上，写着"太行"二字，如标志三。太行文化教育出版社的第四种标志为图书与山脉的组合，其中打开的图书两页上，分别有"太行"拼音的首字母 T 与 h。与第四种标志中的两座图形化的山峰不同，第五种标志中的群山连绵起伏，在通往山脚下的大路两侧分别是"太行山"三个大字。第六种标志中的大山，两侧的山峰对峙，中间形成山坳，山麓似沼泽水洼密布。在山的主体上，书有"太行文化教育出版社印"。

　　目前发现太行教育出版社出版的图书中，分别使用这六种标志的主要有：

第一种标志

- 1940 年太行教育出版社编《政治经济学初级读本》

……

第二种标志

- 1940 年太行教育出版社编解放区文献《社会进化史》
- 1940 年 毛泽东等著《克服当前时局的严重危机》

……

第三种标志

- 1940 年陆平编《晋察冀边区青年运动在巩固组织工作中的主要经验教训》
- 1940 年艾生编《宪政问题》

……

第四种标志
- 1938年太行文化教育《斯大林在第十八次党代表大会上关于联共（布）中央工作的总结报告》
- 1939年山西省第五行政专员公署编《国民抗敌自卫团课本》

……

第五种标志
- 1939年毛泽东著《辨证法唯物论》
- 1940年胡绳编《辩证法唯物论入门》
- 1940年谢远达编著《日本特务机关在中国》

……

第六种标志
- 1938年毛泽东著《抗日游击战争的战略问题》
- 1938年王明著《中共政治局三月会议的总结》

……

六、大众读物社与东北画报社

大众读物社全名为大众读物编译社，1940年3月12日成立于延安，隶属中共陕甘宁边区中央局。大众读物社成立宗旨主要是供给边区识字少的群众文化食粮，以提高他们的文化水平。大众读物社设报纸编辑科、丛书编审科和通讯科，先后编辑出版了《边区群众报》《大众习作》与《大众画库》《大众文库》《革命节日丛书》等。1942年2月16日，依照精兵简政的精神，大众读物社结束了历史使命。大众读物社建社两年中，共出版通俗读物12种，以及《边区群众报》90期和《大众习作》6期等①。其中大众读物系列如《中国工人运动史》《什么是帝国主义》《什么是三民主义》《什么是社会主义》《什么是资本主义》等②。

（一）工农读书形象组合标志

大众读物社标志为两个代表工农形象的男女青年，共读一本书，且标志的设计表现为木刻风格。其中工人男青年头戴工作帽，身穿背带工装裤；农村女青年虽然穿传统中式偏襟上衣，但齐耳剪发，是新女性形象。

---

① 叶再生.中国近代现代出版通史：第3卷[M].北京：华文出版社，2002：831.
② 张泽贤.民国出版标记大观[M].上海：上海远东出版社，2008：69.

大众读物社出现该标志的图书如：朱德华著《什么是三民主义》、张瑞仁著《中国工人运动史》、王公复著《哲学初级读本》等。

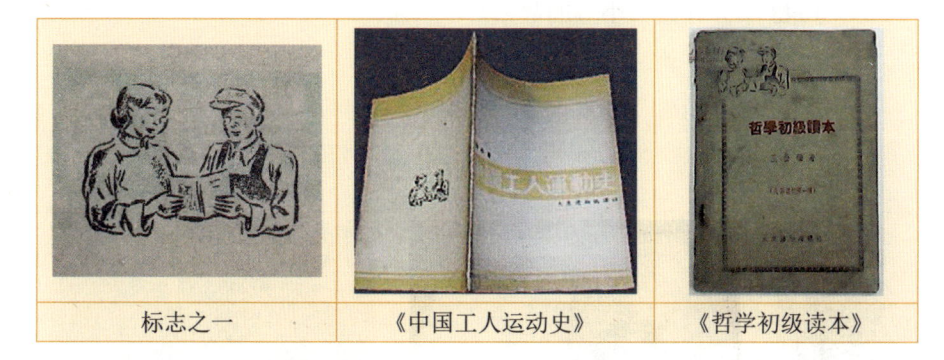

| 标志之一 | 《中国工人运动史》 | 《哲学初级读本》 |

（二）工农兵形象及组合标志

1945年9月冀热辽军区画报社，在罗光达率领下随先头部队进入沈阳。10月，中共中央东北局决定将《冀热辽画报》改为《东北画报》，冀热辽军区画报社改为东北画报社，直属东北局宣传部领导。11月东北画报社随东北局撤离沈阳，转驻本溪，在此期间出版了创刊号。以后又随东北局先后进驻长春、佳木斯等地。画报社内设有编辑部、摄影部、发行部，此外还在长春接收了一批原为敌伪的印刷设备，运到佳木斯后，画报社自行成立了印刷厂。这时古元、张仃、赵域和夏风等一批从延安来的画家加入了编辑部。后来根据战争和土地改革斗争的需要，《东北画报》转向为战争胜利服务，提出要办得通俗更通俗，除了照片部分尽力反映当前的斗争以外，加强通俗美术作品的创作，受到东北解放区广大军民的欢迎。1947年7月，东北画报社由佳木斯迁往哈尔滨。1949年2月又迁入沈阳。东北大区撤销后，改为辽宁画报社。1950年后逐渐发展成为辽宁美术出版社[①]。

目前发现的东北画报社使用的出版标志有两个，一个是工农兵雕塑形象标志，中间身躯健壮的青年农民双手托举一捆小麦，青年两侧分别是持枪战士和握锤的工人，三人脚下的基座正面，书写着的"东北画报社"几个字。

东北画报社出现该标志的图书，主要有：
- 1947年华山文、彦涵著《狼牙山五壮士》连环木刻

---

① 于世军. 东北小延安 文化名人谱 [M]. 北京：中国戏剧出版社，2012：65.

- 1947 年刘志忠、郑波微编《怎样写美术字》
- 1948 年曼硕编《人体解剖简明图》
- 1948 年苏晖绘《小五的故事》
- 1948 年邵宇著《土地》
- 1948 年田间著 娄霜木刻《戎冠秀》

……

| 出版标志之一 | 《狼牙山五壮士》连环木刻 | 《怎样写美术字》 |

东北画报社的第二个标志为弯腰俯身行走者，抬头向前，但手中持物不明。在人物下方有"东北画报社"字样。

东北画报社出现该标志的图书，主要有：

- 1946 年刘白羽著《延安生活》
- 1946 年赵树理著朱丹插图《李有才板话》
- 1946 年茅基莱福斯卡亚著 金人译《小夏伯阳》
- 1946 年田间著 娄霜木刻《戎冠秀》
- 1947 年赵树理著 刘迅插图《小二黑结婚》

……

| 出版标志之二 | 《小夏伯阳》 | 《小二黑结婚》 |

七、东北书店与战士出版社

（一）镰、锤、枪与地图组合标志

1945年11月7日东北书店在沈阳建立，书店开始只是东北日报社的一个部门。东北书店总店成立后，仅半个多月时间中，就发行各种书籍10万余册。11月26日因国民党军队进犯东北，该店随日报社撤出沈阳后，陆续转战至本溪、海龙、长春、哈尔滨，后历时5个月到达佳木斯市，筹建印刷厂，并根据中共中央东北局扩大会议精神，出版了一批配合土地改革的书籍，及时发往农村。1947年4月，东北书店总店迁往哈尔滨。东北书店既翻印延安和其他各解放区的出版物，又出版适合东北地区的新书，先后出版的书籍多达300余种。新书中有周立波的《暴风骤雨》、刘白羽的《政治委员》、范政的《夏红秋》、马加的《江山村十日》、许立群的《国事痛》等①。

东北书店的出版标志，由象征工农兵革命联盟的锤子、镰刀和枪交叉组成。在其中下方的背景中，似乎还有东北地图的轮廓。

目前发现东北书店使用该出版标志的图书主要有：
- 1948年毛泽东著《中国革命战争的战略问题》
- 1948年高福纳托尔著《列宁的母亲》
- 1948年别克著《恐惧与无畏》
- 1948年毛泽东著《论联合政府》
- 1949年朱布可夫著《法西斯德国军事思想与军事学派的破产》

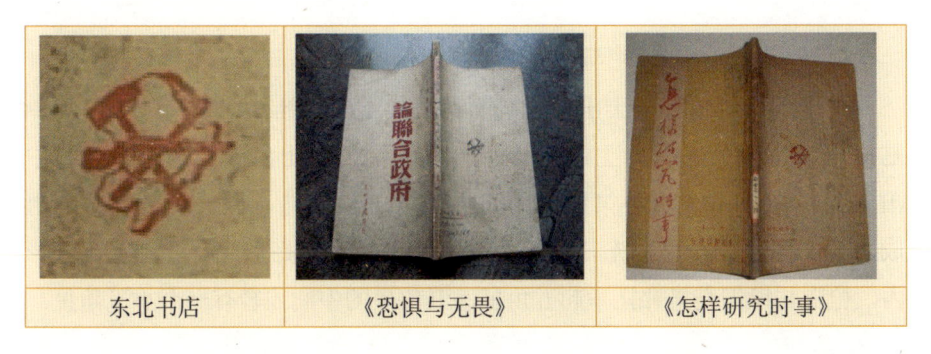

……

| 东北书店 | 《恐惧与无畏》 | 《怎样研究时事》 |

此外，吉林书店是东北书店在吉林的一个分店，经过一段紧张的筹备

---
① 辽宁省地方志编纂委员会办公室.辽宁省志[M].沈阳：辽宁人民出版社，2000：13.

之后，1948年3月东北书店吉林分店正式开业。工作人员来自四面八方，如哈尔滨东北书店总店调来一批业务骨干，吉林市一所中学校又输送来七名新人。在此背景下，吉林书店积极抓好阵地，进行宣传销售的同时，还主动筹备农村图书的发行工作，为当时的革命解放军收复大城市后的建店工作积累了宝贵的经验[①]。

作为东北书店的分店，吉林书店的出版标志中，同样出现了革命象征性的镰刀、枪支，以及齿轮与书。吉林书店图书中，出现这种标志的有：

- 1947年戴夫著《怎样研究时事》
- 1948年吉林工业学校编审委员会编《机械工作法》
- 1948年东北政委会工业部编《解析几何》
- 1948年东北政委会工业部吉林工业专门学校编《化学》
- 1948年东北政委会工业部吉林工业专门学校选用《机械学》
- 1948年东北政委会工业部吉林工业专门学校选用《三角》
- 1949年毛泽东著《中国革命与中国共产党》

……

| 吉林书店 | 《机械学》 | 《三角》 |

（二）镰、枪、齿轮与五角星组合标志

中国人民解放军战士出版社，简称"战士出版社"，成立于1948年，是以出版军事类图书为主的综合性出版机构。战士出版社隶属于当时中国人民革命军事委员会第四局，其出版标志由齿轮、锄头、枪支共同组成，其中五角星发出的光芒与下面的半个齿轮，恰好形成一个圆形，圆形内，枪支与镰刀交叉并托举起五角星，五角星的中间还套有一个小五角星。

---

① 吉林市文化艺术志编辑部编.吉林市文化艺术志资料汇编：第七辑[M].沈阳：吉林文史出版社，1989：246.

目前遗存的战士出版社图书大多有该出版标志，如：
- 1949 年中国人民解放军第二野战军政治部著《刘邓大军跃进大别山》
- 1949 年中国人民解放军第二野战军政治部著《豫北战役》
- 1949 年中国人民解放军第二野战军政治部著《渡江之战》
- 1949 年中国人民解放军第二野战军政治部著《宛东战役》
- 1949 年中国人民解放军第二野战军政治部著《解放洛阳》
- 1949 年中国人民解放军第二野战军政治部著《郯南歼灭战》

……

| 战士出版社标志 | 《宛东战役》 | 《郯南歼灭战》 |

第三节　白色出版机构标志

白区指第二次国内革命战争时期的国民党统治区。1927 年 4 月，以蒋介石为代表的国民党右派叛变革命，建立了新军阀统治。它对内残酷剥削、压迫广大工农群众，实行法西斯专政，血腥镇压人民革命运动和反帝爱国运动；对外投靠帝国主义，出卖国家主权，是代表城市买办阶级和乡村豪绅地主阶级的反动政权。因通常以白色象征反革命，故名白区[①]。相对中国共产党领导的红色出版机构而言，本书将国民党领导的出版机构称为白色出版机构。

国民党前身为成立于 1894 年的兴中会，此后经历了中国同盟会、中华革命党等不同历史阶段，1919 年经孙中山改组为国民党。1928 年国民党北伐成功后统一全国，建立南京政府。在出版领域，南京政府将"发行有力之文艺刊物、自设书店、特约发行、专任撰著"等作为争夺出版垄断性权力的主要选择。在左翼文艺运动活跃、高涨的二三十年代，国民党政

① 马洪武. 中国革命史辞典 [M]. 北京：档案出版社，1988：266.

府先后通过兴办书局、渗透左翼出版阵地、自办刊物、公开镇压等多种措施在出版领域营造自己的至高权力。为建立、宣传和维护自身统治，国民党先后创办诸多出版发行机构，早期有1922年的民智书局，1928年后又陆续创办了新生命书局、新生命社（月刊）、独立出版社、正中书局、中国文化服务社、拔提书店、青年书店、兵学书店、胜利出版社等。作为官方出版机构，这些出版机构享有政治上的特权和经济上的巨大支持，担负着宣传官方意识形态的责任，因而其主要的出版倾向多集中于政治宣传读物和军事类书籍。同时经营教科书（国定本）也成为其宣传的重要一部分，至于一般的文艺书籍只是点缀而已。在强势的政治和经济条件支撑下，国民党所办书局不但出版大量的宣传读物，而且以部分出版机构为依托，大量兴办刊物，在出版界内掀起一股"文化围剿"的狂潮[①]。通过这些官营书局，国民党将宣传触角伸入出版各个领域[②]。同样，为增强影响力与宣传效果，这些大中小不同的书局，大多也采用了寓意及象征鲜明、设计手法各异的出版标志。

一、民智书局

1915年，孙中山为了进行反对袁世凯的宣传，在上海创办了《民国日报》。1917年开始的两次护法运动失败后，孙中山从南方回到上海，于次年创办了《建设》杂志，由朱执信、廖仲恺、胡汉民等任主编[③]。1922年国民党上海总部在上海创办了民智书局，出版孙中山的《建国方略》《国民政府》《建国大纲》《三民主义》等著作，以及鲁迅短篇小说集《呐喊》、陈望道的《美学概论》等学术、文学著作和革命进步书籍等，经销中国共产党机关刊物《向导》等进步刊物，后在杭州、广州、武昌、汉口、长沙等地陆续设立分店。1927年4月12日以蒋介石为首的国民党新右派，在上海发动反对国民党左派和共产党的武装政变，大肆屠杀共产党员、国民党左派及革命群众。"四·一二"政变后，书店逐渐右倾倒退，至1936年下半年停业[④]。汪精卫上台后又复刊，为其呐喊。

---

① 戈双剑，杨晶. 鲁迅：生存与表意的策略[M]. 广州：广东教育出版社，2012：149.
② 高信成. 中国图书发行史[M]. 上海：复旦大学出版社，2005：309.
③ 上海市出版工作者协会编辑组. 出版史料：第二辑[M]. 上海：学林出版社，1983：113.
④ 张宪文，方庆秋. 中华民国史大辞典[M]. 南京：江苏古籍出版社，2001：620.

（一）圆印章形字体组合标志

目前发现民智书局上的标志有三种，第一种采用了圆印章形，其中的"民智"两个字的字形及笔画，因圆形轮廓而变形。此外，笔画与轮廓线的重合中，字的上半部分所重合的笔画被省略，而下半部分重合的笔画却被保留。

| 标志之一 | 《六朝时代学者之人生哲学》 | 《建国方略——中山先生遗书》 |

民智书局使用该标志出版的图书有：

- 1923 年孙俍工著《新文艺评论》
- 1924 年邵元冲著《美国劳工状况》
- 1925 年高尔柏、高尔松编《孙中山与中国》
- 1925 年孙文著《孙中山十讲》
- 1925 年汪精卫、廖仲恺编《中国国民党实业演讲集》
- 1925 年邵元冲著《各国革命史略》
- 1926 年马超俊著《中国劳工问题》
- 1926 年黄昌穀编《孙中山先生演说集》
- 1926 年陈安仁著《六朝时代学者之人生哲学》
- 1927 年孙文著《建国方略——中山先生遗书》
- 1928 年戴季陶著《日本论》
- 1929 年邓定人著《中国考试制度研究》
- 1930 年国立中山大学教育学研究所编《小学分级字汇研究》
- 1931 年张国仁著《世界文化史大纲》
- 1932 年王嵩基、马彭年等编《初级三民主义教本》
- ……

（二）书籍与话筒等组合标志

民智书局的第二种标志为书籍、话筒与文字飘带的组合，出现该标志的图书有：

- 1934 年民智书局编《学生新字典》
- 1941 年左丘明原著《评点左传句解》
- 1948 年李金言编《学生模范作文》

……

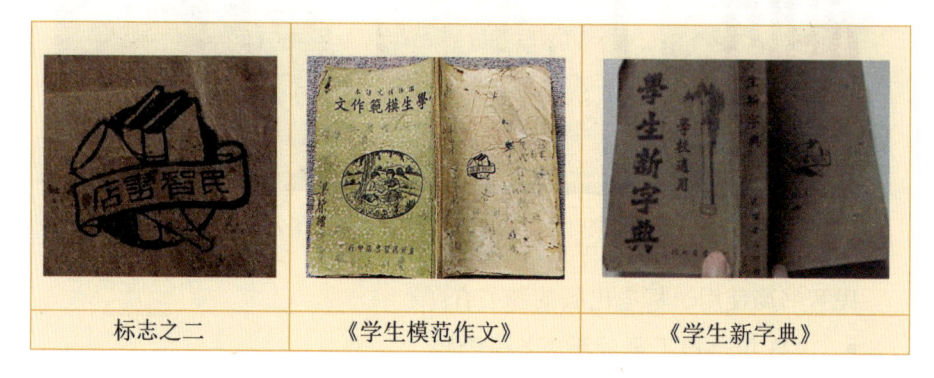

| 标志之二 | 《学生模范作文》 | 《学生新字典》 |

（三）文字立体书形标志

民智书局的第三种标志为"民智"与"书局"文字组合成展开式立体书形，是创意新颖的标志设计。民智书局出现该标志的书籍主要有：

- 1934 年出版《白话注解——李白诗选》
- 1934 年卓麟编《笑话》

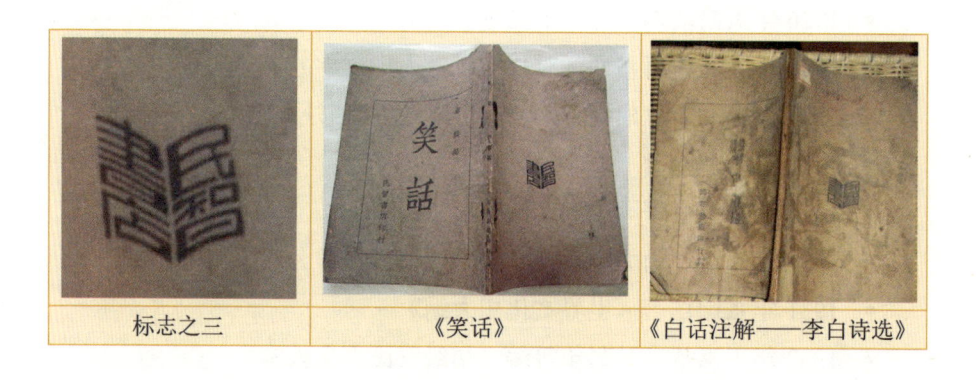

……

| 标志之三 | 《笑话》 | 《白话注解——李白诗选》 |

二、新生命社与新生命书局

1927年处在旋涡中心的蒋介石，授意周佛海等五人创办一份为国民党发声的杂志。1928年《新生命》月刊创刊，新生命月刊社又称新生命社。《新生命》月刊每期约150页，宗旨是阐释三民主义，研究建设方案，并介绍批评各国社会思想学说及政治经济制度。内容包括论说、研究、国外思潮介绍、世界政治经济状况述评、研究资辑、文艺、通信等，主要撰稿人有戴季陶、周佛海、萨孟武、徐蔚南等[①]。在上海沦为孤岛时期，新生命社为生存采取了温和的发展策略，但新书出版依然有限。发展至1942年初，只剩国民新闻社、新中国报社和新生命社等几家继续出版着若干丛书[②]。

（一）徽章与文字组合标志

早在1893年秋天，革命党人陆皓东就设计了"青天白日旗"。1895年孙中山在香港主持的兴中会上，通过了以青天白日旗为革命军旗的议案，此后多次起义皆以此旗为标识。中华革命党改组为中国国民党后，继续以青天白日旗为党旗，以青天白日为徽章。由此，国民党领导的出版机构标志设计上，多有青天白日旗或徽章的出现。

| 新生命月刊社标志 | 《新生命》封面 | 《日本概观》 |

在早期《新生命》月刊封面的设计中，就出现了国民党的党徽，其封底也出现了徽章与文字组合的标志。当时印有该标志的书籍还有：

- 1928年新生命月刊社编《新生命》
- 1940年 Andre Maurois 著 金万扶译《法国的惨败》
- 1942年 Andre Maurois 著 汪吉人译《法兰西战线》

---

① 广州大学图书馆编.近代著名图书馆馆刊荟萃（第十八册）》[M].北京：北京图书出版社，1934：429.
② 徐乃翔，黄万华.中国抗战时期沦陷区文学史[M].福州：福建教育出版社，1995：486.

- 1942 年 Louis Fischer 著 杨君立译《苏联内幕》
- 1944 年周幼海著《日本概观》

……

（二）圆印章形文字标志

在《新生命》月刊创办的同一年，周佛海等在上海创办了新生命书局。一年后即 1929 年在《新生命》月刊第 2 卷第 10 号上发布启事，称书局与月刊各为独立组织①。新生命书局由周佛海、陶希圣等主持，樊仲云任总编辑，主要出版社会科学书籍，早期也印过一些马恩经典著作，如李膺扬翻译的《家族私有财产及国家之起源》等，以及河西太一郎等著、樊仲云等翻译的《马克思经济学说的发展》，邢墨卿等翻译的《马克思经济学方法论》，以及《大众文库》等，其中出版的周佛海所著《三民主义的理论体系》一书名噪一时。新生命书局还刊行过《新生命》月刊和樊仲云主编《社会与教育》月刊等，至 1937 年抗日战争爆发前后结束历史使命②。

目前发现的新生命书局的出版标志有两种，第一种为圆印章形轮廓内的文字标志，"新生命"中的"新"字居上，其偏旁"斤"字处理很有特点，"生命"二字居下。

新生命书局图书封底出现该出版标志的，主要有：

- 1929 年陶希圣著《中国社会之史的分析》
- 1929 年樊仲云著《东西学者之中国革命论》
- 1929 年周佛海著《三民主义的理论体系》
- 1929 年樊仲云著《妇女解放史》
- 1929 年萨孟武著《三民主义政治》
- 1929 年胡庆育著《苏俄十年来之外交》
- 1929 年马哲民著《帝国主义的基础知识》
- 1929 年初版恩格尔著 李膺扬译《家族私有财产及国家之起源》
- 1929 年河西太一郎等著　陶希圣等译《马克思经济学说的发展》
- 1930 年施蛰存著《社会问题之基础知识》

……

---

① 贺渊 . 新生命研究 [M]. 北京：社会科学文献出版社，2011：6.
② 熊月之 . 上海名人名事名物大观 [M]. 上海：上海人民出版社，2005：664.

| 标志之一 | 《社会问题之基础知识》 | 《马克思经济学说的发展》 |

（三）青年与文字组合标志

新生命书局的第二枚标志，为运动中的两位青年，排成一列，正做投掷动作。在青年的下方为"新生命"三个大字。

新生命书局出版的图书中，出现该标志的有：

- 1933 年徐仲年编《赫里欧》
- 1933 年易君左编《文天祥》
- 1934 年谭天编《岳飞》
- 1934 年高岛素著《马克思十二讲》
- 1934 年邢墨卿著《弹》
- 1934 年鞠清远著 陶希圣校《唐宋官私工业》
- 1933 年托洛茨基著 刘镜元译《当代名人传记——托洛茨基》
- 1936 年朱璟编《上海》

……

| 标志之二 | 《文天祥》 | 《上海》 |

三、独立出版社

独立出版社 1928 年成立于南京，后又迁至上海，负责人季灏，是国民党重要的出版机构之一。据 1937 年 12 月出版的《独立出版社书目》分类可知，独立出版社出版发行的图书有政治、国际外交、军事、经济与财政、教育与文化、伦理与社会、民众运动、历史与地理、哲学、文艺等。此外，还有领袖抗战言论集、中国国民党宣言集、党国先进言论集、孙中山的国家论、三民主义的展望、建党与建国、统一与抗战、民族领袖与民族复兴等内容的书籍①。

独立出版社的出版标志有两种，分别由地图、文字、雄鸡、地球等元素组成。

（一）地图与文字组合标志

该标志中的地图为当时的中国地图，从轮廓上判断该地图含有如今的蒙古国，且在深色的地图背景的中央，从右至左，横向书写着行书"独立"两个字。

目前发现的独立出版社封底有标志的多为 20 世纪 40 年代的出书，如：

- 1940 年刘静文著《中国新宪法论》
- 1943 年卢逮曾编著 叶朋竹校《法国革命史》
- 1944 年邓广铭编《韩世忠年谱》
- 1944 年张宏岛编《音乐的故事》
- 1944 年刘英士著《波兰的过去与现在》
- 1945 年陆丹林著《革命史谭》
- 1946 年高殿森译《拜伦传》
- 1946 年蕴雯编《斑比：一个小鹿的故事》
- 1946 年汤用彤编《印度哲学史略》
- 1947 年杨宪益译《老残游记》
- 1947 年余航著《新疆之恋》
- 1947 年何肇菁译《法勒第传》

......

---

① 独立出版社书目 [M]. 上海：独立出版社，1937：6.

|  标志之一 |  《波兰的过去与现在》 |  《法勒第传》 |

（二）雄鸡与地球组合标志

第二种标志为一个竖立的椭圆中，一只雄鸡昂首挺胸地单足伫立于地球仪的北极点之上，且该标志在使用中还出现了带有底色与不带底色的两种形式。

|  标志之二 |  1936年《志庠素描集》扉页 |  1936年《志庠素描集》封底 |

出现第二种标志的独立出版社的图书，主要出现在《漫画丛书》的系列中，有的仅在封底有，有且不仅封底有标志，且扉页也有。有的扉页与封底标志的底色相同，有的却不同。如：

- 1935年叶浅予著《浅予速写集》漫画丛书第二种
- 1936年陆志庠著《志庠素描集》漫画丛书第三种

……

|  标志之三 |  《浅予速写集》扉页 |  《浅予速写集》封底 |

四、拔提书店

1930年，邓文仪利用蒋介石侍从秘书的地位，以黄埔同学会的名义，创办了一个拔提书店（拔提为英文"Party"的谐音，有"党"或"党派"之意），以出版政治军事类图书为主，曾发行《剿匪手册》、蒋介石言论集《领袖言论》《蒋总司令言论》《蒋介石传记》等。

目前遗存的拔提书店有两种标志：一种为徽章与文字的组合，一种为中英文字体的组合。

（一）徽章形与文字组合标志

第一种标志为国民党党徽形，圆形内党徽偏左，向右放射光芒，光芒中由上到下，书写着"拔提书店"的名称。

出现该标志的图书，主要有：

- 1930年邵力子等编《蒋总司令言论之二》
- 1931年邵力子等编《蒋总司令言论之三》
- 1931年张了且著《大人物的把戏》

……

标志之一	《大人物的把戏》	《蒋总司令言论之三》

（二）中英文字体组合的标志

该标志中的中文"拔提"二字的手写体，将文字最后一笔进行了艺术性的拉伸卷曲处理，且与拔提书店英文名"Party"中字母P、R的大写重叠组合。

出现该标志的图书有：

- 1934年泽田谦著 安中译《世界十杰传》
- 1941年萧天石著《世界伟人成功秘诀之分析》
- 1941年陆曼炎编《欧战名将传》

- 1942年陆曼炎编《中外女杰传》
- 1943年康选宜著《将校修养论》
……

| 标志之二 | 《中外女杰传》 | 《欧战名将传》 |

五、正中书局与汗血书店等

（一）抽象人形文字标志

1931年由陈立夫创立于南京的正中书局，是民国以来国民党所办的最大也是最有实力的出版机构，起名"正中"意在"不偏左右，无过不及"，其主旨在于宣传三民主义，启迪民智。正中书局的主要业务范围在出版教科书，南京当时的文化教育发展迅速，因而正中书局的业务大增，短短三四年内成为在业界与"商务、中华、世界、开明、大东"并列的六大出版社之一。1933年，陈立夫将正中书局的全部资产捐献给国民党，国民党中央在其基础上进行扩充，并在南京杨公井设有营业、编辑和印务三所，还在上海、北京、天津、汉口、杭州等地设分局和发行所。抗战初期应形势需要，正中书局编印大量战时读物，后仍以教科书、自然科学、三民主义及国民党党政重要人物的著作为主[1]。

正中书局的出版标志是将"正中"与打开的书组合成一个站立着的人的形象，头部圆形内"正"字横竖笔画代替了人的五官。"中"字为人的躯干和肢体，打开的书本刚好与人的胸部合为一体。

目前发现的正中书局使用该出版标志的图书，主要有：
- 1936年叶楚伧《墨（莫）索里尼传》
- 1937年陈立夫著《童子军》第一册

---

[1] 王余光，徐雁.中国阅读大辞典[M].南京：南京大学出版社，2016：1069.

- 1943 年李勋编注《饮水词笺》
- 1943 年严家骧编辑《工程概说》
- 1943 年蒋中正著《中国之命运》
- 1946 年陈立夫、叶楚伧主编《公民》
- 1946 年赵阑坪著《货币学》
- 1946 年夏承枫著《地方教育行政》
- 1946 年刘真著《儒家伦理思想述要》
- 1947 年李侠文编《国学常识问答》
- 1948 年唐廷仁编著《电影》
- 1948 年萧孝嵘著《教育心理学》
- 1948 年朱君毅编《统计学概要》
- 1948 年 张其昀著《现代思潮新论》

……

| 正中书局出版标志 | 《中国之命运》 | 《电影》 |

（二）战斗场景形象标志

汗血书店 1934 年成立于上海，是国民党扶植的"民族主义文艺运动"所办出版机构。据上海地方志办公室的统计，汗血书店成立后，除出版《汗血周刊》《汗血月刊》外，还出版了《民族文艺月刊》《汗血丛书》《汗血小丛书》等。此外，《汗血周刊》《汗血月刊》还出过"文化剿匪专号"。后来汗血书店、汗血月刊社、汗血周刊社、民族文艺社迁至霞飞路（今淮海中路）乐安坊 62 号，全面抗日战争爆发后停止活动。

汗血书店的出版标志为战斗中的场面，两名士兵一前一后，一执枪一伏击，旁边还有"用自己的汗谋自己的生，拼我们的血救我们的国"的标语。汗血书店的出版标志不仅出现在封底，还出现在书籍环衬的上端，以二方连续的方式左右延展。

目前发现的汗血书店有出版标志的部分图书如下：
- 1934年《汗血月刊》（第四卷第一号）
- 1935年《汗血月刊》第四号
- 1935年汗血月刊社篇《新县政研究》
- 1936年汗血月刊社篇《田赋问题研究》上下册
- 1936年曾铁忱编《纵横欧亚的成吉思汗》
- 1936年刘百川《战时消费品之分配统制》
- 1937年版刘百川《蒋委员长西安蒙难记》

……

| 汗血书店出版标志 | 《新县政研究》 | 《汗血月刊》 |

第四节　中华职业教育社与其他社团出版标志

除了中国共产党与国民党外，20世纪上半叶参与出版发行的民主党派团体组织，还有中华职业教育社、少年中国学会、中国青年党、中国农工民主党、中国铸红学社、中国少年劳动党、中国国家社会党、全国各界救国联合会、新民会、中国民主革命同盟、中国民主党等。但这些机构组织或因存续时间短暂，或因出版能力有限，其书刊或自己出版，或因交付其他书局如商务印书馆、中华书局、大东书局等机构代理印刷出版发行，因而在所出图书的封底往往印有代理机构的出版标志。但也有民主党派组织机构为避免查封迫害等原因，或转至香港出版，或地下秘密印刷，常隐去出版机构等信息，因而很难在书上看到其出版标志。综合以上情况，目前发现有出版机构独立标志的不多，主要代表有中华职业教育社。由其他出版机构代理印行且使用代理机构标志的，有少年中国学会与中国青年党。

此外，一些宗教组织机构中，拥有独立出版标志的有上海世界佛教居士林、佛学书局和大法轮书局等。

一、中华职业教育社

1915年著名爱国民主人士黄炎培赴美考察教育，在美国看到了大力发展职业教育对国家社会经济文化发展的巨大推动作用，让他认识到在中国发展职业教育的必要性和紧迫性。回国后的1917年5月6日，黄炎培联合蔡元培、梁启超、张謇等48位教育界、实业界知名人士，在上海发起成立中华职业教育社。中华职业教育社开展的职业教育实践，开创了我国近现代职业教育先河，曾先后开办中华职业学校、中华工商专科学校、中华职业补习学校、比乐中学和职业指导所等。中华职业教育社的发展除了有来自教育界的支持外，还有社会实业界、出版界乃至政界的爱国人士的赞助[1]。"九一八"事变后，中华职业教育社发起"抵制日货、救亡图存"的运动。上海淞沪抗战打响后，中华职业教育社积极组织运送物资支援前线。全面抗日战争爆发后，中华职业教育社被迫迁至重庆，这期间仍大力培养抗战人才。1941年，中华职业教育社发起组建中国民主政团同盟，1945年又发起成立民主建国会，主张和平民主，反对独裁内战。并出版《宪政月刊》杂志，成为波澜壮阔的民主运动代表之一[2]。由此，中华职业教育社的性质也从一个学术教育团体逐渐演变为一个政治团体[3]。

目前发现中华职业教育社出版的图书中有的使用自己的出版标志，有的为代理印行机构的标志，有的无任何标志。

（一）象形文字形标志

为了宣传和研讨职业教育，中华职业教育社成立后，相继创办了月刊《教育与职业》《宪政》《中华职业教育社社务月报》和《展望》等。出版的书籍有"中华职业教育社丛书"系列、"中华职业教育社职业教育丛书"、"中华职业教育社职业修养丛书"、"农村教育丛书"、"职业教育研究丛集"等。在这些书刊上，出现了其出版标志，即中华职业教育社的社

---

[1] 谢长法. 教育家黄炎培研究 [M]. 济南：山东人民出版社，2016：60.。

[2] 周汉民. 世纪弦歌 中华职业教育社立社100周年纪念文集 [M]. 上海：上海科学技术文献出版社，2017：198.

[3] 杨力主. 中国抗战大后方中间党派文献资料选编：上 [M]. 重庆：重庆出版社，2016：4.

徽，为一圆环内象形文字的双手合围的图形。《中华职业教育社章程》中对其解释为：外环图形代表大脑，环内图形代表双手，其含义为"双手万能，手脑并用"。

目前发现在中华职业教育社出版的部分《教育与职业》月刊及图书的封面、内页刊头及封二中，都印有类似社标的出版标志，但少了外围的圆环，而少了圆环的出版标志还被用于中华职业教育社社旗上。此外，1944年国讯书店发行的职业教育丛书《人事管理之理论与实际》的封面上也出现了该标志。

目前发现中华职业教育社使用该标志的具体书刊还有：
- 1929年《教育与职业》第108期【农村经济专号】
- 1935年周椒青编"职业英语"系列丛书
- 1944年夏邦俊编《人事管理之理论与实际》
……

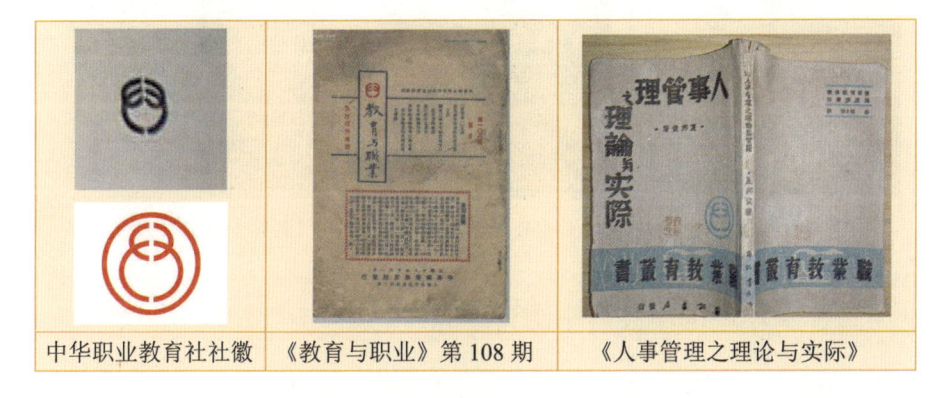

| 中华职业教育社社徽 | 《教育与职业》第108期 | 《人事管理之理论与实际》 |

此外，为了配合刊物封面的版式设计需要，中华职业教育社还灵活地将标志的局部拉长，但依然未改变标志的识别性，如1923年《教育与职业》第46期封面上中华职业教育社的标志。

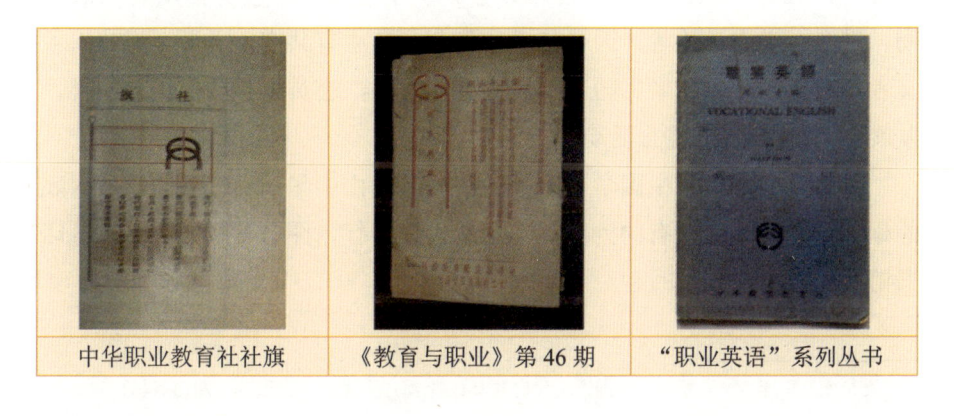

| 中华职业教育社社旗 | 《教育与职业》第46期 | "职业英语"系列丛书 |

（二）商务印书馆等印行代理机构标志

中华职业教育社职业教育丛书之一的《就业辅导手册》，职业修养丛书之一的《世界十大成功人传》、教育丛刊之一的《职业指导实验》等均由商务印书馆代理印刷发行，在该类图书的封底上印的是商务印书馆标志。此外，也有代理印行而无任何标志的。中华职业教育社图书中出现商务印书馆标志的，如：

- 1927 年邹恩润编《书记之知能与任务》
- 1931 年莫斯栖奥著《工业心理学浅解》
- 1943 年中华职业教育社编《事务管理概要》
- 1943 刘麟生编译《世界十大成功人传》

……

| 《事务管理概要》 | 《工业心理学浅解》 | 《世界十大成功人传》 |

二、少年中国学会与中国青年党

少年中国学会是五四运动时期的进步社团，1919 年 7 月 1 日，由李大钊、王光祈等在北京发起成立，宗旨是"本科学的精神，为社会的活动，以创造少年中国"，会员多达 120 余人。学会的总会设在北京、南京、成都等地，此外，法国巴黎也设有分会。少年中国学会会务活动有出版刊物、讲演、学术讨论等。因会员成分复杂，其中有共产主义者、无政府主义者，也有国家主义者。随着革命形势的发展，会员思想分化日趋明显，发展至 1925 年年底停止活动①。

目前发现，少年中国学会出版的图书有的由中华书局代理印行，封底的标志为中华书局。有的为商务印书馆代理印行，图书封底标志为商务印书馆标志等。

---

① 夏征农，陈至立. 大辞海·中国近现代史卷 [M]. 上海：上海辞书出版社，2013：464.

（一）中华书局等印行代理标志

少年中国学会出版的月刊有《少年中国学会会务报告》《少年中国》《少年世界》《星期日》等。还出版了"少年中国学会丛书"，该丛书共出版大约 32 种，分别由少年中国学会、上海东亚图书馆、中华书局等机构出版，其中后者居多，其封底的标志也为代理机构的标志，如：

- 1936 年 [英] 莎士比亚著 田汉译《莎翁杰作集第一种：哈孟雷特》
- 1936 年 [法] 阿尔丰斯·都德著 李劼译《达哈士孔的狒狒》
……

| 《达哈士孔的狒狒》 | 《莎翁杰作集第一种：哈孟雷特》 |

（二）商务印书馆等印行代理无标志

中国青年党源于少年中国学会，其成员十分复杂。1923 年 12 月，曾琦、李璜、何鲁之、李不韪等在法国巴黎召开中国青年党成立大会。1924 年青年党活动中心由法国移至国内。1925 年，在湖南、湖北、四川、广东、北平、天津、武汉等地陆续有 30 多个团体成立，参加者多是青年学生，其中上层人士以大学教授为主。青年党的宗旨是"本国家主义之精神，采取全民革命的手段，以外抗强权，力争中华民国之独立与自由，内除国贼，建设全民福利的国家"。"九一八"事变后，青年党主张国内朝野各政党实行政党休战，团结御侮，并组织人员投入抗日斗争中。随着全面抗战的爆发，青年党逐渐改善与中国共产党的关系，成为以国共合作为基础的抗日民族统一战线中的一个党派。抗战胜利后，青年党逐步向国民党靠近，并从民盟中分化出来。1946 年青年党以独立单位参加政治协商会议，同年参加国民党包办的"国大"，1949 年青年党随国民党迁至中国台湾[①]。

---

① 杨力. 中国抗战大后方中间党派文献资料选编：上 [M]. 重庆：重庆出版社，2016：166.

在出版宣传方面，青年党成立以来，先后主办的报刊有《先声》《醒狮》《民声》《国论》《民宪》《中华时报》等。出版的书籍主要为宣传国家主义，如1925年由商务印书馆出版的《近世大国家主义》，1926年上海醒狮周报社出版的《国家主义讲演集》，1946年中国青年党天津市党部印《释国家主义》，1947年中国青年党广东省党部编印《中国青年党史略及政纲》等，但这些书上不仅未发现其出版标志，也无代理印行机构的标志。类似情况的其他社团组织还有农工党、铸魂学社、社会党全国各界救国联合会、民革、中国民主革命同盟等，出版的书刊上均无自身及印行代理机构标志。

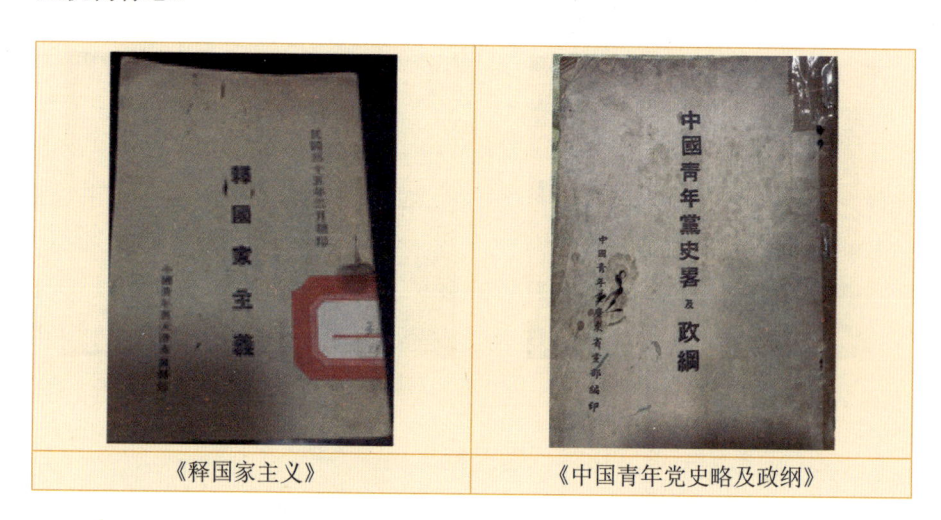

| 《释国家主义》 | 《中国青年党史略及政纲》 |

三、上海世界佛教居士林

近现代其他社团组织中还有宗教团体，其中出版发行书刊的主要有中华佛教总会、觉悟社、佛化青年会、上海世界佛教居士林、上海佛教净业社、中国佛教会、上海佛化教育社、西安佛化社、弘法研究社、现代僧伽社、汉口佛教正信会、中日密教研究会、北京佛教同愿会、上海市佛教青年会、上海大雄书店等。这些佛教文化组织，近似于公共性质的社会集团，不依官吏，不赖官府，自由集会，自定章程①。其出版资金主要来自教会的拨款和教徒的捐赠。一般在销售的同时，也举行一些赠阅活动②。

---

① 李向平.文化正当性的冲突[M].上海：百家出版社，2006：367.
② 陈昌文.都市化进程中的上海出版业（1843—1949）[M].上海：上海人民出版社，2012：197.

但目前发现出版物上印有出版标志的只有上海世界佛教居士林、佛学书局、大法轮书局和上海大雄书店等。

位于上海的世界佛教居士林的前身是1918年成立的上海佛教居士林，在当时各地的居士团体中，是规模最大、存在时间最长的佛教组织。后来上海佛教居士林分裂为上海佛教净业社和上海世界佛教居士林。1922年8月，世界佛教居士林正式成立。其所谓的"世界"是根据佛教"竖穷三际，横遍十方"之义，并非要办成世界性、国际性的居士团体。周舜钦、施省之、王一亭、范古农等曾陆续担任过居士林的林长。居士林主要出版佛经典籍、开展诵俗讲演、创办学校以及其他各种慈善活动[①]。出版物除了报刊《世界佛教居士林林刊》外，还出版了"佛学研究丛书""法事丛书"等。

目前发现的上海佛教居士林的出版标志有两种：一为木刻风格船帆江河标志，一为民间乐鼓与文字组合标志。

（一）船帆与江河组合标志

佛经中载，世间一切法都是佛法，佛教的八万四千法门都是通向彼岸的渡船，它能载着修行者到达彼岸。上海世界佛教居士林的出版标志中，圆形轮廓内烟波浩渺，一船由远及近，桅杆高悬的大风帆上，行楷书写"世界佛教居士林"几个大字，笔道流畅、潇洒多姿。整个标志为木刻版画效果，画面水天一色、波光浩渺。标志设计中选择船帆形象大概就是佛法度人的寓意。上海世界佛教居士林林长王一亭为海上画派领袖人物，曾从徐小仓、任伯年习画。随后结识吴昌硕，亦师亦友，渐成莫逆。擅长花卉翎毛，山水人物，喜作道释，又好吟咏，以禅机为诗机，是位笔墨峥嵘、艺兼多门的艺术家[②]。王一亭还曾为扬州华严大学月刊《佛光》杂志题写刊名[③]。从其艺术素养与题写刊名等活动推知，该标志的设计、选择与使用，或许与王一亭本人及影响不无关系。

目前上海佛教居士林遗存的图书中，出现该标志的图书主要有：

- 1933年苦行居士编述《广长舌》
- 1930年李圆净居士编述《地藏菩萨本迹灵感录》

---

① 王望峰.白衣的智慧 弘法居士[M].郑州：中州古籍出版社，2015：121.
② 于建华.南北书画价值考[M].上海：学林出版社，2017：16.
③ 马越著.禅智山光 扬州佛教文化遗产[M].南京：东南大学出版社，2015：51.

- 1929年黄庆澜著《初机净业指南》
……

|  标志之一 |  《地藏菩萨本迹灵感录》封面 |  《地藏菩萨本迹灵感录》封底 |

（二）文字与暮鼓组合标志

该标志出现在1940年《暮时课诵》法事丛书第二种上，在其封面有一鼓，鼓身书"上海世界佛教居士林印行"文字，且隶篆意味兼具。晨钟暮鼓，与《暮时课诵》相对的《朝时课诵》上，出现了铜钟与钟锤形象，其中在大钟上铭有篆隶"南无阿弥陀佛"几个字。

| 标志之二 |  1940年《暮时课诵》 |  1940年《朝时课诵》 |

四、佛学书局与大法轮书局

（一）嘉禾与书籍组合标志

佛学书局1929年由王一亭、李经纬等在上海创办。佛学书局将编辑、刻印、流通三者密切结合起来，构成一个整体，把过去分散的、各自为政的出版机构所出版的佛学典籍纳入统一流通的轨道，代理发行全国的佛学出版物，还建立了一个由总局、分局、分销处三级机构组成的统一流通网，使得全国各地乃至世界各地都有它的流通机构，最终形成了一个无所不包的大佛学书局，其经营规模之大，流通范围之广空前绝后。新中国成立后的 1956 年，上海佛学书局与大法轮书局、弘化社改组合并，更名为上海佛教书店①。

佛学书局的出版标志设计与中华书局、大通书局的大同小异，同的是三者均为一禾两穗的嘉禾环绕一本书的构图。但在细节上不同的是，中华书局、大通书局标志中的书均为竖立着的形态，佛学书局的书呈水平打开状，且右左页面上分别书写着"佛""学"二字。

佛学书局出版物中使用出版标志的比较多，且基本上都位于封底。如：

- 1930 年弘一大师书 丰子恺画《护生画集》
- 1931 年佛学书局再版《龙舒净土文》
- 1931 年佛教小丛书"外道"
- 1931 年法事丛书第三种《佛七念诵仪规》
- 1931 年彭泽许止静编《历史感应统纪》
- 1933 年江谦居士讲述《小学三字经》一册全
- 1933 年叶盖尘著《僧伽尺牍》
- 1933 年谛闲法师著《普贤行愿品辑要疏》
- 1934 年蕅益大师著《佛遗教三经蕅益解》
- 1935 年沈彬翰编《楞严贯摄》
- 1935 年高鹤年居士著《名山游访记》
- 1936 年明金庭比丘通润笺《法华大窾》
- 1936 年李圆净编《地藏菩萨圣德问答》
- 1943 年高鹤年居士著《名山游访记》
- 1947 年杨仁山居士编《佛教初学课本注解》
- 1948 年《普贤行愿品全》
……

---

① 傅教石. 民国年间的上海佛学书局 [J]. 法音，1988（11）：23.

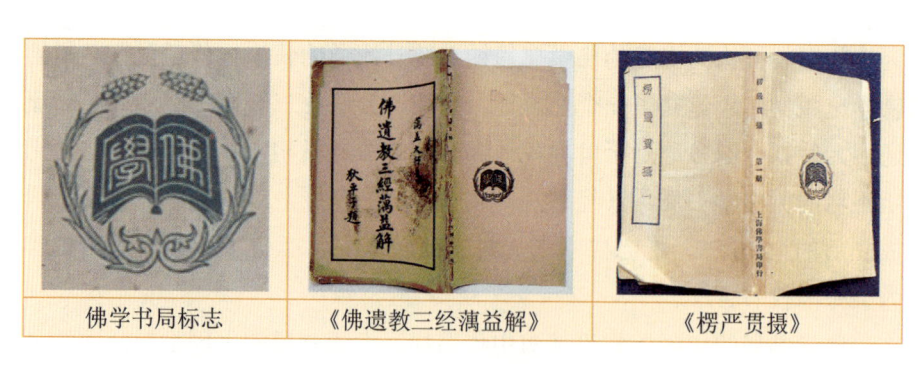

| 佛学书局标志 | 《佛遗教三经蕅益解》 | 《楞严贯摄》 |

（二）圆形法轮标志

大法轮书局，前身为上海世界新闻社，以采编国内外时事新闻、民俗民情为主，兼有佛教消息。1939年易名大法轮书局，经理苏慧纯，书局主要业务是流通佛书，专事佛教经籍书刊、通俗读物印刷、出版等。创办了《觉有情》月刊，经过十余年的发展，大法轮书局出版了大量的宗教与世俗著作，成为佛学书局之后的新起之秀①。

法轮，即正法之轮。在古代印度，轮既是一种农具，也是一种兵器。佛教借用"轮"来比喻佛法无边，具有摧邪显正的作用。称佛说法，圆通无碍，如法轮运转不息，能摧破众生的烦恼。大法轮书局的出版标志设计采用法轮形象，应有此寓意。

大法轮书局的出版书籍中，封面有丛书标志、封底有出版标志的书籍有：

- 1948年日种让山著《禅学讲话》
- 1948年百练居士著《静坐要法》
- 1948年夏仁华居士著《动物鉴》
- 1948年杏子居士编法轮小丛书"佛学丛论"
- 1948年晃明远著法轮小丛书"法藏碎金"
- 1948年石成金著《参禅要法》
- 1948年屠伟真著《娑罗馆清语》
- 1948年畏因居士著《研教与弘法》
- 1948年静修、法尊法师著《禅观之门》
- 1948年弘一法师纪念集《人间爱晚晴》
- 1949年骆季和居士著《净土三要述议》

---

① 熊月之. 上海名人名事名物大观 [M]. 上海：上海人民出版社，2005：429.

- 1949 年七经合刊《佛说五大施经》

……

五、上海大雄书店与上海功德林佛经流通处

上海大雄书店在 1947 年由佛教居士陈海量创办于上海，以出版流行的佛学通俗读物为其特色，其中《科学与佛教》《佛教与人类》等小册子，由于深入浅出、通俗易懂，发行后受到初学佛者的欢迎，发行量也较大[①]。

（一）莲花及光芒形标志

上海大雄书店出版的图书，在其封底往往都有出版标志，该标志为一朵绽放的莲花，光芒四射。上海大雄书店出版的图书中使用该标志的有：

- 1943 年王日休居士著述《龙舒净土文》
- 1943 年德育推行社编辑《真快乐》
- 1943 年清彭二林居士编《死后之审判》
- 1944 年中国佛学图书馆编《妙音集》

……

| 大雄书店标志 | 《真快乐》 | 《妙音集》 |

（二）卍字形标志

1922 年江味农与简照南等在上海创办了功德林佛经流通处，收集南北各地刻经处及各名山刻印的经籍，流通全国，弘布佛法。上海功德林佛经流通处的标志为卍字形，有的标志中的卍字还有装饰特点，如有众多小的卍字组成大的卍字笔画等。目前发现有该类标志的图书有：

- 1930 年上海功德林佛经流通处编《增订图书目录》

[①] 许尚枢.天台山历代名人传[M].杭州：浙江人民出版社，2000：287.

- 1930 年吴契悲居士编辑《光明画集》
……

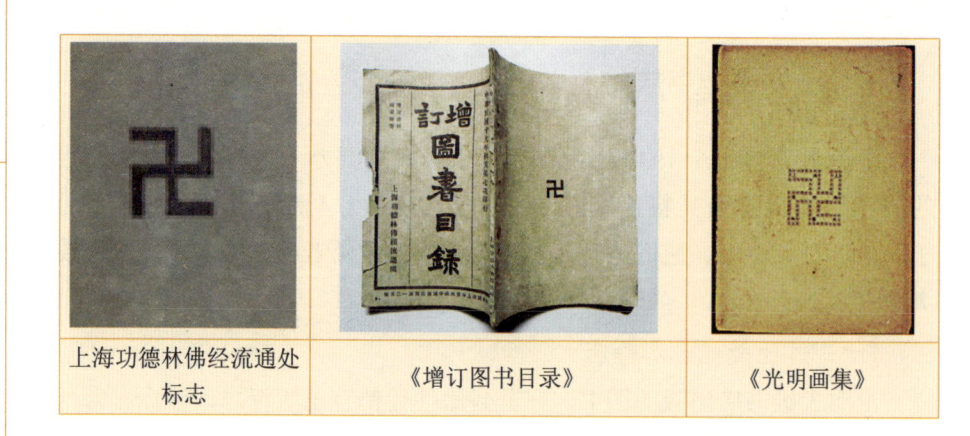

| 上海功德林佛经流通处标志 | 《增订图书目录》 | 《光明画集》 |

第三章
近现代在华外国出版机构标志

据统计，近现代外国在华出版机构大约有 55 家①。从创办者国籍来分，有英国、美国、法国、德国、日本等；从创办者身份看，除个别以团体名义创建外，多数由教会及传教士创办，其次为外商所办；从这些出版机构的组织格局来分，有出版、发行、印刷三位一体的，有出版兼发行的，有发行兼印刷的，也有单独搞发行的②；从机构主体性质而言，主要有商业与宗教两大类。

商业方面，清末外商出版机构主要有英国人美查创办的申昌书局（1874—1907 年）；英国人美查创办，后由中国人王菊人、席子眉、席子佩先后接办的点石斋书局（1876—1907 年）；英国人美查创办，后由席子眉、席子佩经营的图书集成局（1884—1907 年）；1885 年日本人岸田吟香创办的乐善堂书药局（又称乐善堂书局、吟香书馆）；1902 年戢元丞、日本人下田歌子创办的作新社等③。进入 20 世纪后，外国在华商业出版机构日渐增多，有英、美、法、德、日、俄等，还有一些创办者国别不详，其中有些为清末创办一直持续到民国时期，但由于遗存资料有限，目前可查的如（英）香港同治印书馆（1863—？）、（英）同治印书馆（1866—？）、（英）别发印书馆（1870—1949 年后）、（英）申报馆（1872—？）、复兴印书馆（1878—？）、文汇报馆（1879—？）、（英）上海五彩画印有限公司（1890—？）、（英）伊文思图书公司（1890—1935）、（英）格致书室（1885—1911 年）等，其余还有众多存续情况

---

① 郭卫东 . 近代外国在华文化机构综录 [M]. 上海：上海人民出版社，1993：497-498．
② 高信成 . 中国图书发行史 [M]. 上海：复旦大学出版社，2005：144．
③ 内容出自《1843—1949 年上海出版机构一览表》，此表来自上海社会科学院出版社 2000 年《上海出版志》。

不可考的[①]。民国时期外商新创办的商业出版机构，主要有日本的至诚堂书局（1912—1936年）、内山书店（1917—？）、日本堂（1918—？）、金星堂；英国的广仓学会（1915—？）、牛津大学图书公司（1920—1931年）；美国的协和书局（1915—？）、中美图书公司（1917—1956年）、罗斯福出版公司（1939—1940年）、派立贡书店；德国的壁恒图书公司（1918—1940年）；俄国的环球书店（1940—？）以及1941年苏联塔斯社在上海创办的时代书报出版社（苏商时代书报出版社）等。这些出版机构主要以营利为目的，销售对象面向整个社会。但目前可查到的遗存图书中，外商在华创办的商业出版机构，只有少数有出版标志，其余还未发现。且同一出版机构的出书，有的有标志，有的无；有的机构既有出版标志又有丛书标志，如日本堂；有的机构出版标志或位于封面、书名页，或位于版权页等。还有的出版机构如申报馆，外商创办经营若干年后，又转售给中国人经营，其出版标志最早何时出现并开始使用情况不明。有的出版机构如时代书报出版社，前期有标志，后期改名后无标志。此外，部分上海孤岛时期外商出版机构如美商华美出版公司、英国中华大学图书公司、美商罗斯福出版公司、美商太平洋出版公司等，多为临时挂靠或临时注册登记等，主要负责人及工作人员多数依然是中国人，且出版物数量有限，目前还未发现其出版标志。

　　教会方面，19世纪中叶以前中国的现代出版领域曾一度是教会出版的天下，至19世纪末，逐渐形成了教会出版与清政府官办出版机构并峙发展的局面。发展至20世纪初，教会的影响力才逐渐式微，但英、美、意、法等的宗教组织在华出版机构仍继续发展，如美、加的广学会、青年协会和华英书局，意、法的广州慈幼印书馆、上海土山湾印书馆、天津益世报馆与崇德堂，以及中国香港的公教真理学会等[②]。其出版标志设计中出现了基督教组织的会徽、宗教法器用品和象征符号，如十字架、《圣经》、油灯、铁锚、羽翼等。这些图形与题材的出现，极大地丰富和拓展了标志设计范围，从而使得中国近现代设计呈现出多元、包容等特征。

[①] 陈昌文. 都市化进程中的上海出版业（1843—1949）[D]. 苏州大学博士论文, 2003: 40.
[②] 何凯立. 基督教在华出版事业（1912—1949）[M]. 成都: 四川大学出版社, 2004: 2.

第一节　英国在华出版机构与标志

近现代英国在华出版机构最有名的为别发印书馆与伊文思图书公司。当时曾在商务印书馆任职的藏书家周越然（1885—1962）在其《申市过去的西书店摊》中写道："（上海）发售西书资格最老的店铺，恐怕是别发洋行——除了别发之外，恐怕要算伊文思书馆的资格最老。"[①]"伊文思图书公司历年运输西文书籍，久为士林所称道"[②]。"本埠西书业，向推伊文思、别发、中美广学会等为个中巨擘"[③]。除了知名的别发与伊文思外，英商在华出版机构还有麦美伦公司与英商公会等。

一、别发印书馆

别发印书馆即别发洋行，是英商凯利（Kelly）于1870年在上海开办的印刷出版企业，它的前身是凯利经营的书店和沃尔什（Walsh）经营的印字馆（Kelly & Walsh, Ltd.），其在中国汉口、新加坡、横滨也设有分号，上海及香港设有印字房。别发印书馆是将先进的排版印刷技术和新颖的书店经营理念引进中国的第一家西方出版机构。从别发印书馆开始，中国的书店里除了卖书外，还经营各类文具、贺卡和与书本有关的饰物、工艺品甚至女士化妆袋。在书店一隅，置放小桌与圈椅，供顾客阅读。1907年别发印书馆印制了中国首张明信片，也曾印刷过中国多地政府发行的有齿邮票。别发印书馆的出版物以英文为主，将中国古典和现代人文、地理、历史译成英语介绍给西方的广大读者，奉行"东学西渐"的出版宗旨，也起到了传播中国文化的重要作用。别发印书馆还积极开展邮购业务，曾在报上提出"外埠邮购，随到随寄"。新中国成立前因营业衰落，别发印书馆无法维持，于1949年申请歇业。

别发印书馆的标志目前发现有两种：一种为中国传统的宝塔建筑与中英文名组合，另一种为几何图形设计。

（一）宝塔与中英文组合标志

该标志设计为中西结合，在同心圆中的正中是中国密檐楼阁式宝塔，宝

---

① 上海鲁迅纪念馆编.鲁迅与上海[M].上海：上海社会科学院出版社，2018：144.
② 本埠新闻——伊文思图书公司之纪念[N].申报，1917(8)：13.
③ 本埠新闻三避暑地点之分售西书[N].申报，1923(6)：7.

塔两侧分别是"别""发"两个中文汉字，在两个同心圆形成的圆环中，为别发的创办人凯利和沃尔什的英文公司名。目前发现出现该标志的图书有：

- 1900 年金璋英译《官话指南》(*The Guide to Guan Hua*)
- 1911 年《汉字结构述解》(*An Account of the Structure of Chinese Characters*)
- 1920 年 Rev. C. E. Darwent，M. A.《上海：旅行者和居民手册》(*SHANGHAI: A Handbook for Travellers & Residents*)
- 1925 年《三国志演义》(*San Kuo*：*Romance of the Three Kingdoms*)
- 1928 年卜舫济著《上海简史：国际租界的成长与发展》(*A Short History of Shanghai*)
- ……

标志之一	《官话指南》	《汉字结构述解》

（二）英文名字母的图形标志

别发印书馆英文名 Kelly & Walsh 中的字母 K 被处理成直立的黑粗体，而"LL"被设计成与"K"一端相连的斜置的字体，在其上方空白处，"of"两个字母被组合粘连在一起，且该标志的负形图案形成两本叠置的书。该标志或位于书脊下端，或书籍封三或封面等。且目前发现该标志的图书主要集中在 1933 年的出版物中，如：

- 1933 年 Willard M. Porterfield《上海的街边植物与杂草》英文版(*Wayside Plants and Weeds of Shanghai*)
- 1933 年 Carl Crow《游历中国闻见撷要录》(*Handbook for China, Including Hong Kong*)
- ……

标志之二　　《游历中国闻见撷要录》　　《上海的街边植物与杂草》

二、麦美伦公司与英商公会

麦美伦图书公司即 1834 年成立于英国伦敦的麦克米伦出版公司（Macmillan Publishers Limited），是一家具有百余年历史的大型综合性出版社。1867 年作为麦美伦图书公司之分号的美国麦克米伦出版公司开办，本部设在纽约。1913 年美国麦克米伦出版公司来华开业，与英国麦美伦图书公司等联合设立代表处于上海，经营对华贸易[①]。需要说明的是，当时美国麦美伦图书公司在开拓中国市场时，曾与商务印书馆进行了前后达 20 年的合作，特别是在 20 世纪 30 年代，两家出版社在原版书销售和教科书中国专用版本两个合作领域，尤其是后者取得了突破性的进展[②]。麦美伦图书公司在中国出版了教育类、文学类等著作，如 1909 年出版发行的《侏儒媒》，1910 年的《金行集》，以及 1929 年的 Portrait in the Mirmro（1929），1932 年的 The Fountain 等[③]。

目前发现的麦美伦图书公司的图书上有两种标志，即圆印章形与中英文组合标志、方形与中英文组合标志。且两种标志或出现在封面，或出现在扉页，或在封底。有的图书上两种标志分别出现在封面与扉页上，如 1925 年出版的《英文法程初集》（English Lessons）。

（一）圆印章形与中英文组合标志

圆印章环形外缘里为麦美伦图书公司的英文名，在其正下方为西式卷草纹饰。在圆印章形的正中间为中文"麦美伦"三个篆书字。

---

① 黄光域. 外国在华工商企业辞典 [M]. 成都：四川人民出版社，1995：544.
② 周扬、叶新. 商务印书馆与美国麦美伦图书出版公司的出版合作 [J]. 出版科学，2022（3）.
③ 郁达夫. 郁达夫书信集 [M]. 沈阳：吉林出版集团股份有限公司，2017：197.

出现该标志的图书有：
- 1909年英国华特氏史克脱著 福州懋墅黄步瀛译 《侏儒媒》
- 1910年英国女史杨姬著 美国博士柏尔根译《金行集》
- 1925年英京伦敦麦美伦图书公司编《英文法程初集》（English Lessons）
……

标志之一	《侏儒媒》	《英文法程初集》（English Lessons）

（二）方形与中英文组合标志

该标志方形的上端为半弧形，在框内麦美伦图书公司英文名中Macmillan的两个"M"重叠组合的图形，在其空白处有若干的小圆点，在其两侧分别有一个"&"与"C"。图形的上下为中文"麦美伦"与"图书公司"，左右也分别是中文"英京"与"伦敦"。目前发现麦美伦图书公司使用该标志的图书有：

- 1925年《英文法程初集》（English Lessons）
- 1928年《默奇科学读者》（Murches Science Readers Book Ⅳ）
……

标志之二	《默奇科学读者》（Murches Science Readers Book Ⅳ）	《英文法程初集》（English Lessons）

（三）中英文结合的圆环形标志

1914年欧洲战争爆发后不久，上海的英国工商界，尤其是有无数商标需要保护的英国棉布进口商认为，在上海组建一个英国商会对于保护英国在华利益是必要的。于是几家重要的棉布商于1915年5月13日在英国驻上海总领馆召开了会议，其中包括怡和洋行、老沙逊洋行（D.Sasso.on&Co.，Ltd.）、新沙逊洋行、仁记洋行、老公茂洋行（Ilbert&Co.，Ltd.）、祥泰洋行（Scott，Harding & Co.）、中和公司（William.Little & Co.）、祥茂洋行（A.R.Burkill & Sons）、泰和洋行（Reiss&Co.）和公平洋行（Probst，Hanbury&Co. Ltd.）等，这次会议决定，邀请在上海的英国商行开会讨论成立英商公会。后英商公会综合委员会（General Committee）成立，并下设小组委员会负责各个行业的相关事宜，这些小组委员中包括出版小组委员会、商业教育委员会等[①]。

英商公会不仅出版书籍，还发行华文报纸，且在图书及报纸上，使用英商公会标志。报纸方面，在报头正中就有出版标志，如1921年《英商公会的华文报》第2卷1～6号等。图书方面，如1927年英国商会与伦敦商会联合出版的《英国药剂》一书的扉页上，印有中英文相结合的英国商会的标志等。

英商公会标志为圆环形设计，在圆环内边里为英商公会的英文名，在圆环内的正中为竖写的中文名"英商公会"四个字。目前发现使用英商公会标志的有：

- 1921年《英商公会华文报》
- 1927年《英国药剂》
- ……

出版标志	《英商公会华文报》	《英国药剂》

---

① 陈谦平. 民国对外关系史论（1927—1949）[M]. 北京：生活·读书·新知三联书店，2013：194.

第二节　日俄在华出版机构与标志

20世纪初，日商在华开办的出版机构众多，其中知名的有内山书店、日本堂、金星堂和至诚堂等，目前发现存有出版标志的主要是日本堂和金星堂。

一、日本堂与金星堂

日本堂是由日本人杉江房造创设于1906年，其店址位于上海虹文监师路。日本堂是上海最早的日本书店，主要编纂出版面向旅行者的上海及江浙一带的旅游指南与地图，以及中日与沪日语言教学书等。其中影响较大的是按年度更新出版的指南《新上海》及系列上海城市地图等。从现存情况来看，从清末1908年至1943年，日本堂一共编制或发行了关于上海的城市地图5个系列共18种，其制图历史之久、版式之多样、更新之频繁可见一斑[①]。

目前发现日本堂的出版物上不仅有出版标志，还有丛书标志。

（一）圆印章形文字标志

日本堂圆印章形出版标志中，将外部轮廓的圆形设计成"日"字，在圆形中为上下布局的"本"与"堂"字，该设计构思巧妙，达到了言简意赅的效果。出现该标志的日本堂图书主要有：

- 1928年松本龟次郎著《汉译日本文典》
- 1935年松本龟次郎著《汉译日本文典》
- 1910年杉江房造著《金陵胜观》

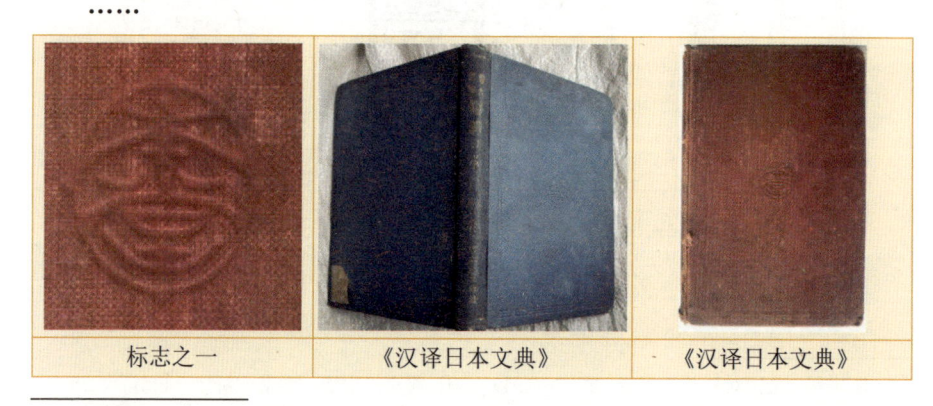

……

| 标志之一 | 《汉译日本文典》 | 《汉译日本文典》 |

---

① 编辑委员会.历史地理：第三十二辑[M].上海：上海人民出版社，2015：333.

（二）骆驼石像生形丛书标志

石像生亦称石翁仲，是中国古代立于帝王或贵族陵墓神道两侧成对的石雕人物、动物像。石像生制度始于秦汉，兴于唐宋，盛于明清，且石像生的使用有严格的等级规定[①]。

日本堂出版的丛书《江南的名胜史迹》日文版系列上，出现的丛书标志为一双峰骆驼的石像生雕塑，骆驼足下带有基座，造型简洁，形象处理图形化。从该标志的背景来看，似乎也是原野、丘陵和山冈，恰与江南名胜丛书内容的环境相符。目前发现出现该标志的日本堂系列丛书主要有：

- 1921 年池田信雄编《江南的名胜史迹》（日文版）
- 1923 年池田信雄编《江南的名胜史迹》（日文版）
- 1931 年池田信雄编《江南的名胜史迹》（日文版）
- 1938 年池田信雄编《江南的名胜史迹》（日文版）

……

| 标志之二丛书标志 | 《江南的名胜史迹》 | 《江南的名胜史迹》 |

（三）剪纸式花篮形标志

1918 年金星堂创办于日本，其创始人为福冈义雄。在 20 世纪二三十年代，金星堂主要出版物有文学及中小学教材等，其中文学方面，通过出版川端康成等著名作家的作品，逐渐扩大了影响力。目前发现的 20 世纪初日本金星堂遗存的在华出版物，主要为教材类。且发现金星堂出版的教材上不仅有出版标志，同样也有丛书标志。

金星堂的出版标志为有插花的花篮形象，且通过剪纸镂空的手法展

[①] 王巍.中国考古学大辞典[M].上海：上海辞书出版社，2014：19.

现，该标志多出现在金星堂出版的一些教材封面正中，如：
- 1933年外山卯三郎、林武著《野兽派研究》学生版
- 1933年外山卯三郎著《绘画的精神研究》学生版
- 1933年外山卯三郎著《技法的研究》学生版

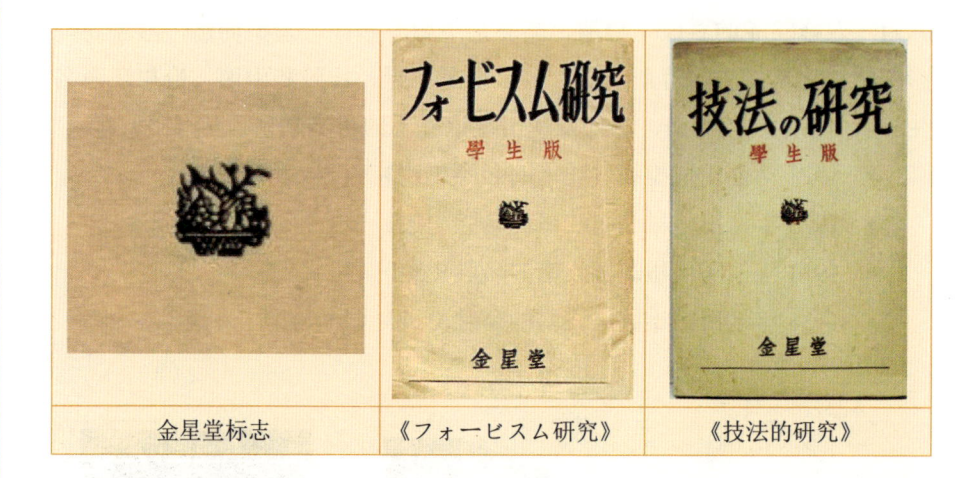

……

| 金星堂标志 | 《フォービスム研究》 | 《技法の研究》 |

　　需要补充说明的是，20世纪上半叶在华的外国出版机构虽然多，但许多发展情况不详，如上海远东书馆、壁恒图书公司、协和书局和复兴书局等，其图书遗存有限，且目前遗存的图书上也未发现出版标志。此外，在上海陷入"孤岛"时期，为了避免日伪的检查和破坏，许多进步刊物往往借外商之名，临时挂起洋旗进行出版，如美商华美出版公司、英国中华大学图书公司、美商罗斯福出版公司、美商太平洋出版公司等[①]。这些挂"洋旗"出版机构存活时间短，遗存的图书有限，目前也未发现出版标志。

二、柴拉出版社与时代出版社

　　20世纪初的俄国十月革命前后，一些历史上被称为"白俄"的前沙皇的官僚贵族、地主商人、军官士兵等纷纷逃亡境外，当时中国东北的哈尔滨，华北的天津、北京，以及东南沿海的上海、广州等，都先后成为"白俄"逃亡的目的地。这些"白俄"在中国生活期间，曾出版发行了大量的图书，且出版地点主要集中在北京、天津、上海和哈尔滨四个城市。其中

---

① 周武.二战中的上海[M].上海：上海远东出版社，2015：202.

在华俄侨出版机构数量以哈尔滨最多，其次分别为上海、天津和北京等。"白俄"在哈尔滨出版的图书最多，出版者主要有中东铁路印书局、东省文物研究会出版社，以及"竹林""商业神""霞"印书馆等。上海有"柴拉"（曙光）出版社、时代出版社以及一些私人印书馆。

20世纪初，俄在北京的出版机构主要有"东方启蒙""俄罗斯书馆""北京俄国传教士团印书馆"等。仅北京图书馆收集的俄商出版物有800余种，主要是社会科学图书，也有自然科学和工业技术图书。如北京俄国传教士团印书馆1921年出版的金斯著《西伯利亚、盟国和高尔察克》和1923年H.R.科罗斯托维茨著《俄国外交史的一页》等，其中后者记述了1905年日俄关于旅顺口的谈判等内容①。此外，在北京也有宗教著作出版，如"俄罗斯书馆"出版的《佛教谈》、北京东正教总会出版的《中国福音》等。"白俄"在天津的出版机构有"我们的知识""报刊思想""知识""亚洲觉醒"等。"白俄"的个人出版机构有赛连富印书馆等②。但目前笔者还未收集到这些图书上的出版标志。

20世纪30年代中期，上海的俄侨出版事业空前繁荣，涌现了一批团体组织的出版社、印书馆和私人出版社等。如"柴拉""言论""锣""时代""俄罗斯书籍出版社""犹太书籍"等，个人出版如"马雷克""卡姆金""杜凯里斯基"等。其中"锣"出版社主要出版文学作品；"俄罗斯书籍出版社"出版俄罗斯著名作家，如果戈里等人的作品；"言论"出版社主要出版文学作品，也有一些史料，如《上海俄侨》《中亚特写集》《俄国史》等。阿尔塔杜科夫创办的斯罗沃印刷及出版公司，出版范围囊括了政治、经济、历史、宗教、文学、教材、工具书、儿童读物等各个方面。其中在上海这些出版机构中最为有名的是柴拉出版社和时代出版社③。

（一）五角星形标志

"柴拉"是在华俄侨规模最大的出版机构。俄语"柴拉"中文又译"霞""曙光"等，由其发行的《柴拉报》（又译《霞报》《曙光报》）是一份大众化日报，创刊于1920年4月15日。柴拉出版社的编辑部和总办事处设在哈尔滨市中国大街5号，1925年在上海设立分社，1928年又在

---

① 北京图书馆参考研究部．北京图书馆参考工作资料汇编第十四辑[M]．1990：71．
② 北京图书馆参考研究部．北京图书馆参考工作资料汇编第十四辑[M]．1990：77-79．
③ 李兴耕．风雨浮萍 俄国侨民在中国（1917—1945）[M]．北京：中央编译出版社，1997：390．

天津设立分社，创办《俄文日报》（又译《天津柴拉报》《霞报》《曙光报》），这种三足鼎立的局面使柴拉出版社成为俄侨在远东最引人注目的报业集团。在上海柴拉出版社设有编辑部、广告部、发行部、印刷部、会计部等机构，编辑部网罗了众多知名的俄侨报人、作家、诗人、小品文作家，人才济济，实力雄厚。该报还在巴黎、东京、哈尔滨、北京、沈阳、天津等地派有记者。

目前发现的柴拉出版社出版的图书，在封面与封底出现的标志主要为五角星，如：

- 1933年周庄平、徐文、郑竹逸编《现代中文世界语辞典》
- 1949年（苏）契尔诺夫著 郭真达译《哲学唯物论》
……

| 柴拉出版社标志 | 《现代中文世界语辞典》 | 《哲学唯物论》 |

（二）五角星、书籍与文字组合的标志

目前发现俄在华出版机构中，出版图书遗存相对较多且有标志的，以时代书报出版社为代表。时代书报出版社早先为《时代》杂志社，是1941年3月苏联塔斯社在上海南京路377号创办的出版社，当时的经理是苏联人罗果夫，主编是中国人姜椿芳。《时代》杂志早期主要刊登苏联的政治新闻和历史文化等内容，如《霍尔瓦特谈远东形势》等，1942年开始陆续刊登中国人写的文章，如《布尔什维主义在中国》。上海沦陷期间杂志社曾搬入苏联驻上海的塔斯社内办公。1942年8月在《时代》杂志社创刊一周年之际，陆续出版了《苏联卫国战争画册》《斯大林言论集》等著作。后来《时代》杂志社改名为时代书报出版社，出版了《苏联文艺》月刊，抗战结束后又出版了《时代日报》，1947年又改名为时代出版社。新中国

成立后的 1952 年，苏联政府正式将时代出版社移交给了中国政府①。

当时在上海的苏联时代书报出版社，编辑发行《苏联文艺》，"仿照苏联出版物的习惯，每期的目录，排在全书之末，中文目录之后，另附俄文目录。这种排法，当时在中国还是首创。且在文章的篇头和篇末（补白）的头花和尾花，都用苏联报刊上常用的图案花式，大多是五星、镰刀和锤子的变化图案"②。目前发现的时代书报出版社出版标志有两种，一是类似柴拉出版社的五角星形象的标志，如：

- 1945 年西蒙诺夫著 白寒译《俄罗斯人》
- 1945 年柯尔纳楚克著 林陵译《战线》
- 1945 年棱罗维约夫著 金人译《俄罗斯的水兵：伊万·尼古林》
- 1945 年柯尔纳楚克著 水夫译《赴苏使命》（三幕剧）
- 1945 年毕尔文采夫著 白寒译《试炼》
- 1945 年棱罗维约夫著 金人译《伊万·尼古林——俄罗斯的水兵》
- 1945 年戈雨巴朵夫著 水夫译《不屈的人们》
- 1946 年高尔基著《索莫夫及其他》
- 1946 年 A. 托尔斯泰著《伊凡·苏达廖夫的故事》
- 1946 年托尔斯泰著 金人译《俄罗斯的土地从什么地方来的》

……

| 时代出版社标志之一 | 《伊万·尼古林——俄罗斯的水兵》 | 《高尔基早期作品集》 |

时代出版社的出版标志之二是一枚类似徽章的设计，标志主要由圆环形与图书组成，打开的图书置于圆环上半部位置，书的两页分别是中文的"时""代"二字，在书籍的下方有橄榄枝叶装饰。在圆环上方中间位置有一个五角星，圆环下方位置内有俄文"时代"字样。

---

① 姜椿芳. 姜椿芳文集 随笔三 怀念·忆旧 [M]. 北京：中央编译出版社，2014：310.
② 姜椿芳. 姜椿芳文集 随笔三 怀念·忆旧 [M]. 北京：中央编译出版社，2014：121.

出现该标志的图书主要有：
- 1947 年安德朗尼科夫著 朱笄译《莱蒙托夫传》
- 1948 年锡金、曲秉诚编译《俄罗斯人民的口头文学》
- 1951 年戈尔巴乔夫著 水夫译《不屈的人们》

……

时代出版社标志之二	《普通一兵》	《怎样自修马列主义》

第三节　美加在华出版机构与标志

广学会、青年协会书局、圣教书会、三大圣经公会是 20 世纪上半叶四个主要的基督教新教出版机构。其中广学会是继墨海书馆、美华书馆之后，在中国影响较大的基督教出版机构，曾在北京、沈阳、天津、西安、南京、烟台等地都设有分支机构。青年协会书局的出版物，多从基督教立场出发关注讨论社会问题，介绍世界各国发展动态，宣传社会改良和进化，颇受学校和青年的欢迎。在出版标志方面，除了三大圣经公会外，广学会、青年协会书局、圣教书会均有出版标志，且前两者的标志分别多达三四种，在设计上也颇具新意。

一、广学会

广学会（The Christian Literature Society for China）是 1887 年英、美基督教新教传教士和外交人员、商人等在中国上海创立的出版机构，其前身为 1834 年英美传教士在广州创立的"实用知识传播会"和 1884 年在上海设立的"同文书会"，1894 年开始称广学会，含有"以西国之新学广中国之旧学"之意。该会编译出版大量书籍报刊，涉及政法、史地、实业、理化等，其主旨是鼓吹改良主义，在晚清对维新派士大夫颇有影响。广学会每年举行一次年会，年会多在欧美巨商在沪的私宅或租界工部局举行。广学会的经费主要由西方各差会及基督教信徒、英美等国慈善家、商人等捐助。1937年全面抗日战争爆发后，该会迁至成都。抗战胜利后回上海复会，1949年该会成员陆续回国。1957年该会出版部与原中华浸会书局、中国主日学合会、青年协会等合并成立中国基督教联合书局，1959年停办①。

（一）圆印章形中英文字标志

广学会印章形的出版标志有两种，传统的印章形外形轮廓或圆或方，印章形内为中文名称"广学会"与英文名称首字母CLS的或上下或左右的组合，虽然这种形式在民国出版标志设计中常见，但不同的是在传统的印章形内将中文与英文名缩写字母有机地组合在一起，且后者非以往的点缀，而是所占位置比重相当，且根据圆形轮廓的有无，灵活协调处理，或占三分之一或占三分之二，由此带来空间上或密或疏的不同视觉效果。特别是圆形或方形的轮廓线，在维系了印章外形的同时，还使得内部的中英文字体组合更具整体感。

标志之一	《耶稣的故事》
标志之二	《基督教史纲》

圆印章形的广学会标志中，中英文左右分布的标志外轮廓圈为双线。中英文上下分布的标志中，有带外轮廓的外圈，也有无的。目前发现印有

---

① 薛理勇.上海掌故辞典[M].上海：上海辞书出版社，1999：310.

该类出版标志的图书有：

- 1937年本仁约翰著《圣游记》
- 1938年联合圣歌委员会编订《普天颂赞》
- 1939年来逢宁原著 慕奥译《什么是对于上帝的信仰》
- 1940年葛星丽、费佩德编《教会周年颂神歌咏》
- 1940年莫安仁、许善斋译述《著名基督徒》
- 1940年米德峻博士著 梁德惠译《旧约背景》
- 1941年曹新铭著《天国主义》
- 1941年力戈登编《以色列诸先知》
- 1946年华理斯编《青年成功小传》
- 1946年巴狄德水编《基督化的家庭教育》
- 1950年胡祖荫编《传道人应有的检讨与学习》
- 1950年林仰山编 彭彼得校《教会史》(第二卷)

……

标志之三	《基督教伦理学之基础》

广学会方印章外形的标志中，中英文字上下分布，且标志外轮廓除了单线外，外围还有一内带装饰的方形边框。出现该类型标志的广学会图书，如：

- 1931年龚斯德著《公开的基督》
- 1931年原清洁理著　于化龙译《萨服那洛拉》
- 1931年莫安仁译述《著名基督徒》
- 1931年王治心译《古文今译中国故事》(第一集)
- 1932年贾立言、冯雪冰译《叛逆的信仰》

- 1933年巴比尼原著 贾立言、周云路译《基督传》
- 1933年罗育德编《以色列宗教进化史》
- 1933年林辅华编 冯雪冰译《约翰卫斯力传》
- 1933年蒋翼振著《旷野的人声》
- 1934年刘今吾编《古代四贤鼓词》
- 1935年清洁理著 陈德明译述《托尔斯泰小传》
- 1935年清洁理著《马礼逊小传》
- 1935年布郎著 祥德、林峻译《从巴比伦到伯利恒》
- 1938年夔德义编《基督教伦理学之基础》

……

| 标志之四 | 《基督教伦理学之基础》 | 《实行的基督教》 |

另，1931年版英国摩尔乾著《旧约述要》一书，其封底为方形标志，在封面图案中还出现了第一种圆形标志内的中文与外文上下位置互换的图形。

（二）拱门建筑与灯光组合标志

拱形门檐内有整体外轮廓呈半圆形的"广学会"几个字，檐下有一排书，书的正中间是内有十字形的门灯，其发散的光芒充满了拱门内，应为象征基督耶稣圣灵光芒辉照之意。出现该拱门形标志的图书，标志或在封面或在扉页。如《本仁约翰小传》，其他的还有：

- 1928年薛琪瑛译《哥哥》
- 1928年斯密史著 万卓志译述《帕勒斯听历史地理学》
- 1928年 谢颂羔著《文化的研究》
- 1929年王治心译《古文今译中国故事》
- 1940年 陈金镛著《鸽嘴新叶》

……

| 标志之五 | 《古文今译中国故事》扉页 | 《帕勒斯听历史地理学》 |

（三）灯盏与灯光组合标志

  油灯为基督教法器及象征之一，广学会油灯形标志中，根据灯盏的形状、灯光的数量及整体标志的外轮廓形状的不同，该标志有两种类型，其多出现在封面。第一种标志外轮廓为不规则的波浪形方框，框内的灯盏低矮，灯盏上左中右均有点燃的灯芯，其中间的灯芯光亮较大。第二种标志为饰有锯齿的方形边框内，高耸的灯盏上仅在左右两端有点燃的灯芯在发光。目前发现广学会使用该类灯盏形标志的图书有：

- 1930 年安汝慈女士著《最高级的人生》
- 1931 年（美）林乐知译《路德改教纪略》
- 1930 年 Wang Chih-Hsin 译《古文今译中国故事》（全三册）
- 1933 年言立贾等《新约历史》
- 1940 年（英）本仁约翰著 谢颂羔译《圣游记全集》

……

| 《标志之一》 |  《新约历史》 |

标志之二　　　　　　　《最高级的人生》

二、青年协会书局

基督教青年会（Young Men's Christian Association，YMCA）是以通过团体活动和公民训练，来发扬基督教高尚品德为宗旨的跨教派国际性组织。1855 年，欧美各国的青年会在巴黎举行第一次国际会议，会议决议成立"基督教青年会世界协会"（World Alliance of the YMCA），这样"基督教青年会"作为跨宗派、国际性的基督教青年组织就被确定下来。1889 年，美国和加拿大的青年会联合成立"基督教青年会北美协会"（International Committee of the YMCA），协会得到美国政府和财团的支持和资助，向发展中国家推广青年工作，对中国基督教青年会的产生和发展有很大影响。中国的青年协会书局（Association Press of China），早期为 1902 年中华青年会全国协会成立的书报部发行所，1924 年发行所改组为青年协会书局。青年协会书局曾编辑出版了一些系列丛书，如《非常时期丛书》《公民教育丛书》《宗教研究丛书》《青年德育丛书》《青年丛书》等，对外也出版宣传卫生、教育、社会改良、宗教与科学等的小册子，如《基督教与中国文化》《科学与宗教》《甘地自传》等书籍。青年协会书局自成立起至 20 世纪 40 年代末，共出版各种书籍 500 余种，其中三分之一为中国人著述，在民国时期的学校及基督教青年中影响深远[①]。

基督教青年会会徽由双环和三角形组合而成，其中三角外边代表圣父、圣子、圣灵三位一体的神圣，内边象征青年的德智体均衡成长，三角之上的 body、mind、spirit（身、心、灵）显示其突出的意义，双环的外

---

① 薛理勇. 西风落叶 海上教会机构寻踪 [M]. 上海：同济大学出版社，2017：286.

环表示生命及宇宙秩序的完整和统一，内环则代表信誓、友谊和爱心。此外，青年会简徽通常使用得较多，简徽只有简化的三角形和青年会英文名的首字母缩写。通过与基督教青年会会徽的图形对照来看，可以很清楚地发现目前收集到的青年协会书局的三种标志设计，是由基督教青年会会徽发展而来。

（一）会徽、图书与文字组合标志

青年协会第一种标志图案外围为圆形，圆中有一倒三角形，三角形的背后有两个字母"P"和"X"的重叠。在倒三角形中印有一本摊开的书，书后有一个小三角形，在三条边旁分别印有基督教青年会所倡导的"德育""智育""体育"。无论是其外形还是其内部结构与细节，都可以看出其设计与基督教青年会的会徽之间的密切联系。

青年协会出版的图书中，使用该出版标志的有：

- 1917 年范祎著《少年弦韦》
- 1924 年（英）康脱利编《伤课急救法》
- 1933 年徐雉著《宗教与人生》
- 1934 年潘光旦著《性的道德》
- 1934 年何清儒著《中国青年职业问题》
- 1934 年尚爱物编《导契的祈祷》
- 1935 年杨缤编《个人道德与社会改造》
- 1936 年魏善海著《心理与生活》
- 1944 年谢洪赉编《庐隐笔记四种》

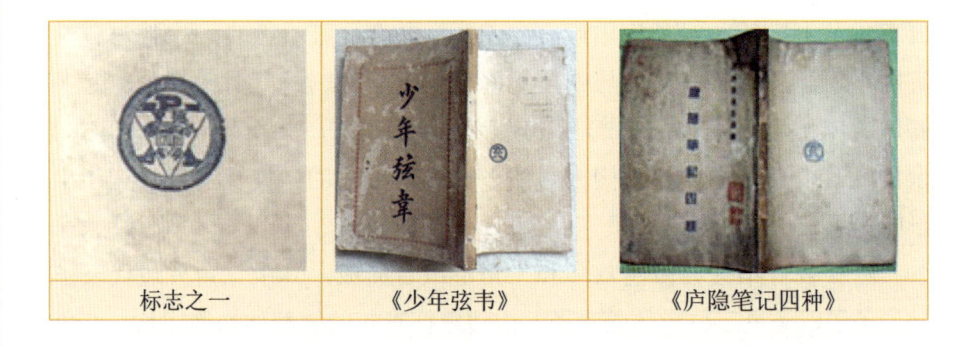

……

| 标志之一 | 《少年弦韦》 | 《庐隐笔记四种》 |

(二) 三角形、书、文字与飘带组合标志

青年协会书局的第二种标志主图同样使用的是基督教青年会会徽中标志形的倒三角形，倒三角形前有一本打开的书，上有"青年"两字，在三角形与书之间有类似结绳的飘带。

出现该出版标志的青年协会书局图书主要有：

- 1924 年谢洪赉著《少年弦韦》
- 1935 年杨缤著《个人道德与社会改造》
- 1937 年尼赫鲁著 胡仲持等译《尼赫鲁自传》
- 1939 年威尔逊著《科学伟人的故事》
- 1940 年吴耀宗著《基督教与新中国》
- 1941 年韦杰瑞著 赵景松译《宗教与近代思想》
- 1941 年王治心、李次九编著《中国历代名人传略》
- 1948 年吴耀宗著《没有人看见过上帝》
- 1948 年赵紫宸著《神学四讲》

……

| 标志之二 | 《科学伟人的故事》 | 《个人道德与社会改造》 |

(三) 三角形与圆形组合标志

青年协会书局出版的图书与刊物上还有第三种标志，且多出现在书籍的封面上，主要为基督教青年会会徽呈标志性的倒三角形，三角形的边线或粗或细，或单线或双线。有的三角形外还有一个圆形，与基督教青年会简徽比较接近。

目前发现的青年协会书局该类标志的书刊主要有：

- 1918 年胡贻穀编《社会教育读本》
- 1927 年中华青年全国协会编《青年进步》第 100 册
- 1927 年中华青年全国协会编《青年进步》第 102 册

- 1928 年中华青年全国协会编《青年进步》第 114 册
- 1934 年尚爱物编《导契的祈祷》

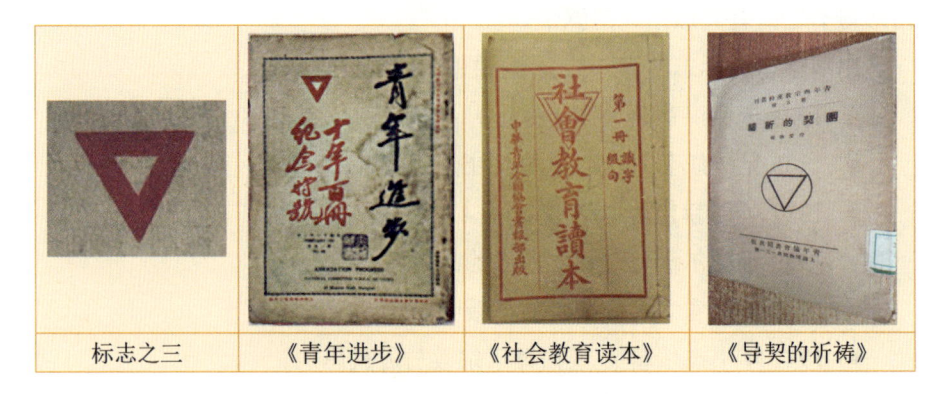

……

| 标志之三 | 《青年进步》 | 《社会教育读本》 | 《导契的祈祷》 |

（四）吹号青年与文字组合的丛书标志

青年协会书局还出版了众多的丛书，其中的丛书标志中有基督教青年会会徽标志性的倒三角形，在其三角形中出现了吹号青年的形象。

目前发现的青年协会书局使用该丛书标志的图书有：

- 1948 年 王季深译《居礼夫人传》
- 1948 年 朱维之著《基督教与文学》
- 1948 年马鸿纲编著《伟人的信仰故事》
- 1948 年吴耀宗著《没有人看见过上帝》
- 1948 年胡仲持等译《尼赫鲁自传》
- 1948 年赵紫宸著《系狱记》

……

| 标志之四 | 《居礼夫人传》 | 《系狱记》 |

三、华英书局与时兆报馆

华英书局的主办机构为加拿大英美会。1897年加拿大英美会传教士赫斐秋（V. C. Hart）在四川乐山开设印字馆，专印教会文件和书籍。1904年印字馆迁至成都，次年印字馆更名为华英书局，英文名为Canadian Mission Press， 华英书局初期又称加拿大监理会印书馆、英美会书局，书局主要从事基督教文字作品印刷，初期为汉口圣经会印《圣经》和传单等，以后除为华西圣教书会印行大量宣教书籍外，还为华西基督教教育联合会印行中文教科书，同时印行少量的英语书籍和藏、苗等少数民族文字读物。1942年华英书局联合青年协会书局、广学会等成立基督教联合出版社。华英书局对基督教在西南地区的传播起了重要的作用。1951年华英书局为人民政府接办，更名为成都印刷厂①。

（一）图书、圆环与闪电组合的华英书局标志

遗存的华英书局出版的图书标志只有一种，圆环内一本打开的书，左右书页上，有黑体华英两个字，书的上方似乎是六道光芒，又像六道闪电。

华英书局出现标该志的图书，主要有：

- 1943年冯玉奇著《金屋泪痕》
- 1948年还珠楼主著《女侠夜明珠》
- 1948年何美贞护士编《护士应用华英会话》

……

华英书局出版标志	《女侠夜明珠》	《金屋泪痕》

---

① 陈建明. 基督教在中国西南的出版机构——华英书局[M]. 成都：巴蜀书社，2013：60.

（二）中英文与羽翼组合标志

时兆报馆（The Signs of the Times Publishing House）创办人是美国人米勒耳（H. W. Miller）博士，该馆为20世纪上半叶基督教复临安息日会在上海所建的印刷机构，除组织教会宣传耶稣的救恩、劝人悔改、破除迷信等观念外，该会还设立了医疗、教育以及印刷机构来传播、灌输人生服务的知识及保健原理。时兆报馆的馆址几经变迁，与安息日会在华的传教活动休戚与共，时兆报馆出版的《时兆月报》（Signs of the Times Magazine）有较大的发行量与影响力，至1935年时兆报馆设有14个部门，分别为经理部、管理部、司库部、编辑部、校对部、营业部、美术部、发行部、发报部、排字部、制版部、印刷部、装订部、杂务部，有职工56人。报馆除定期出版《时兆月报》外，还经营4种定期刊物，分别为《牧声》《传道者》《青年之友》《安息日学学课》。同时，报馆还出版宗教、教育及卫生书籍若干种，市场反响较大。新中国成立后，上海时兆报馆及印刷厂改扩建为上海印刷学校[①]。

在基督教中，羽翼是一种典型的宗教符号，它代表异域、天堂，象征着纯洁、超然。目前发现的时兆报馆出版的图书上有一种出版标志，是一本打开的书，书上有中文"时兆"二字，在书的背后就有一对展开的羽翼。

时兆报馆遗存的图书中，出现该标志的有：

- 1912年米勒耳著　安德烈等译述《健康生活》
- 1930年李宝贵、徐华编译《健康要诀》
- 1934年戴安乐医师编《民众卫生》
- 1935年李宝贵、徐华合著《新奇的时代》
- 1935年梅忠达《养生宝鉴》
- 1939年华文纶著《青春之探寻》
- 1940年单英民译《保健法》
- 1942年蒯美妮编著《抚幼一助》
- 1947年麦思伟著 顾长声译《原子弹与世界末日》
- ……

---

① 周祯伟. 时兆报馆小史 [J]. 出版与印刷. 2017(4).

| 时兆报馆出版标志 | 《抚幼一助》 | 《原子弹与世界末日》 |

四、中华浸会书局与上海华美印书馆

(一) 图书与中英文组合标志

浸信会教派起源于 16 世纪的英国伦敦，该教派入教受洗礼是真正的洗礼，不同于其他教派由牧师点水至额的做法，而是要将全身浸入圣水，因而称浸信会。1631 年，英国浸信会教士维廉姆携一批忠实信徒徙居美国，开创美国浸信会。1858 年，美国浸信会来中国布道，后发展的信徒遍布中国各地。中华浸会书局又称"美华浸会书局"（China Baptist Publication Society），于 1899 年成立于广州，是浸礼会在华主要的出版机构，1902 年在广州创刊中文《真光》月刊，为中国最早出版的基督教刊物之一，宗旨为阐道、卫道、辩道，以及宣传西方资产阶级自由，内容有布道、要论、圣经说林等，发行量高达 5 万份，成为最畅销的基督教刊物之一。1941 年 11 月《真光》停刊。1945 年抗战胜利后书局重振旗鼓，出版各种教材等[①]。

中华浸会书局的出版标志为圆形中有横条文字区，上有中文"中华浸会书局"，文字上方有一本打开的书，文字下方的半圆内为中华浸会书局英文名（China Baptist Publication Society）的首字母缩写 CBPS。与广学会、青年协会及圣教书会标志设计比较，该设计构图在印章形及几何形的基础上，中华浸会书局又将中英文与图书组合在一起，且标志设计上疏下紧有对比，中间的文字区突出醒目。

中华浸会书局遗存有出版标志的图书，主要以 40 年代出版的图书居多，如：

- 1946 年姜建邦编译《圣诗史话》

---

① 薛理勇. 老上海高楼广厦 [M]. 上海：上海书店出版社，2014：181.

- 1944 年中华浸会少年团联合会编《马丁路得的事迹》
- 1947 年魏特博士著 田道一教授编译《灵磐活水》
- 1947 年华北浸教议会选集《新颂主诗集》
- 1948 年李德著 邬清芬译述《经题编珠》
- 1949 年中华浸会青年团联合会编《青年游戏》

……

| 出版标志 | 《马丁路得的事迹》 | 《新颂主诗集》 |

（二）圆印章形与文字结合标志

华美书局（Methodist Publishing House in China），是美国监理会在上海创办的一家教会出版机构，它与同时期的伦敦会的墨海书馆、美华书馆一起构成了上海近代早期最重要的三个基督教（新教）出版机构。上海华美书局在创办的 60 余年间，曾用过华美书坊、华美书馆、华美书局、华美印书馆等名字。1902 年，合并后的上海华美书局较早引入了西方现代化的出版印刷企业的机构设置，书局内分设编辑、印刷、装订、铸字、发行、代销及海运等部门。 华美书局虽为教会出版印刷机构，但其出版发行的书籍报刊却不局限于宗教类型，出版的类型涉及文学、历史、数学、物理、地理、法学、哲学、教育学、自然科学、医学、工具书等各种类型，对当时西学和新学的传播起到了不可或缺的作用①。

目前发现的上海华美书局 1925 年出版的清人袁枚所著《诗学全书》中，其正文首页处有占据一页篇幅的巨大商标，即上海华美书局的标志。该标志为圆印章形，内部"上海华美书局"几个篆隶体文字呈放射状分布，在放射的中心圆内，有"商标"二字。

---

① 孙逊，陈恒. 城市精神 一种生态世界观 [M]. 上海：上海三联书店，2016：291.

| 出版标志 | 《诗学全书》 | 《诗学全书》 |

第四节　意法在华出版机构与标志

五四运动以后，中国人民的民族主义情绪日益高涨，罗马教廷为了应付这种局面，采取将天主教"中国化"的措施，1922年派遣刚恒毅（Celso Benigno Luigi Cardinal Costantini）宗座驻华代表，于1924年在上海召开全国主教会议，会议制定了《中国天主教现行法则》，决定设立全国教务委员会，直属驻华宗座代表公署。1926年教廷首次任命6名中国籍主教。1946年教廷宣布在中国建立圣统制，全国设立137个教区，分属20个总主教区。1947年天主教教务协进会在上海成立，取代了全国教务委员会[①]。为了宣传和发展，当时天主教创办的出版机构有慈幼印书馆、土山湾印书馆、天津益世报、天津崇德堂、香港公教真理学会（Catholic Truth Society）和天主教真理学会等，多属于意法在华的出版机构。

一、慈幼印书馆

慈幼会，正式的名称为圣方济各·撒肋爵（St.Francis de Sales）修会，也被称作鲍思高会（Salesiansof Don Bosco）（S.D.B.）。该修会由意大利天主教神父圣若望·鲍思高（St.John Bosc）于1859年创立，修会主要以普及平民教育、救助失学青年为目的，首创青年之家，收留街上流浪之不良少年，设职业学校、孤儿院，并出版优良读物。1902年鲍斯高会进入中国后，在澳门创办慈幼印书馆。1925年鲍斯高会应中国教徒、公教进行会会长陆伯鸿的邀请，到上海创建鲍斯高慈幼分会，创设斯高工艺学校、斯高中小学，校内附设鲍斯高教堂。慈幼会还在斯高工艺学校内设立慈幼

---

① 任延黎.天主教知识读本[M].北京：宗教文化出版社，2015：117.

印书馆，出版天主教书刊①。

目前发现慈幼印书馆的标志有三种，具体如下：

（一）中英文与烛光组合标志

烛光用来象征基督的爱与光明，该标志中带柄的烛托上，一支点燃的蜡烛，发出明亮的光芒。紧靠蜡烛的左右两侧，分别是英文大写字母 P 与 S，内嵌字母之中的是"慈""幼"两个中文字。标志中的字母 S 是"方济各·撒肋爵信徒、慈幼会教徒"的英文名 salesian 的首字母，P 是"出版社、出版机构"的英文 Press 的首字母。

| 标志之一 | 《高级新史略》 | 《玫瑰十字军》 |

目前发现慈幼印书馆出版的图书中使用该标志的，如：

- 1946 年鲁维达著《显灵圣牌》
- 1946 年白德美著 傅玉棠译《安琪儿的泪》
- 1947 年若翰苏达著 范介萍译《宗徒事业之灵魂》
- 1947 年书丁山译《炼》
- 1947 年罗斯利安著 谢慈佑译《捕蝶人》
- 1947 年梁保禄编《玫瑰十字军》
- 1947 年殷士译述《圣嘉弥略 - 雷列斯传》
- 1948 年 S. JOANNES BOSCO 著 梁明勋译《高级新史略》
- 1948 年傅玉棠译 T. J. 校对《悔罪之表》
- 1948 年贾法理诺著《圣体丛谈》
- 1949 年钟全璋、潘良清译《圣女小德兰的祈祷》
- ……

---

① 施叔华．上海市区志系列丛刊：杨浦区志 [M]．上海：上海社会科学院出版社，1995：954.

（二）翅膀与齿轮、十字架等组合标志

慈幼印书馆的第二种标志为带有翅膀形的标志，有两个类型，其中之一是齿轮与几何形翅膀的组合，且在齿轮中间有中文"慈幼"二字。另一种为几何形翅膀与十字架的组合，在十字架下方的左右两侧也分别有中文"慈幼"二字，十字架两旁为几何形翅膀。

目前发现的慈幼印书馆的图书中，出现该类标志的图书有：
- 1944 年苏冠明主编《大学新诠》
- 1944 年邓青慈译《弥额尔马高鼎传》

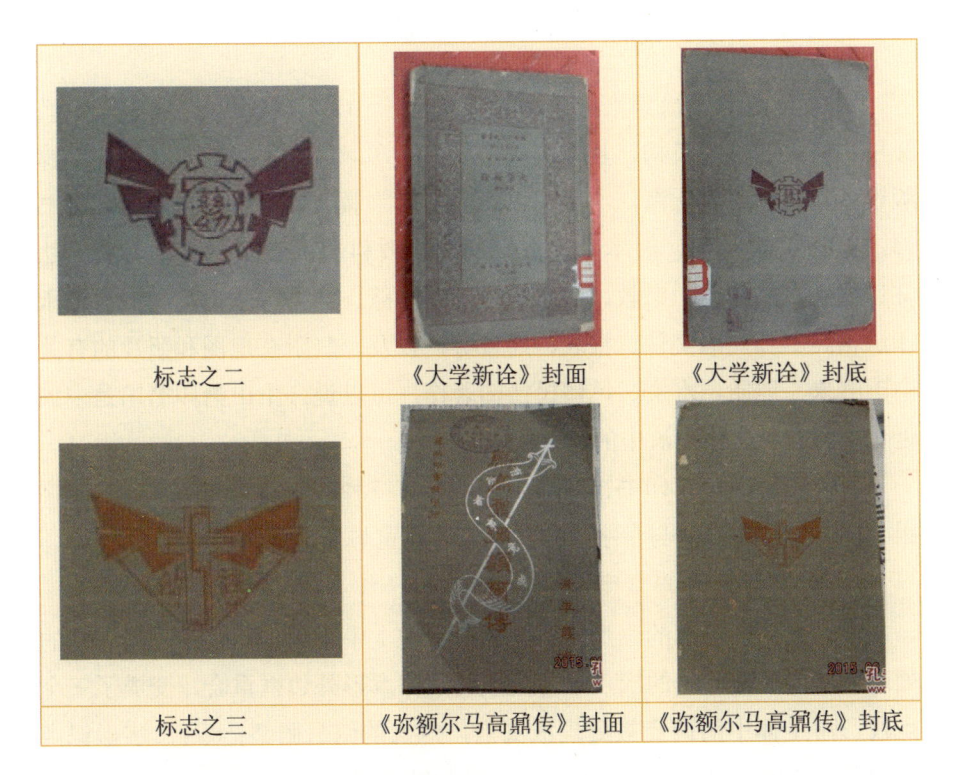

……

标志之二	《大学新诠》封面	《大学新诠》封底
标志之三	《弥额尔马高鼎传》封面	《弥额尔马高鼎传》封底

（三）旭日光芒与文字组合标志

慈幼印书馆的第三种标志为旭日光芒与文字的组合。标志中的旭日似从地平线下缓缓升起，在其展露的光芒中有硕大的字母 P 与 S。目前发现使用该标志的图书较少，仅在 1948 年出版的《要理问答》一书的封底中见到。

| 标志之三 | 《要理问答》封面及封底 | 《要理问答》封底 |

二、土山湾印书馆

1874年由上海徐家汇天主教堂设立的土山湾印书馆，是中国天主教最早、最大的出版机构，且该机构最先把石印术、珂罗版印刷和照相铜锌版设备和技术引入上海，出版了大量的中西宗教、文学、社会等内容的书籍，包括宗教书刊、经本、图像、年历、教科书，以及中文、英文、法文、拉丁文的社会、宗教、文学等内容的书籍。此外，土山湾印书馆还承印法租界工部局的文件、报表、通告等，以及一些附有地图和照片的有关中国气象、地质、水文、风俗民情的著作，可以说，土山湾印书馆是中国近代中西印刷文化交流中的重要机构[①]。

目前发现的山湾印书馆图书标志主要有三种，分别为圆印章形与文字组合标志、弥撒提炉与十字架组合标志、儿童与圣山十字架组合标志。

（一）圆印章形与文字组合标志

该标志为无轮廓的圆形印章式的中文字上中下组合，其中"湾"字的处理有特点，部首中的三点水与隐藏的圆印章形外边框重合，变成了三个点段，而主体中的两点被处理成圆点，似人的两只眼睛；"弓"字形似半张的嘴，整体组合在一起，有诙谐幽默的特点。

土山湾发行的图书中，出现该标志的有：

- 1903年周儒望编著《中华地理》（*La Geographie commerciale de la Chine*）

---

① 任继愈. 中华大典 宗教典 [M]. 石家庄：河北人民出版社，2017：285.

- 1904年张俊声编译《法文初范》（中法文对照）

......

| 标志之一 | 《祈祷入门》 | 《宗徒及殉教者的教会》 |

（二）弥撒提炉与十字架组合标志

该标志为天主教圣事用品弥撒提炉形象，带有盖钮和基座的圆形提炉，在炉腹部位置，共有四个串珠形的长提链，呈S形垂在地面上。

出现该标志的土山湾印书馆的图书主要有：

- 1934年丁宗杰著《小英雄》
- 1918年《高等小学国文新课本》
- 1917年《高等小学国文新课本》
- 1929年《国民学校图文新课本》

......

| 标志之二 |  《小英雄》封面 | 《小英雄》封底 |

（三）儿童与圣山十字架组合标志

该标志外形为长方形带圆拱的拱形窗，窗户内有大小四个儿童，在打开的窗口前，正眺望远处山峰上光芒四射的十字架。

| 标志之三 | 《热心》 | 《新光》 |

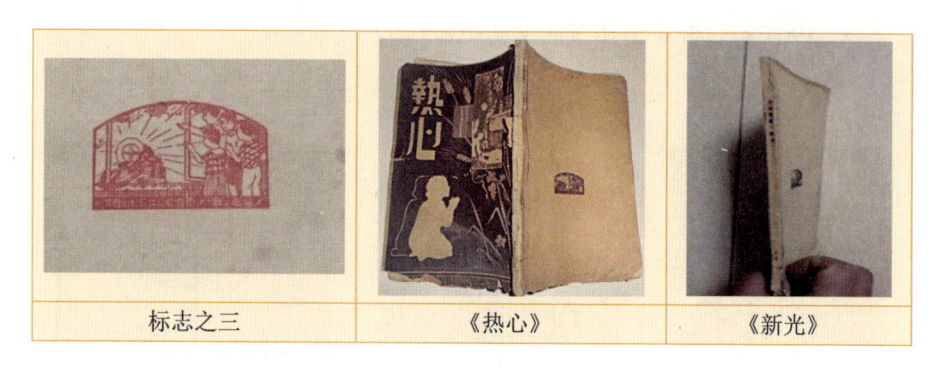

土山湾发行的图书中，出现该标志的有：
- 1934年马而东著 周睿良译《奉献》
- 1934年圣体军小丛书原著 玛利老爷、张孝松译《乐国之王》
- 1934年圣体军小丛书王昌祉编《小宗徒》
- 1946年圣体军小丛书连国邦著《热心》
- 1935年圣体军小丛书朱树德著《新光》
- 1936年圣体军小丛书陈田著《母亲》

……

三、益世报馆与崇德堂

天津《益世报》创刊于1915年，是罗马天主教教会在华出版的中文日报，创办人是比利时籍来华传教士雷鸣远和中国天主教徒刘守荣、杜竹轩。雷鸣远委任刘守荣为《益世报》馆的总经理，杜竹轩为副经理。1916年《益世报》在北京创办分社，后两报各自经营。抗战前夕《益世报》由罗隆基任主编，反抗侵略，捍卫国家主权。解放战争时期《益世报》舆论倾向国民党，1949年北平解放前夕停刊[①]。

（一）中英文与葫芦形组合标志

天津益世报馆的标志外形似葫芦，是由"益世"的拼音首字母"YS"连缀组合而成的，其中两个"Y"又组合成了一个"W"。葫芦上下空白处分别为"益""世"两个字。葫芦，古代称作"壶"，俗称葫芦瓜。许多神话故事中都出现了葫芦的形象，如传说中的"八仙"之一铁拐李，就常背一个装有"灵丹妙药"的葫芦，游历江湖治病救人，因此后世有"悬壶济

---

① 文昊.民国的报业巨头[M].北京：中国文史出版社，2013：163.

世"一说。天津益世报馆的葫芦形标志，或许借报刊发行，有醒世救世之用意。

天津益世报馆出版遗存的图书中，有该出版标志的有：
- 1926年濯缨著《新新外史》甲集卷
- 1932年濯缨著《新新外史》乙集卷
- 1928年慵厂著《孝勇女郎》
……

| 天津益世报标志 | 《孝勇女郎》 | 《新新外史》 |

（二）十字形与图书、花卉组合标志

天津《益世报》创刊后的第二年即1916年2月8日，由雷鸣远拨款，交由杜竹轩赴北京创办《益世报》。北京《益世报》并不是纯粹的宗教类报纸，而是以"放世界眼光，谋人类幸福"为办报宗旨。在北京，因为《益世报》有天主教会背景，又曾在美国使馆注册，杜竹轩常常借《益世报》为护符对时政大胆评论，从而引起过北京政府的不满和查封。"七七事变"后北京沦陷，北京《益世报》迫于形势而歇业。1945年抗战胜利后北京《益世报》复刊，但仅沿用原名，其主持者及其背景与之前不同。

北京《益世报》的出版标志造型近乎十字形，在十字形的边框内有植物茎秆和花叶装饰，在十字正中的圆框内是一本打开的书，书上有"北京益世"四个字。目前发现该标志的是1927年北京益世报印刷部印行的《殷派三雄传》，该书作者是赵焕亭，在该书全三册的封底上均有一枚此标志，且标志之大几乎占了封底全部中心位置。

| 出版标志 | 《殷派三雄传》封面 | 《殷派三雄传》封底 |

（三）烛与锚组合的标志

耶稣会曾经在中国河北、江苏、安徽、上海地区传教，建立了诸多教区。崇德堂是天主教耶稣会献县教区在1869年到1954年之间，在中国天津市所设立的办事处，位于天津法租界。为支持传教事业，1871年直隶东南代牧区在圣鲁易道53号（今天津市营口道22号）设立崇德堂，管理教区财务。1873年，崇德堂将大部分房屋出租，经营房地产业、出版图书杂志等，为宣教及教区文化服务。

目前见到的天津崇德堂的图书上，出版标志为一盏正放射光芒的油灯和带链条的锚。灯和锚在"圣经"中都有寓意，其中油灯有"上帝对人的眷顾""上帝赐给人的生命""上帝的圣言""上帝的律法"等。而锚在《圣经》中有"灵魂之锚"的寓意，《圣经》中第一个去外邦传播福音的基督徒保罗，在最后一次旅程中遇到了大风浪，船失去了控制，在惊恐的众人中唯独保罗一人非常镇定，因为他的灵魂之锚在自己所供奉的主基督那里。

目前发现崇德堂出版的图书中有出版标志的部分图书，具体有：

- 1939年萧舜华译《玛尔谷传的福音》
- 1947年李山甫著《在马槽前》
- 1947年李山甫著《降生救世的福音》
- 1947年玛雷斯司著《识己篇》全一册
- 1941年萧舜华编《宗徒大事录》

……

| 天津崇德堂标志 | 《玛尔谷传的福音》 | 《宗徒大事录》 |

四、香港公教真理学会

香港公教真理学会（HongKong Catholic Truth Society）是天主教香港教区的出版机构，1934年成立，属教区管理，学会至今尚存。学会主要工作是出版周期性刊物和宗教教科书，如每年度天主教手册、礼仪指南、中小学宗教及伦理课本等。此外还翻译有关灵修、信仰、神学及《圣经》等书籍，以及其他宗教性质的中英文著作[1]。

香港公教真理学会共有两种出版标志，但从其遗存的图书来看，早期无标志，直到40年代才开始出现带标志的图书。

（一）英文名首字母与建筑组合标志

该标志中将公教真理学会的英文名（Catholic Truth Society）首字母CTS，通过穿插组合为一体，形成一个类似梁柱结构并带有屋檐的建筑，在其屋檐的上方有一个三角形的屋顶，屋檐的下方为字母T的横画，其空白中有"公教真理学会"六个字，其两端各悬挂一个灯笼，上面分别有"香""港"两个字。

香港公教真理学会出版的图书中使用该标志的图书有：

- 1947年王昌社译《亚尔斯本铎省圣维亚纳传》
- 1947年周若渔司泽《耶稣圣心入王家庭问答》
- 1947年陈燕翔著《公教真理与各教会》
- 1948年R. P. ADRIAN 著 冯瓒璋译《我是什么》
- 1948年香港公教真理学会编《简祷早晚课》
- 1948年文嘉礼著 李有行 译 《哲学与宗教》
- 1949年罗光著《陆征祥传》

……

标志之一	《我是什么》	《哲学与宗教》

---

[1] 张泽贤.民国出版标记大观续集[M].上海：上海远东出版社，2012：508.

(二) 中英文与书、圆环组合标志

香港公教真理学会出版标志之二,为圆环形中,两本相对竖立的书,中间空白处,从上向下竖写着中文"公教真理学会",圆环中为香港公教真理学会英文名"HONGKONG CATHOLIC TRUTH SOCIETY"。

香港公教真理学会出版的图书中,出现上述标志的主要有:

- 1939 年王昌社译《傅兰萨蒂小传》
- 1947 年《小德肋撒德行新谱》
- 1947 年《像解问答读本》
- 1947 年《自法蒂玛传出属天国信息的经文》
- 1949 年南森麦司铎著《母亲伟大的责任》

......

| 标志之二 |  《小德肋撒德行新谱》 | 《母亲伟大的责任》 |

下编

近现代出版标志设计整体风貌

概 述

　　20世纪初中国民族资本的商业活动尚处于起步阶段，市场与行业对商标设计没有过多的限制和束缚，设计师对于商标题材的选择相对比较自由。在生活日用品方面，为适应社会大众的审美喜好，香烟、药品、火柴、纺织品、化妆品等的商标设计中，传统题材所占比重较大，特别是有吉祥寓意的神话传说、历史人物、动植物等图形符号比比皆是。但在出版标志方面，由于其服务对象的文化精神属性，且多为近现代科学技术、政治哲学、社会经济、文化艺术、医药卫生、教育教材等内容，因而在出版标志的题材选择方面，现代文化理念与意识较强，突出表现为新兴的现代题材逐渐取代传统题材，造成传统题材选择的锐减与衰落。与此同时，随着西方商品的不断输入，其商标设计中的现代图形与西方题材内容等，被当时中国生活日用品商标设计所借鉴和模仿，不仅出现了西式商标的文字、数字及几何图形，还有西方名胜景观、建筑大厦、交通工具、人物器物以及绘画雕塑等。但就出版标志而言，其题材中采用的地图和地球仪相对其他类型较多，而西式风格的文字、数字与现代建筑、交通工具等标志较少，且人物题材多是新兴的社会各阶层人物形象，如工人、农民和知识分子等，这与同时期的生活日用品商标设计形成鲜明的对比。

　　在具体的设计上，近现代出版标志设计手法与风格也是多种多样，既有民族传统形式的传承，又有对外来艺术形式与经典作品的借鉴。设计方法融传统与现代、本土与外来于一体。设计风格上也展现出对中外传统经典作品及形式的借鉴，以及对西方现代设计手法的发展与创新等。其中在文字类型的标志设计上，采用共享叠加与正负反衬、局部塑形或整体图形化的设计手法；在文字与图形组合设计中，运用立体透视与重复渐变、交错穿插与分割再构等手法。或直接从中外经典美术作品中借鉴，如绘画作品中法国米勒与荷兰凡·高的《播种者》、苏联宣传画《打击懒汉工人》；版刻作品中比利时麦绥莱勒的《一个人的受难》、中国古代画像砖与画像石的《车骑图》等；雕塑作品如意大利《阿波罗》《拔刺男孩》《阿特拉斯》，法国罗丹的《思想者》，美国的《自由女神像》，苏联的《工人与集体农庄女社员》等；此外，近现代出版标志设计中还有大量的中外设计形式风格不断发展状态的呈现，其中对中国古籍牌记的发展，具体表现如对印章、封泥与瓦当形式的模拟，将传统牌记中的墨围图形演变为具体图像，清晰地展现出中国古籍向近现代的印刷装帧和出版的转型中，传统的牌记与版权页向新式出版标志过渡发展的轨迹。与此同时，近现代出版标志还有大量对西方现代设计运动风格的借鉴，如追求自然曲线的新艺术风格，突显光芒与速度的装饰艺术风格，以及强调几何形的现代主义风格等。所有这些因素的出现、交汇、碰撞与叠加，使得近现代出版标志设计呈现出强劲的生命力和创造力，展现出鲜明的时代特色。

  还需要说明的是，在近现代出版标志的设计使用发展过程中，由于早期的行业管理与规范不健全，造成诸多混乱与杂象，出现了众多出版机构的标志数量多寡不一，使用位置各不相同，设计水平高低不齐等情况，其中不乏大量肆意模仿、复制的设计，但也不乏一些设计独到、内涵深刻、特色鲜明的优秀经典标志，被出版机构一直沿用至今。此外，近现代出版标志在使用世界地图、地球仪与中国地图等图形的设计中，出现了五大洲、四大洋的地理位置与轮廓形状的疏漏或错误，以及使用中国地图中历史或人为等原因造成的对中国固有领土的海南岛、中国台湾岛等的忽视或漠视等现象。其中尤以在华出版机构标志设计中，采用了西方势力蓄意制造新疆、西藏与青海等分裂独立的西方版"中国地图"，这对近现代出版标志设计研究与当代设计实践而言，都应该引起足够的重视，并引以为戒。

第四章
近现代出版标志设计题材的丰富性与选择性

近现代是中国社会发生巨大转变的时期，也是西方工业革命、科学技术和现代艺术飞速发展的时期。随着国门被迫打开，强劲的西风既给中国社会带来经济的冲击与重压的同时，也带来了外部世界的科技与文明。在文化领域，传承千年的中国古老艺术，与来自西方的现代艺术产生了激烈的碰撞与融合，使得中国近现代出版标志设计在题材的选择上，虽然不能与生活日用品商标设计题材的广泛性相比，但较之传统书籍牌记、图案纹样等，无论是形式表现还是内容呈现，都有了空前的拓展与飞跃。突出表现在出版标志设计题材的选择，既有本土传统题材中的日月星辰、山川江河、飞禽走兽、草木游鱼、花果人物、钟鼎钱币、古建兵器等，又有西方近现代科技图形如电灯、齿轮、引擎、火车汽车、轮船飞机、地图、地球仪、钢笔铅笔等，可以说纵横天上地下、穿越古今中外，遍及生活的方方面面。题材范围之广、类型之多、内容之丰富、形象之生动，达到了前所未有的高度。

为了整体呈现近现代出版标志设计题材的丰富性、多样性与生动性，本章将从人物动植物与建筑风景、古器书籍与文字工具、天体图仪与车船灯烛三个方面，对近现代出版标志的设计题材选择，进行整体风格特点的勾勒与梳理。

第一节　人物、动植物与建筑风景

早在史前时代的岩画、陶器和牙骨等绘画雕刻中，就出现了人物、动植物及建筑形象，有的还发展为氏族部落的图腾与象征。进入文明社会后，随着人类对自身及自然认识的提升，人物及动植物图形越来越多地出现在日常生活的审美装饰与创造中，从而在世界不同地域、不同民族文化背景下，发展出形态、手法、寓意等各具情态的纹饰图案，成为近现代标志性设计题材的重要来源。

在中国，经历了先秦及汉魏晋唐的手抄本时代，发展至宋元明清时期雕印出版的书籍上，出现了集出版机构标志、版权标识与广告宣传功能于一体的牌记，且牌记的设计除了各种书体文字外，还有形态各异的传统图形，如钟、鼎、爵、鬲、琴、香炉、莲龛、幡幢、瓦当、如意、龟座螭头碑等，但人物、动植物及建筑形象相对较为少见。而近现代西方图书印刷与出版标志中，不仅有人物、动植物及建筑形象，且人物从婴幼儿到青少年、中老年，从普通劳动者到宗教人物，甚至是神话传说中的人物等比比皆是，建筑及自然风景也是涵盖古今中外、无所不有。受其影响中国近现代出版标志设计的题材选择中，人物、动植物及建筑风景的图形也纷至沓来，展现出题材空前的丰富性与多样性。

一、人物与动物图形

受外来文化影响，中国现代出版标志的设计题材中，人物与动物图像大量涌现，其中人物形象遍及当时社会各阶层，既有中国人也有外国人，且以男性居多。此外，动物图形方面，既有现实中常见牛、马、象、鹿、鸡、猴、燕、雀、蝙蝠、老虎、狮子等兽畜禽鸟，也有中国远古神话传说中的祥瑞神兽如龙、夔、麒麟与凤凰等。这些题材在传统古籍的牌记设计中，几乎不可见。

（一）各类社会人物

近现代出版标志中的人物形象众多，从年龄看有婴孩、儿童、少年、青年、老年；从职业看有学生、工人、农民、军人、运动员和知识分子等；从出现的数量看有单人、双人、三人或多人组合等。其中儿童形象或手扶标志牌，或合举书籍与学位帽等；少年或读书学习，或不畏困难负重而行；工人形象多身穿工装裤，或手握铁锤榔头等工具，或在热火朝天的劳动中；农民形象则有耕耘、播种、育苗，以及工农互帮互学等；军人或执旗，或吹军号，或持枪战斗；知识分子或灯下、树下读书，或伏案思考、书写，其中还出现了现代文化名人鲁迅的肖像等。

近现代标志设计中，以婴孩、少儿为题材的有朴社、学生书局、立化书社、文业书局、白虹书店等；以青年运动员为题材的有新生命书局、复兴书局、今日文艺社、国术统一月刊等；以工人为题材的有韬奋出版社、三联书店、现代出版社和一般书店等；以农民耕作、播种、育苗、施肥为题材的有耕耘出版社、生活教育社、春潮书局、良友图书印刷公司、新地出版社、文光书店、西北新华书店延安分店、冀南新华书店等；军人形象题材的有准备书局、青年协会书局、大时代书局、汗血书店、三户图书社、当今出版社、东成印务书局等；以知识分子为题材的有鲁迅文化出版社、读书生活出版社、民立书店、文林书店、上海出版公司和青年书店等；以宗教人物等为题材的如大法轮书局与广智书局等。

少儿	朴社	学生书局	学生书局	立化书社
	新文化书社	上海学生书局	上海土山湾印书馆	冀东新华书店
青年	新生命书局	复兴书局	今日文艺社	国术统一月刊
工人	韬奋出版社	三联书店	现代出版社	一般书店
	更生出版社	群育出版社	大众读物编译社	真理社

农民	耕耘出版社	生活教育社	春潮书局	良友图书印刷公司
	新地出版社	文光书店	西北新华书店延安分店	冀南新华书店
军人	准备书局	青年协会书局	大时代书局	汗血书店
	三户图书社	当今出版社	东成印务书局	华东新华书店随军分店
知识分子	鲁迅文化出版社	读者生活出版社	民立书店	文林书店
	上海出版公司	青年书店	现代书局	新文化书社

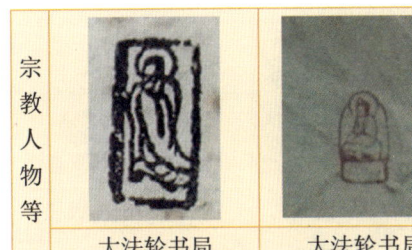

宗教人物等				
	大法轮书局	大法轮书局	大法轮书局	广智书局

（二）兽畜禽鱼

近现代出版标志设计中的动物题材主要有兽畜与禽鱼两大类。既包括现实生活中常见的骆驼、马、牛、象、狮、虎、鹿、鸡、猴、蝙蝠等，也包括中国神话传说中的龙、凤、夔等祥瑞形象，其中以骆驼、大象、奔马居多，龙凤、狮虎、游鱼较少。

1. 祥瑞走兽类

在中国古代封建社会，龙象征着皇权，寓意无上威严不可侵犯。元、明、清三个朝代中，龙始终代表着这种神性，成为帝王九五至尊的象征，因此不能随便亵渎与使用。凤属于鹭鹰和孔雀的混合体，后被人加以理想化，附以种种神秘性，如"有凤来仪""凤凰于飞"等。且凤还与龙配对，如"龙凤呈祥"，凤又拥有了尊贵的象征[①]。

近现代随着封建帝制的衰落与崩溃，龙凤图形的使用不再是禁区，其逐渐出现在各种商标及出版标志中。其中以龙凤为题材的出版标志，早期主要有商务印书馆、凤凰出版社、龙虎书店、贝叶山房等；以狮子为题材的有达文书店、亚细亚书局、新民书局、新中国出版社等；以大象为题材的如新象书店、无名书屋、万象书店、形象艺术社等；以骆驼为题材的有艺文书房、读写出版社、新中国报社、中国殖边社等；以奔马形象为题材的有龙文书店、马德增书店、文献书房、天马书店等；以鹿为题材的有上海时代图书公司、绿林书园；以奔牛为题材的有青铜出版社；以猴子为题材的有知新书社；等等。

龙凤虎蝠					
	商务印书馆	中华邮票会	龙虎书店	凤凰出版社	广益书局

---

① 沈从文. 中国文物常识 [M]. 成都：天地出版社，2019：312.

狮子	达文书店	亚细亚书局	新民书局	新中国出版社
大象	新象书店	无名书屋	万象书店	形象艺术书店
骆驼	骆驼书店	艺文书房	读写出版社	新中国报社
奔马	天马书店	龙文书店	马德增书店	文献书房
鹿牛猴	上海时代图书公司	绿林书园	青铜出版社	知新书社

2. 禽鸟游鱼

近现代出版标志设计的题材，禽鸟类有雄鸡、海燕、海鸥、燕子、天鹅、鹰、鸵鸟等，其中以海燕、海鸥的数量为最多，且多数禽鸟出现的背景中，还有太阳、书报、大海、波浪、白云等为衬托。鱼类形象少，目前发现的只有两枚，其中一枚还是鱼与鸟的组合。

以雄鸡为题材的如晨光书局、上海晨报、诗剧文社、中华乐学社、晨光出版公司等；以海鸥为题材的如太平洋出版社、永祥印书馆、群众图书公司、海燕书社、东北青年学社等；以燕雀为题材的如崇文印书馆、西风

社、文信书局、家杂志社、复兴出版社等；以天鹅为题材的如良友图书公司及丛书；以鹰为题材的如中原书局；以鹤为题材的如沈鹤记书局等；以不知名的鸟或鸽子为题材的如戏剧文学出版社、中央发行所、太平书局、33书店等；以及不知名鸟和鱼组合的海天出版社，四条首尾追逐的游鱼如诗领土社等。

雄鸡	晨光书局	上海晨报	晨光出版公司	中华乐学社
海鸥海燕	太平洋出版社	永祥印书馆	东北青年学社	海燕书社
燕雀	崇文印书馆	西风社	文信书局	家杂志社
天鹅鹰鹤	良友读书丛书	良友	中原书局	沈鹤记书局
鸟与游鱼	太平书局	南新书局	海天出版社	诗领土社

第四章 近现代出版标志设计题材的丰富性与选择性

二、植物与花果图形

　　自然界中，植物与人们的日常生活紧密相连。由于植物地域、品种、季节等的不同，形态方面所呈现的特征也大不相同。近现代出版标志的设计题材中，就出现了大量植物图形，包括树木、枝蔓、根须、幼苗、叶片、花朵、果实与稻穗等，或独立或组合成形，其中尤以花、叶、果实图形居多。对比传统古籍的牌记设计，不仅完整的植物形象比较少，属于植物枝蔓茎叶、花朵果实的就更难得一见。

（一）树木幼苗与叶片

　　近现代以树木及其枝叶茎蔓、花朵果实为题材的出版标志纷至沓来，如珠林书店、春秋书店、学术社、心声阁等；以幼苗为题材的如泥土社、为生书店、儿童书局、慧协书店等；以叶片为题材的如枫社、文艺社、红叶书店、新光书店、文林出版社等。

树	珠林书店	春秋书店	学术社	心声阁
苗	泥土社	为生书店	儿童书局	慧协书店
叶	新光书店	文林出版社	文艺社	红叶书店

（二）花枝与麦穗

　　近现代标志设计中的花卉题材以菊花、梅花、荷花等的花瓣型为主，枝蔓为花枝与花朵的组合，外形以圆形、菱形或自由形为主。从外形看写实的果实为桃子、石榴，其中石榴图形为纵剖面，剖面内左右两侧为花卉图形装饰。此外还有花篮与葡萄的组合图形、麦穗与麦秆、禾苗与禾穗等的组合图形等。

出版标志设计中以花朵为题材的如大雄书店、春秋文库、商务印书馆和万叶书店等；以花枝为题材的如唯爱丛书社、国华新记书局等；以果实为题材的如少年知识出版社、大楚报社、乐华图书社、中国棉业出版社等；以稻穗为题材的如大通书局、中华书局、佛学书局与学习出版社等。

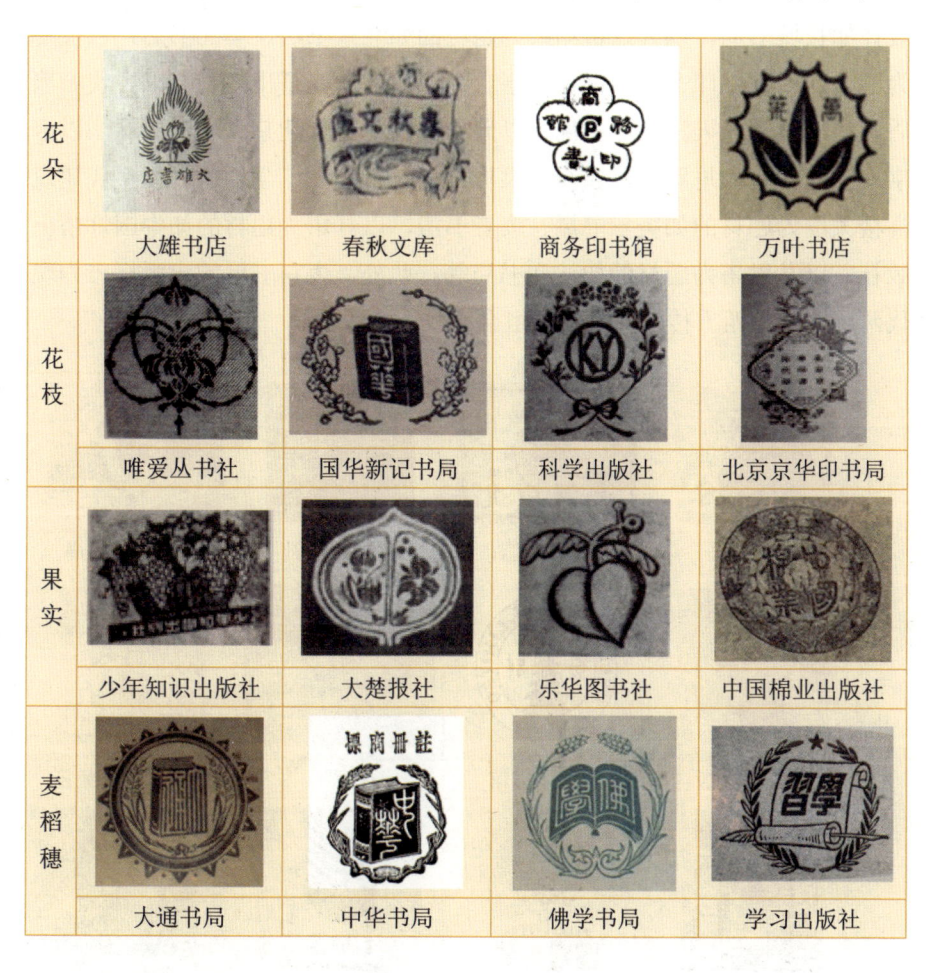

花朵	大雄书店	春秋文库	商务印书馆	万叶书店
花枝	唯爱丛书社	国华新记书局	科学出版社	北京京华印书局
果实	少年知识出版社	大楚报社	乐华图书社	中国棉业出版社
麦稻穗	大通书局	中华书局	佛学书局	学习出版社

三、建筑与自然风景

宇宙天地之间，既有自然山川的不朽，也有人类发明创造的作品。在近现代出版标志的设计中，出现的建筑题材就包含古今中外的历史古迹、现代建筑、山村院舍等。自然风景图形有崇山峻岭、大路蜿蜒、江河湖海、帆船往来、滔天巨浪、旭日东升与霞光万道等。这些图形与题材同样在传统古籍的牌记设计中几乎看不见。

（一）古今中外建筑

出现在近现代出版标志设计题材中的古代建筑，有中国的长城、天坛祈年殿、宝塔、碑碣、亭台、城墙，外国的有金字塔、拱形门等；现代建筑有摩天大楼、观象台、灯塔与发射塔等。其中以长城为题材的出版标志设计如长城书局，以天坛祈年殿为题材的如北京书店、华北书店，以宝塔为题材的如别发印书馆，以古代亭台为题材的如光亭出版社，以古代城墙盾牌为题材的如天津百城书局，以碑碣为题材的如北京大学出版社，以金字塔为题材的如尼罗社，以西方拱形门为题材的如广学会等。以现代建筑高楼大厦为题材的如美华书屋、读者书房，以灯塔为题材的如中国灯塔出版社，以发射塔为题材的如达文书局等。此外，夜窗书屋的出版标志为现代两层建筑与西方传统的穹顶塔组合而成。

古今中外建筑	长城书局	北京书店	光亭出版社	天津百城书局
	北京大学出版社	别发印书馆	尼罗社	中国灯塔出版社
	广学会	美华书屋	读者书房	夜窗书屋

（二）山川风景

与其他日用消费品的商标不同，近现代出版标志中的山川风景题材中，纯自然的风景数量有限，但从设计的角度而言，多数标志是具象写实与抽象图案相结合的优秀之作，如霞光万道、波光粼粼的大通书店，大路蜿蜒伸向远方的大路书局，风帆扬起的黄河出版社，旭日东升的时还书局，惊涛骇浪的波涛出版社等。

山川风景	大路书局	时还书局	名山书局	波涛出版社

第二节　书籍文字与书写工具

除了受西方出版标志设计影响的人物、植物与动物题材空前拓展，同时中国近现代出版标志设计中还大量传承发展了传统文化中的古器物与文字等，如钟、镈、鼎、簋、钱币与篆隶楷行等书体。且在许多世人珍视的文化载体中，没有什么能像中国的青铜礼器与汉字书法一样持久，而这些也是中国传统文化最具有代表性的组成部分，是近现代标志设计题材用之不竭的物质与精神之源。此外，作为出版机构的标志设计，因其生产出版的是书刊，因而以图书作为设计题材的图形不仅数量多，且呈现方式也多种多样，这是同时期生活日用品的商标设计所无法比拟的。

一、书籍文字与字体

近现代出版机构主要出版发行图书期刊，因此出版标志设计中，将书作为设计图形题材的非常多，且这些书的形象多为新兴的洋装书即现代平装书或精装书，几乎很少见到传统线装书。此外近现代出版标志题材中出现的书，有单册的，也有多册的；有独立式的，也有与其他一种或两种图形组合的；呈现方式有横开式、侧开式、闭合式，其中横开式有平置、竖立两种情况，闭合式主要有横叠、横排两种。

（一）单册与多册书

1. 单册书

除了书店名的文字外，标志中的单本竖立且书脊向外的书非常少，目前发现的只有文化社、文光书局的出版标记。单本横卧式书也较少，主要有文怡书局、好望书店、大申书社、同化印书馆、乐群书局、译报图书部和新民书局等。其余单册横卧式书多数是与太阳、光芒、珊瑚、地球仪、人物、稻穗、盾牌、河流、火炬、梅枝、海水、钢笔的组合式。如与太阳光芒组合的北新书局、华英书局、一心书店、大明书局、明日社、建中出版社等；与英文呈圆环形环绕的中国文化投资公司，与稻禾组合的佛学书局；与地球仪组合的如外国文书籍出版局、大中华书局、美德书局等；与人组合的如当今出版社、文光书局；与心形组合的女子书店；与黄河流向图形组合的黄河书局等。此外有的组合还是两类或以上的图像组合，如珊瑚书店中的横开式书将太阳光芒与珊瑚组合；大陆出版公司中与太阳光芒、钢笔尖的组合；锦章书局中与盾牌、图案光芒组合；二十世纪出版公司中与火炬、橄榄叶的组合；中华浸会书局中与字母、圆环、横带的组合；天地出版社与天空流云、大地山林的组合；时代出版社中与五角星、俄文、橄榄枝、圆环的组合等。

单本横卧式	文怡书局	好望书店	大申书社	同化印书馆	世界知识社
单本横卧组合式	北新书局	华英书局	一心书局	大明书局	中国文化投资公司
	珊瑚书店	佛学书局	外国文书籍出版局	女子书店	黄河书局
	建中出版社	大陆出版公司	时代出版社	当今出版社	广艺书局

单本闭合式	校经山房	天然书店	中华书局	国华新记书局	天津书局

2. 多册书

近现代出版标志设计中的多册书图形的呈现方式，主要有多本横叠与多册竖立两种，且多数与光芒、地球仪、海浪、钢笔、圆环等组合。

多册闭合横叠式中，有与放射光芒组合的大新书局、与地球仪组合的五洲书屋社、与波浪组合的潮锋出版社、与钢笔尖组合的中华正气出版社等；多册竖立式，如与动物形书挡组合的民声书店、与圆环组合的立达图书服务社，以及少年书局、文学出版社等。其中少年书局的为横排与纵叠的组合，文学出版社的呈半圆形排列。

多册横叠	大新书局	五洲书屋社	潮锋出版社	中华正气出版社
多册竖立	民声书店	立达图书服务社	少年书局	文学出版社

（二）中外书体与数字

中国文字及书法起源最早可追溯到新石器时代的刻画符号，此后逐渐发展为殷商的甲骨文、西周金文、秦小篆、汉隶和章草，再至魏晋以后日益成熟的楷书、行书等。在历史发展与演变的不同阶段，每一种书体形式都有其渐进与飞跃的过程，各时期各书体与各书法家的创作也风格迥异，展现出不同的思潮与流派特点。

近现代出版标志中，不仅出现了大量中国传统书法的书体，还有古代至近现代印刷出版中产生的宋体字与黑体字。其中使用最多的书体有篆书、隶书、楷书、宋体字与黑体字等，且最多的是黑体美术字，而行书字体较少。外文书体主要有英文与俄文，其中英文有圆体、花体和印刷体

181

第四章　近现代出版标志设计题材的丰富性与选择性

等。标志中的中外字体独立的较少，多数为组合式，如与圆形、方形、三角形及各式边框、图形等组合，且圆形、方形及不规则形的组合，应为传承与发展中国古代印章、瓦当、封泥等形态的具体表现。

1. 中文书法体与黑体美术字

近现代文字类的出版标志中使用传统书法篆体、隶书及现代黑体字的最多。其中篆体与圆形边框组合的有上海图书馆、文化美术图书公司、北京京报馆、中孚书局、国立编译馆、华声通讯社、金陵大学、民国政法学会、国家图书馆、龙门联合书局、扫叶山房、中国文化服务社等；篆体与方形边框组合的有史学书局、钵水斋、上海华美书局、大道书局、怀正文化社、亢德书房、山山书屋、中华书局等。

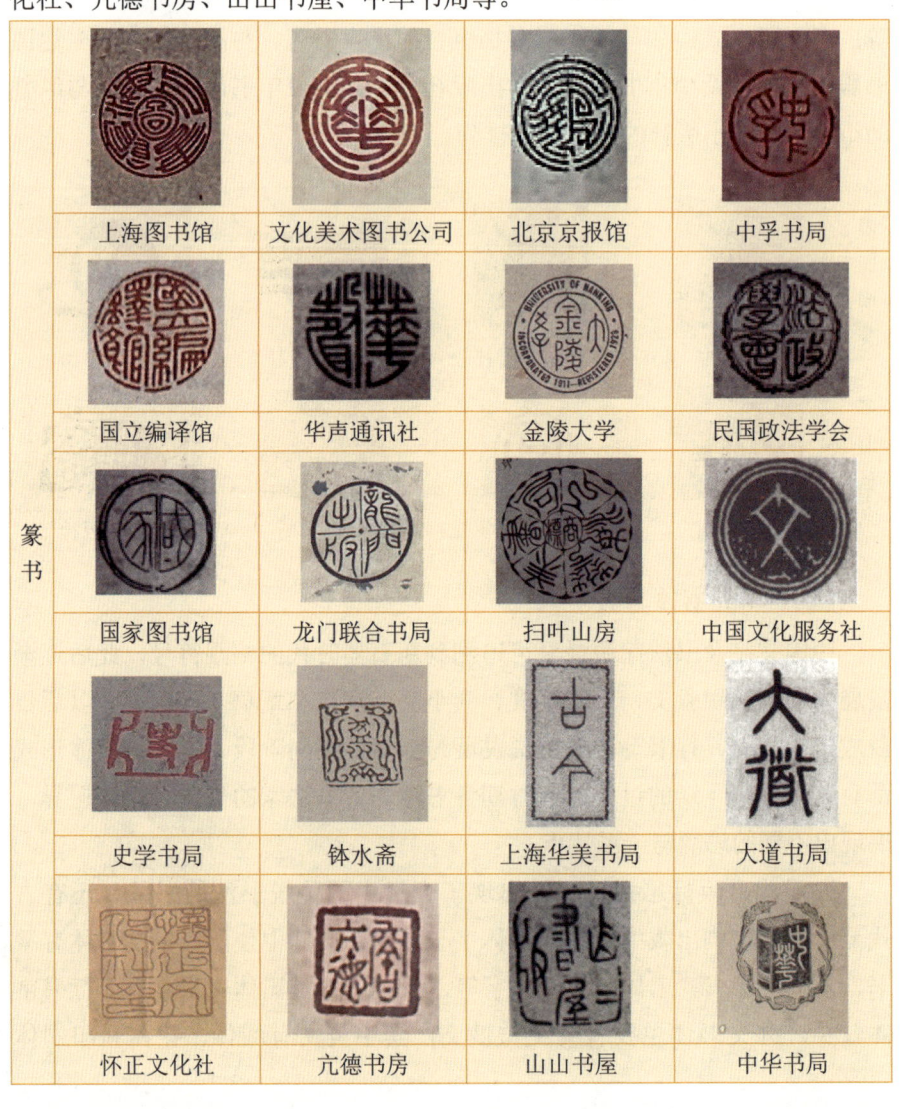

篆书	上海图书馆	文化美术图书公司	北京京报馆	中孚书局
	国立编译馆	华声通讯社	金陵大学	民国政法学会
	国家图书馆	龙门联合书局	扫叶山房	中国文化服务社
	史学书局	钵水斋	上海华美书局	大道书局
	怀正文化社	亢德书房	山山书屋	中华书局

隶书类及与圆形组合的标志有群学社、人文月刊社、启明学社、金汤书店等；隶书与方形框组合的如南洋出版社、朴社、进文书店等，以及在方形框基础上带有装饰和变化的如利苏印书社、林氏出版社等。楷书类的与方形边框组合的标志有艺光出版社、正言出版社、国讯书店、笔耕堂等，与圆形框组合的标志如皖通书局、新纪元出版社等，与地图形边框组合的标志如华通书局、独立出版社，楷书"光"字的光半月刊等。

隶书	群学社	人文月刊社	启明学社	金汤书店	林氏出版社
	南洋出版社	朴社	进文书店	兰林书屋	利苏印书社
楷行书	艺光出版社	正言出版社	国讯书店	笔耕堂	生活书店
	独立出版社	光半月刊	新纪元出版社	一心社	文聿出版社

中国传统雕版印刷中的宋体字萌芽于宋版书，形成于明版书，其特点是点如爪，撇如刀，字体端庄秀丽，适于阅读。清代宋体字进一步发展，出现了横画收笔、竖画起笔的小三角等。发展至近现代的宋体字多横平竖直，横细竖粗，棱角明显，形制严谨。如近现代出版标志中出现宋体字的国民书店、景山书社、文章书房、长江书店、西京筹备委员会和封溪书屋

等。这些使用宋体字的标志还多带有方形或圆形边框，且有的边框为直线，有的是波浪线，有的似植物藤蔓如文章书房，还有的虽然无边框，但中心有十字形波浪双线如封溪书屋等。此外，还有的出版标志是宋体字与图形的组合，如北京书店、天马书店与文通书局等。

宋体字			
	国民书店	景山书社	文章书房
	西京筹备委员会	封溪书屋	长江书店
	北京书店	天马书店	文通书局

  黑体字呈正方形，字形端庄，笔画横平竖直，粗细一致。黑体字的产生得益于19世纪传入中国的西方近现代活字技术，经西方传教士以及中国人不断改良，发展出了新的汉字体系。从形式上来看，客观上黑体字的产生受西方无衬线体与日本哥特体的影响，主观上而言黑体字的产生也受到传统宋体字的影响①。

  黑体字分印刷黑体与美术黑体。近现代出版标志中使用印刷黑体字的如华夏书店、多样社、南极出版社等，还有些标志中的黑体字与其他图形如书、齿轮和翅膀等组合在一起的，如华英书局、汇文书局和一心出版社等。

---

① 《装饰》杂志编辑部. 学人问津 [M]. 沈阳：辽宁美术出版社，2017：191.

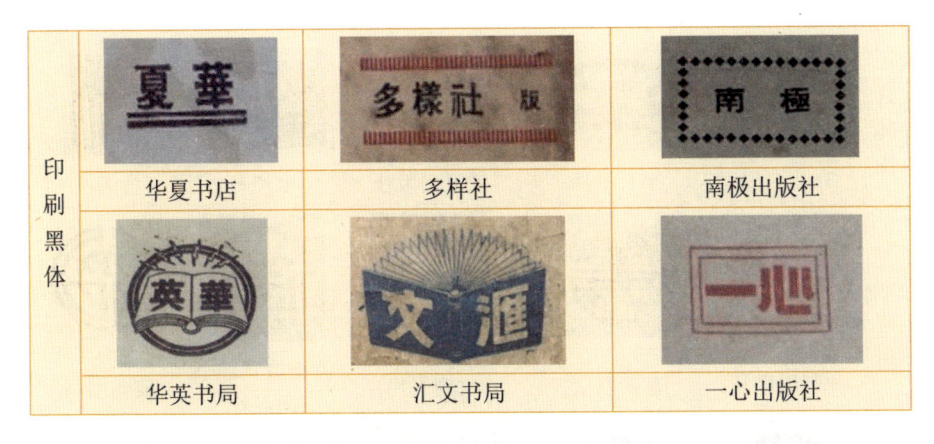

印刷黑体	华夏书店	多样社	南极出版社
	华英书局	汇文书局	一心出版社

　　黑体字中的美术黑体是以宋体、黑体、隶书、楷书、篆书等字体为基础，通过夸张、变形、装饰等手法变化出来的艺术字体。美术黑体比一般字体更富有表现力，更具有艺术审美性，因而用途也更广泛①。且相对于印刷黑体字而言，近现代出版标志中出现的美术黑体字不仅多，且形式也丰富多彩。如以字体笔画的粗细、圆转与棱角变化为特征的泰东书局、狼烟出版社、文艺青年社、国魂书店，以及浓墨重笔的昆仑书店的标志等；字体进行装饰处理或图形化的众乐书局、平凡书局与铁风出版社；字体部分笔画拉长形成特殊效果的寒流社、血潮社等。还有单纯的以出版机构名为标志的文字组合，其组合整体外形或圆形或三角形等，内部文字或上下，或左右，或环形分布，或上下中穿插等。如上下组合的知行编译社、革新书店、文明书局、立信会计图书用品社、黎明书局等；左右组合的如改造出版社、中外出版社、民智书局、卿云图书公司、力群出版社等；上下与环形分布的如芳草书店、平津书店、启明学社、上海法学书局、上海图书馆等；上中下穿插的如光华书局、南华图书局、中国公论社、正午书局和竞智图书馆等。除了上述情况外，还有出版社的标志是通过几何塑形即文字整体造型设计成三角形、菱形、盾形等几何形标新立异的，如江苏省镇江民众教育馆、平明出版社、电世界社、中国图书杂志公司、红蓝出版社等。

笔画变化	泰东书局	狼烟出版社	文艺青年社	国魂书店	昆仑书店

① 胡绍浚.实用书法教程[M].武汉：武汉水利电力大学出版社，1998：104.

笔画装饰	众乐书局	平凡书局	铁风出版社	寒流社	血潮社
上下结构	知行编译社	革新书店	文明书局	立信会计图书用品社	黎明书局
左右结构	改造出版社	中外出版社	民智书局	卿云图书公司	力群出版社
上下与环形分布	芳草书店	平津书店	启明学社	上海法学书局	上海图书馆
上中下穿插	光华书局	南华图书局	中国公论社	正午书局	竞智图书馆
几何塑形	江苏省镇江民众教育馆	平明出版社	电世界社	中国图书杂志公司	红蓝出版社

2. 外文与中文字母拼音

受外来商标及图书出版标志的影响，近现代出版标志的设计中也出现了机构的外文名，且主要以英文为主，英文书体有花体、圆体、印刷体。英文标志设计或为出版机构英文名称全名的首字母，或首字母与中文、图形等的组合等。或为全名，或与中文、图形等的组合。

出版标志中使用英文花体的有远东图书公司、新宇宙书店等；圆体如霞飞书局、中国文化投资公司等；英文字母印刷体的有北平青年书店、新民印书馆、神州国光社、文艺新潮社等；首字母与中文、图形相结合的如商务印书馆、电世界社中外出版公司、亚洲图书社、文学书店、青年协会书局、中华浸会书局、时代出版社、广学会、尼罗社、时兆报馆等；外文名称中英文呈圆环或半环状与中文名称相组合的有中国文化投资公司、金陵大学、观察社、清华周刊丛书、上海亚东图书馆、燕京大学、西风社、永祥印书馆等。

外文花体圆体	远东图书公司	新宇宙书店	霞飞书局
外文印刷体	北平青年书店		新民印书馆
与中文图形组合	商务印书馆	亚洲图书社	广学会 / 时兆报馆
外文环状围绕	上海亚东图书馆	金陵大学	观察社

此外，出版机构的标志中还有采用汉语拼音首字母与图形组合的，如三民图书公司、双江书屋、文江图书公司、春江书局等，以及数字与英文组合，如五十年代出版社等。

187

第四章 近现代出版标志设计题材的丰富性与选择性

中文拼音字母	三民图书公司	双江书屋	春江书局
外文与数字	五十年代出版社		

二、古今中外书写工具

人类早期的书写工具，主要有古埃及的芦管笔、中国的毛笔、欧洲的羽毛笔以及近现代的钢笔、圆珠笔（原子笔）与铅笔等。受西方文化的影响，中国近现代出版标志中除了有中国传统的毛笔形象外，还有以来自西方的羽毛笔、钢笔、圆珠笔和铅笔等为题材的设计。

（一）毛笔与羽毛笔

毛笔，是古代中国与西方用羽或毛书写，但风采迥异独特的工具。中国的毛笔是以兽毛制成的笔，最初用兔毛，后亦用羊、鼬、狼、鸡、鼠等动物毛，笔管以竹或其他质料制成。毛笔头圆而尖，用于传统的书写和绘画。

古代埃及人最初在纸莎草上使用芦苇刷或芦苇笔书写，直到7世纪左右纸莎草被牛皮纸和羊皮纸取代，在欧洲出现了新的书写工具即羽毛笔，逐渐取代了芦苇笔。羽毛笔尖比芦苇结实，可控制笔迹的粗细，可进行更精细、更细腻的书写。发展至18世纪使用金属笔尖的钢笔出现时，羽毛笔仍被广泛使用。

（二）钢笔、圆珠笔与铅笔

19世纪末20世纪初来自国外的钢笔、铅笔、圆珠笔等陆续输入中国。在其影响下，民国时期的上海相继建立了华孚、金星等生产钢笔、圆珠笔与铅笔的笔厂[①]。新的书写工具的使用与普及，打破了中国传统毛笔

---

① 陈君慧编.影响人类的重大发明[M].吉林：吉林出版集团有限责任公司，2013：12.

垄断书写的历史。因此，在近现代出版标志中，出现了中国传统的毛笔和来自西方的羽毛笔、蘸水钢笔等新兴书写工具的形象，其中尤以蘸水钢笔为最多，且多与图书、地球仪、地图等组合出现。

近现代出版标志中，采用传统毛笔的如中央日报社、民声日报社、广益书局等。采用蘸水钢笔的出版机构有群益出版社、自由中国出版社、中国台湾新生报社、华华书店、文化出版社、世界文化服务社等。采用铅笔的有文益书局、中兴文丛的出版标志，以及采用圆珠笔的世界文化服务社等。

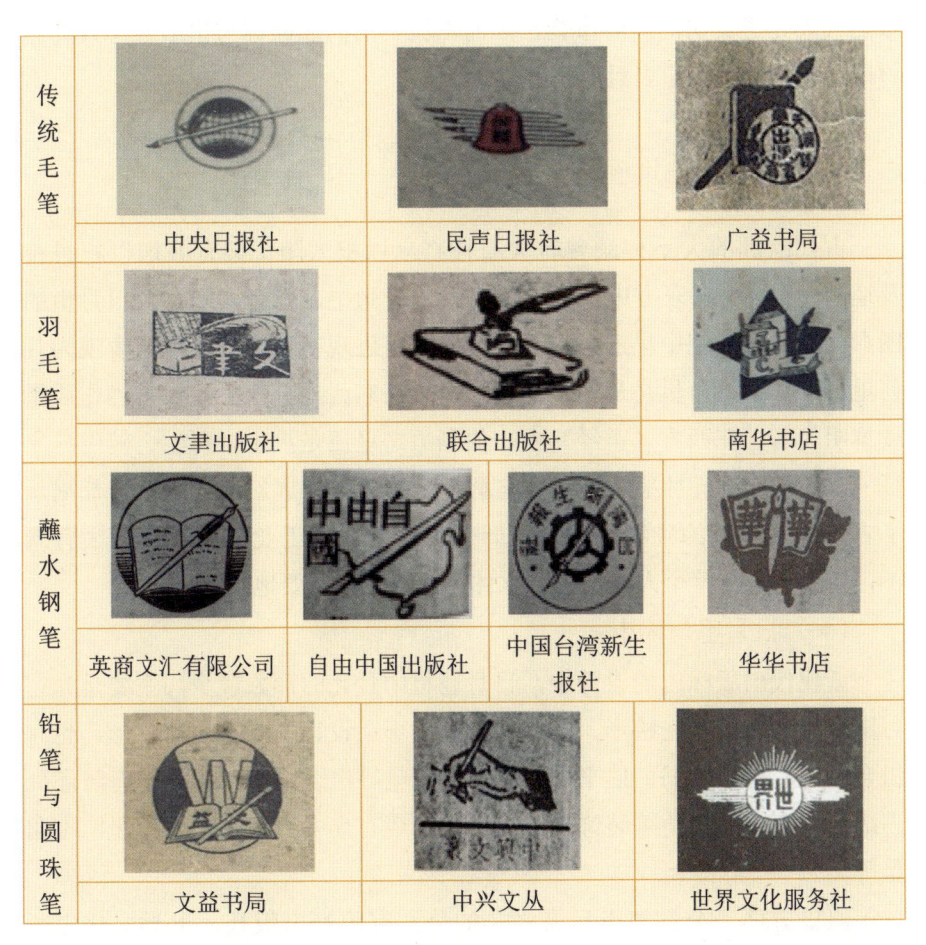

传统毛笔	中央日报社	民声日报社	广益书局
羽毛笔	文聿出版社	联合出版社	南华书店
蘸水钢笔	英商文汇有限公司	自由中国出版社	中国台湾新生报社 / 华华书店
铅笔与圆珠笔	文益书局	中兴文丛	世界文化服务社

第三节　天体图仪与车船武器等

原始社会时期，自然界中的昼夜交替、暴雨闪电、洪水泛滥、森林火灾等现象，让早期的先民难以理解，由此逐渐发展出献祭等方式，表达对自然的顺从和敬畏，其中尤以对日月星辰的崇拜为突出。此后，在人类历史的不断发展与演变的进程中，日月星辰与闪电等天体形象，也不断地出现在人类生活、信仰与艺术创作的视野中。

发展至19世纪末20世纪初，世界工业革命与科技文明的成果随着西方文化的输入，使得一度封闭的中国社会，突然对外部世界有了空前的聚焦与认知机会。在此背景下，最能启发思维、拓展眼界的如地理与天体模拟的地图、地球仪，以及火车、轮船、飞机等现代交通工具等，成为当时最能代表先进文明的新鲜事物，因而在民国的商品商标与出版标志设计题材中纷纷涌现，数量多且风格各异。

一、日月星与地图地球仪

古代欧洲的大不列颠曾有大石柱直立以祀太阳，又有祭坛以祀月神及地的女神[①]。在东方中国新石器时期的岩画中，也有太阳神及日月山的图形刻画。因天空中星辰因过于遥远而不可近观其形，其形象常表现为几何星形，其中五角星是最常见的图形，且在东西方五角星还多被当作晨星或黎明使者。在西方《圣经》中，伯利恒之星还是重生、再生、转生的象征[②]。东西方对日月星辰的崇拜与解释虽不乏神秘虚幻的色彩，但却揭示了古人朴素自然的唯物论观念，即便是在近现代工业文明发展的大背景下，日月星辰在整个人类文化艺术体系中仍占有重要地位。

（一）日月星与闪电

近现代出版标志的设计中，日月题材中月亮的形象较少，主要是光芒万道的旭日，其有完整形、半圆形或局部形；设计中既有独立图形，也有组合图形，如与图书、地平线、波浪、闪电等组合。旭日的光芒有时还处理成粗线条或小三角等装饰图形。此外，还有众多五角星、六角星、七角星等。

旭日方面，全日与半日带光芒的分别有阳光出版社、世界文化出版社、南京提拔书店、时还书局、东方文学社、合成书局、新声通讯社、开明书店、大华出版社、正风出版社等。太阳光芒处理成装饰性小三角的半

[①] 林惠祥. 文化人类学[M]. 上海：上海古籍出版社，2013：214.

[②] 萨拉·巴特利特. 符号中的历史 浓缩人类文明的100个象征符号[M]. 北京：北京联合出版公司，2016：134.

日、全日标设计元素，如新光书店、三民书店、新生命社、政治月刊社、大通书局、三民公司、中山书局等。装饰性太阳光芒与闪电相组合的只有一个，即中央电讯社。以月亮或月牙为题材的如明月书局和新月书店等。

分类				
全日、半日与光芒	阳光出版社	世界文化出版社	大华出版社	开明书店
	新声通讯社	时还书局	东方文学社	正风出版社
装饰性太阳光芒	新光书店	三民书店	新生命社	政治月刊社
	大通书局	三民公司	中山书局	中央电讯社
月亮	新宇宙书店	新月书店	新月书店	远东图书公司

　　星辰方面，以五角星为题材的标志设计较多，其中有独立五角星的，也有五角星分别与齿轮、水波、圆环、光芒、镰刀和枪支等组合的，还有以群体出现的如三个五角星、七个五角星等，此外还有七角星和北斗七星等。其中以独立的五角星为题材的有时代出版社、启明社、中国旅行社、上海商业储蓄银行、文艺奖助金管理委员会，以及与书本墨水瓶及羽毛笔组合的南华书店，与图书组合的明星书店，与戏剧脸谱组合的戏剧文学

社，与齿轮、人组合的西北战地服务团丛书，与水波纹组合的北斗书店，与圆环组合的大同出版社，与碑石组合的文化供应社，与放射状光芒组合的南星书店，大小五角星与太阳光芒组合的七星书店，与太阳及书本组合的法政学社，与光芒及圆环组合的中国医学齿科出版社，与枪支、镰刀和齿轮等组合的人民战士出版社等。以五角星群体形式出现的如三个五角星与图书组合的三星书局，三个五角星与三横条组合的民国周刊社；七个小五角星与圆环、旗帜组成的新世纪出版社等。此外，还有独立七角星的有绍兴七县旅沪同乡会等，以及圆点代替星星的如北斗七星的世界兵学社等。

星辰	时代出版社	启明社	中国旅行社	上海商业储蓄银行
	文艺奖助金管理委员会	南华书店	明星书店	政法学社出版社
	戏剧文学社	西北战地服务团丛书	北斗书店	大同出版社
	文化供应社	南星书店	七星书店	法政学社
	中国医学齿科出版社	人民战士出版社	三星书局	民国周刊社

| 星辰 | 新世纪出版社 | 北社出版社 | 绍兴七县旅沪同乡会 | 世界兵学社 |

（二）地图与地球仪

地图与地球仪都是人们了解地球自然环境、地理分布、行政区划等的重要途径，近现代出版标志设计中采用地图、地球仪题材的非常多，且种类丰富、数量巨大，远远超出了其他题材。其中地球仪除了字体外，多属于与其他图形如云朵、飘带、图书、齿轮、火炬、星星等的组合设计。采用地图的，如与图书、光芒、徽章等的组合设计。此外，出版标志中的地图不仅有当时的世界地图，还有中国地图及省市地图等。

1. 地图

中国早在西晋时期，曾任司空的裴秀就绘制了《禹贡地域图》，不仅注意方位和距离的准确，而且还基本上按比例绘制。唐朝绘制的《海内华夷图》，用时近30年，采用"一寸折百里"比例尺绘制，范围包括欧、亚、非三洲大陆的部分。清康熙五十七年即1718年完成的《皇舆全览图》，是中国第一幅采用经纬网的地图，经过了大规模的实测绘制，为当时最新方法测绘的全国地图。进入20世纪后，随着世界近现代地图绘制技术的发展，借鉴当时的相关技术，1934年中国地理学家曾世英在丁文江、翁文灏的指导下，编制并出版了中国第一部彩色等高线地图册《中华民国新地图》[1]。除了相关部门机关单位使用外，教育系统也推行中华民国地图的广泛悬挂与使用。如1933年10月南京江宁县要求被改良的私塾的教学用具中，除了粉笔、黑板擦、算盘、时钟外，还要有中华民国地图等[2]。此外，当时在上海总商会举办的展览中，科学仪器部还展出了中华职业教育社的中华民国地图模型等。1937年日本侵占了华北，学校教育开始渗入奴化教育。当时日本侵略者在中国地图上已把东北三省标为"满洲国"了，可是在天津中北斜村公立三十七小学教室里挂的仍是原先的《中华民国地图》[3]。由此可知，中国近现代社会对地图的接受与认知，以及

---

[1] 王志艳. 中国的发明与发现 永远闪耀着的智慧之光 [M]. 北京：北京燕山出版社，2006：18.
[2] 吴民祥. 德性自觉 [M]. 北京：新华出版社，2018：156.
[3] 天津市西青区教育局. 西青百年教育 [M]. 天津：天津社会科学院出版社，2018：483.

社会民众和学校教育对国家地图所固有的领土意识。

目前发现近现代出版标志中，采用地图为设计元素的不仅有国家地图，还有部分省市的地图，且多数标志设计在地图中将出版机构的名称直接展现出来。其中使用国家地图的如华夏文化事业出版社、建国书店、独立出版社、新中国革命出版社、华通书局、大华图书公司、文化建设月刊、新中国书局、通俗书店、国光出版社、大中国图书局等。出版标志设计中使用省市地图的，如东北书店使用的东北地图，浙江省土壤研究所与浙江省立图书馆使用的浙江省地图，上海书店的上海市地图等。

2. 地球仪

为了便于认识地球，人们仿造地球的形状，按照一定的比例缩小，制作了地球的模型即地球仪。世界现存最早的地球仪是由德国航海家、地理学家贝海姆于1492年发明制作的。中国地球仪的制作始于元代，由西域天文学家扎马鲁丁为元朝督造，球面上反映了地球表面的海、陆分布状况，属于原始的绘制方法。明万历年间意大利传教士利玛窦来华后，为向中国传授古希腊的地圆说，亲自制作地球仪，并著有《坤舆万国全图》。受其影响，明万历三十一年（1603年），学者李之藻制成一架地球仪。大约在崇祯三年（1630年），明朝廷也制作了一架地球仪。这些地球仪上绘制了经纬网，扩充了我国此前的地球仪上只有27处观测点的纬度，包括了赤道、南北回归线、南北极圈的整个地球纬度，也弥补了我国此前不知经度的空白，并标注了五大洲，使当朝人能了解西方地理大发现的新知识。继明之后，喜爱科学的清康熙皇帝不仅引进、制作地球仪，还熟练使用许多来自西方的科学仪器，使他的天文、地理、数学知识都超出了其他历代的统治者。明、清两朝制造的地球仪现仅存3件，其中2件存于故宫博物院，1件存于英国伦敦博物馆。发展至20世纪上半叶，日常家居陈设与教育中的大范围使用，使得地球仪的生产制作也兴旺发达起来。

根据地球仪的功能和特点，地球仪可分为经纬网格地球仪，即在它的球面上只有经纬网格以及度数的注记，也称经纬仪。示意性地球仪即球体仅显示大陆板块及海洋分布情况。此外，还有兼具经纬网与大陆海洋分布的地球仪。

近现代出版标志设计中采用经纬网格型地球仪的有中国合作经济研究社、南极出版社、寰球书局、群力出版社、辽东建国书社、中国书报社、寰星图书杂志社、中国国际贸易协会、环球出版社、上海亚东图书馆、绿锋书局、时事新闻刊行社等。

采用海洋大陆型地球仪的有南侨编译社、世界出版合作社、世界知识丛书、广文书局、亚东协会、亚洲世纪社、新中国报、国际间社等。

采用经纬线与海洋大陆型地球仪的有国华编译社、新华书局、大东书局、广益书局、太平洋书店、全球书店、世界书局、中华邮票会、环球出版社等。

经纬网格型地球仪	上海亚东图书馆	南极出版社	中国书报社	辽东建国书社
	中国合作经济研究社	环球出版社	寰球书局	寰星图书杂志社
海洋大陆型地球仪	南侨编译社	世界出版合作社	世界知识丛书	广文书局
	亚东协会	亚洲世纪社	新中国报	国际间社

第四章 近现代出版标志设计题材的丰富性与选择性

经纬线与海洋大陆型地球仪			
宏文图书馆	新华书局	大东书局	广益书局
全球书店	世界书局	中华邮票会	环球出版社
三通书局	时事新闻刊行社	太平洋书店	X权书社

二、车船飞机与齿轮船舵

人类最初的交通工具是驯养繁殖的一些动物如牛、马、驴等。人们将之作为乘坐工具，或乘坐工具，如牛车、马车、驴车等的动力。与此同时，以人力或风作为动力的江河湖海上的帆船也成为一种交通工具，并与畜力交通工具长期并存发展。直至近现代工业革命开始后，由于蒸汽机、电力、汽油动力等的发明与机械制造的出现，人类交通工具的发展进入飞速发展阶段，出现了自行车、汽车、火车、轮船和飞机等。

（一）帆船车马与飞机

近现代出版标志在交通工具方面，以帆船为题材的设计较多，如文风出版社、文海出版社、少年出版社、南强书局、文风书局、国际书局、艺海书店等，其中既有单桅帆船，又有双桅帆船、三桅帆船和多桅帆船等；以轮船为题材的主要有大通图书馆的出版标志。以飞机为元素的标志设计主要有时代批评社出版标志与文会书局标志，其中后者还是飞机、火车与轮船相组合的设计。此外，以单独的火车为题材的如力行出版社、昌文书局、粤汉铁路出版社等，多以呼啸而来的火车头为主体，与出版社的社名文字相组合；以小汽车和光芒组合的更新出版社等。

相较现代交通工具而言，近现代出版标志中以古代马车为交通工具的相对有限，如采用双轮马车及御者、乘车者或护卫为设计题材的，有上海国学研究社、尚古书局和求古斋等。采用古代车马题材的多为传统的画像砖石风格的车骑图形，且主要集中在线装书为主的出版机构的标志设计上。

帆船	文风出版社	文风书局	文海出版社	少年出版社
帆船轮船	南强书局	艺海书店	国际书局	大通图书馆
火车	文会书局	昌文书局	力行出版社	粤汉铁路出版社
汽车飞机	更新出版社	时代批评社	立达书店	文会书局
马车	上海国学研究社	尚古书局	求古斋	广益书局	广益书局

197

第四章 近现代出版标志设计题材的丰富性与选择性

（二）轮盘舵与指南针

齿轮是轮缘上有齿，能连续啮合传递运动和动力的机械元件。古代东西方社会，都曾在不同时期的社会生产中，探索过手工机械传动的生产方式，如公元前300年古希腊哲学家亚里士多德在《机械问题》中，就阐述了用青铜或铸铁齿轮传递旋转运动的问题。公元1世纪时，罗马人发明的水车式制粉机上就使用了齿轮传动装置。就在同一时期的中国东汉初年也发明了人字齿轮，且在三国时期出现的指南车和记里鼓车已采用齿轮传动系统。此后的中国唐宋元明清绘画中可见的传统水轮碾磨，就是通过齿轮将水轮的动力传递给石磨的。18世纪工业革命开始后，齿轮技术得到高速发展，对推动工业化、机械化的社会大生产产生了重大而深远的影响。因此，齿轮成为大工业、机械化、社会化大生产的象征。发展至20世纪初，苏联十月革命以后，齿轮与铁锤成为工人阶级的象征，并与象征农民阶级的镰刀以及红色革命的五角星等图案一起传入中国。

齿轮有齿有轮，有方有圆，具有变化美、错落美、结构美、机械美、现代美、衔接美、循环美和工业美等。近现代出版标志设计题材为齿轮的，可分为完整的圆形齿轮与半圆齿轮，且二者多数非独立出现，多是与书籍、人形、铜钟、地图、五角星、镰刀、印刷滚筒等组合出现。其中圆形齿轮如与图书、地图、人形字组合出现的大方书局，与同心圆、图书、装饰性太阳及光芒组合的国民出版社，与印刷滚筒组合的大东书局，与铜钟组合的新亚书局，与五星、同心圆等组合的清华周刊丛书社，与骑马人组合的广西南宁印刷厂，与图书组合的求知书店、建国出版社等。半圆形齿轮如春光书店，与形似书页组合的更生书局，与人组合的新业书局等。

圆形齿轮	自修周刊社	中国工业出版公司	大方书局	大方书局
	永久印书馆	国民出版社	大东书局	新亚书局

圆形齿轮				
	清华周刊丛书社	广西南宁印刷厂	求知书社	建国出版社
半圆形齿轮				
	春光书店	兆麟书店	更生书局	新业书局

  飞轮是将模仿鸟的一对翅膀与车轮组合而成。19—20世纪，工业化进程的加速以及轮船、火车、汽车以及飞机的发明和使用，极大地改变了人类的交通方式和生活空间，为此许多汽车的标志上，也出现了带着翅膀的飞轮形象，如1919年创立的，总部位于英国克鲁的宾利汽车公司等。1928年的瑞典作家赫登温·埃里克松·古斯塔夫在其长篇小说《带翅膀的轮子》中，描绘了资本主义工业化进程对乡村社会带来的深远影响等。因此带有翅膀的车轮化身为飞轮，无疑是当时西方社会高速发展的工业化最直接的象征。在此背景下，20世纪上半叶各种日用消费品商标与图书出版标志上，也大量出现了飞轮的形象。其中在图书出版标志方面，以飞轮为题材的多为铁路行业的出版机构，如京沪沪杭甬铁路管理局、粤汉馆、交通部铁路运输事务部、陇海铁路管理局、京绥铁路管理局、津浦铁路管理局等，其他方面的如百新书店、新世界出版社等。

  此外，近现代出版标志中还出现了舵轮。自蒸汽机发明后，带来了水上运输工具的革命性飞跃，位于船舶驾驶室中用于控制船舵运动、改变船舶航向的轮舵，也被纳入出版标志的设计题材范围内，如大法轮书局和华股研究周报社等。

飞轮				
	百新书店	京沪沪杭甬铁路管理局	京沪沪杭甬铁路管理局	粤汉馆

第四章 近现代出版标志设计题材的丰富性与选择性

飞轮	交通部铁路运输事务部	陇海铁路管理局	京绥铁路管理局	津浦铁路管理局
	新世界出版社	广艺书局	上海杂志公司	
轮盘	大法轮书局	华股研究周报社	大时代出版社	

三、火炬灯烛与镰锤枪弹

近现代出版标志设计题材中还出现了火炬灯烛与镰锤枪弹，其中火炬标志的运用既有革命性质的出版机构，也有宗教类的出版机构。标志出现镰锤枪弹形象的，从其寓意及象征判断，多是与红色革命出版机构有关。

（一）火炬、灯光与烛光

标志中以火炬为题材的，有独立的手执火炬和单独的火炬与图书、穗稻等的组合。其中手执火炬的如中国新光印书馆、火把社、联益出版社、新丰出版公司等；独立火炬与稻穗组合的如燎原书屋，与太阳光芒组合的春明书屋，与圆圈组合的烽火社，与菱形组合的大同书局，与翅膀组合的德明编译社等。

以灯火为题材的多数为独立式，但其灯火器具各不相同，有玻璃罩灯、有油碗灯等，如知识出版社、读者书店、启明书局、光明书局、大达图书供应社等。以烛光为题材的多数为组合式，如与人形组合的天津崇德堂，与烛盏组合的慈幼印书馆，与心形组合的文化学社等。此外，还有火柴与齿轮书组合的新知书店等。

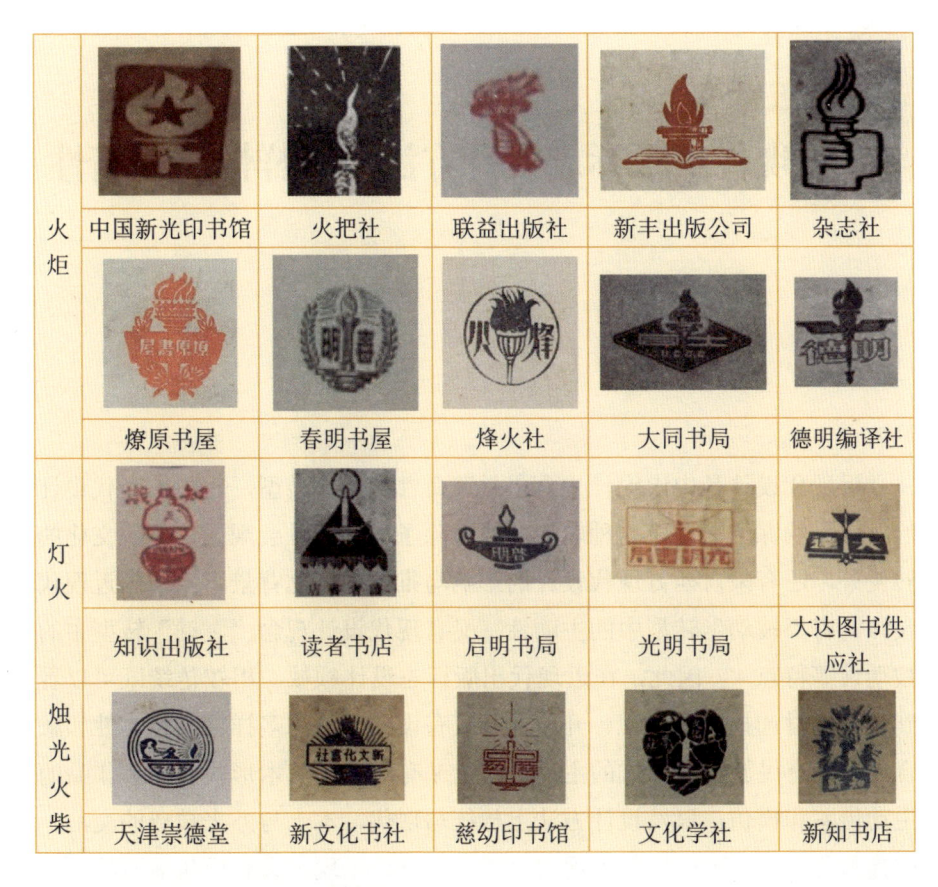

火炬	中国新光印书馆	火把社	联益出版社	新丰出版公司	杂志社
	燎原书屋	春明书屋	烽火社	大同书局	德明编译社
灯火	知识出版社	读者书店	启明书局	光明书局	大达图书供应社
烛光火柴	天津崇德堂	新文化书社	慈幼印书馆	文化学社	新知书店

（二）镰刀、锤子与步枪

中国共产党是作为共产国际的一个支部成立的，所以中国共产党的政治宣传符号如五角星、镰刀与锤子等多源于苏联。其中镰刀是农民阶级的象征，齿轮与铁锤是工人阶级的象征，枪弹是军人的象征。近现代出版标志中，出现了镰刀、步枪、书和齿轮组合的吉林书店，与步枪和轮轴组合的北方出版社，与镰刀、步枪和锤子、地图组合的东北书店，以及图书与步枪组合的青年书店等。

吉林书店	北方出版社	东北书店	青年书店

第四章 近现代出版标志设计题材的丰富性与选择性

201

第五章
近现代出版标志设计方法的多样性与创新性

近现代设计是中国设计史上最具革命性的一次转型，对中国当代设计的发展影响深远。造成这种转型的根源除了深层的社会观念、传统文化的转变外，还有来自西方现代设计的影响与推动。在此背景下，中国近现代设计既有"被动"转型中的主动性，又有现代设计观念"主动"转型中的被动性等特点[①]。因此，在近现代出版标志设计领域，相较传统既可以看到设计题材选择的现代性、开放性，又有设计手法的多样性、包容性和融合性。既有民族传统形式的主动传承，又有对外来艺术形式与经典作品的主动借鉴和模仿，以及设计方法上传统与现代、本土与外来技巧的交汇、碰撞与叠加等，因而使得近现代出版标志设计呈现出大胆模仿借鉴的痕迹与强劲的发展力、创造力和生命力等。

当然，由于近现代设计处于现代设计发展的初级阶段，数量众多的出版标志设计水平参差不齐，模式化、程式化的设计层出不穷，但一些设计独到、内涵深刻、特色鲜明的优秀经典设计，被出版机构沿用至今，并与图书一起成为旧版本研究者、收藏者眼中的珍品。同时，也成为专业设计者学习借鉴中国近现代设计创意、方法的重要来源[②]。

第一节　灵活的文字与图形设计

中国传统的商标中，通过对书法、篆刻或图形化等的文字形态设计，创造出极具中国风格的文字型商标。发展至近现代除了传统书法文字设计

---

① 薛娟. 中国近现代设计艺术史论 [M]. 北京：中国水利水电出版社，2009：1.
② 杜营. 王小青. 民国时期出版社标志之模因探究 [J]. 装饰，2014(5).

外，随着印刷技术的飞速发展，还出现了一种用于机器的印刷体文字，以及借鉴西方现代设计风格的美术字体，特别是后者形式自由、风格多样，经过艺术化处理的字体，其形式风格多姿多彩，具有强烈的视觉效果。一些大胆新颖的构思，不拘一格的设计手法，独具匠心的创意，无不展现出鲜明的时代特色与风貌。

一、文字标志设计

印刷字体常用的有宋体字和黑体字。相较于传统书法风格的文字设计，印刷字体设计的优势在于具有较高的可识别性、复制性和传播性，因而在近现代商标设计实践中得到了广泛的应用。印刷字体中最常用的为宋体字，宋体字在近现代印刷中得到了飞速发展[①]。

近现代日用消费品商标及图书出版中常见的印刷字体多为宋体字，且有长宋体、仿宋体和老宋体等形式。仿宋体风格挺拔秀丽，字身略长，粗细均匀，如枫社、大家出版社和蓺溪书店等的出版标志设计等。老宋体具有古朴大方、严谨端庄及稳重之感，其竖画粗、横画细、点如桃，撇如刀，使用老宋体的如文章书房的标志和国际间社等的出版标志。长宋字体比老宋长，笔画横竖粗细接近，风格上既庄重大方又活泼秀丽，如皖南通讯社、长江书店等的出版标志。近现代印刷字体中的楷体，结体方正规整、间距匀称、重心平稳，笔画横斜竖直，广狭长短、繁简大小均合法度，如棠棣出版社、西京筹备委员会、新纪元出版社、光半月刊社、国讯书店、艺光出版社、正言出版社等的出版标志都使用了楷体。印刷黑体字的突出特点是方正粗犷、笔形方头方尾、黑白均匀、醒目，出版标志设计中采用代表性的黑体字的有正气书局、华夏书店、一心出版社、多样社等。

近现代黑体字除了印刷黑体外，还有一种黑体字打破了黑体笔画方直的基本特征，形成圆黑体、宋黑体等不同形式，即黑体美术字，又称美术黑体字。该字体是在设计过程中，适度进行美化、装饰、抽象、夸张和变形后，达到生动性、形象性、趣味性和幽默性兼具的效果，从而提升文字的视觉化和情景化的表现力。此外，其几何的造型、机械的直线、透视

---

① 《美术大观》编辑部. 中国美术教育学术论丛 艺术设计卷 [M]. 沈阳：辽宁美术出版社，2016：133.

的空间和模拟光照而形成的立体投影，又透露出强烈的现代趣味①。所有这些效果与风格的呈现，多是通过黑体美术字的字图组合、汉字图形化和文字正负、叠加共享、连体断笔、拉伸曲折等方法得以实现。与此同时，字体的外部轮廓也得以塑形，出现了或圆形，或方形，或三角形，或多边形，或不规则形等，极大地提升了整体视觉效果。再者，在内部结构和部首笔画上，或使用文字的穿插、叠加、正负形，或文字笔画的连笔、断笔，以及文字局部的拉伸与曲折等方法，往往达到了化平凡为神奇等意想不到的效果，这些在近现代出版标志设计中表现得尤为突出。

（一）共享叠加与正负反衬

为了加强文字标志中多个文字的内在联系，提升整体统一可识别的效果，近现代的出版标志设计往往通过对文字部首笔画的借用、重合、共享、穿插、叠加、包围或反衬等方法来实现，即达到共享叠加与正负反衬的效果。

1. 共享叠加

共享叠加的主要表现形式有延长接续与一体共享、穿插组合与整体呈现、上中下与前后叠加三个方面。

延长接续与一体共享方面，主要是在字体设计中运用两个及两个以上相同图形或不同图形进行重合共享、相互借用，从而巧妙地组合成一个新的视觉图形。这一图形不仅具备新的视觉效果，同时还使原有组合的两个基本型保持不变。这种共享的基本做法就是将文字的某些笔画进行连笔或断笔，如南方印书馆标志中的"南方"二字的设计，不仅将二者上端皆有的横画贯通相连为一体，还将"方"字的撇画与"南"字的右竖画重合，从而实现了字体外部轮廓线的共享与统一，使得二字的结合更加紧密，达到了天衣无缝的效果，增强了两个文字内在的联系化与整体化。类似的还有大地书屋、东方书社和时代书局等的出版标志，同样通过贯穿的横画将"大"与"地"、"东"与"方"、"时"与"代"二字分别连为一体，且"大"字的捺画，"时"字的短横画、点画，"代"字的点画，均分别设计成一个圆点，不仅增加了醒目突出的聚焦效果，还增加了视觉上的对比性和趣味性。这种将两个字体的主要笔画巧妙地重合共享，从而互为一体，相互依存，你中有我，我中有你，紧密连接的设计，使标志图形呈现出整体而独特的视觉效果。

---

① 《装饰》杂志编辑部编. 装饰文丛 学人问津 [M]. 沈阳：辽宁美术出版社，2017：197.

| 南方印书馆 | 大地书屋 | 东方书社 | 时代书局 |

穿插组合与整体呈现方面，主要是通过笔画的相互穿插与借用，达到字体的集中、紧凑与整合等效果。如中国公论社、平明出版社的出版标志，分别将"中"与"公"、"平"与"明"的两个字巧妙地穿插组合后，形成浑然一体的独体字型。现实出版社的标志将整体轮廓设计为圆印章形，内部将"现"字处理成笔画为双线的美术字体后，将"实"字缩小并插入其中间位置，展示了设计者的慧眼与匠心。

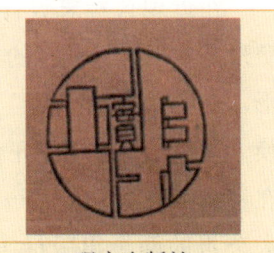

| 中国公论社 | 平明出版社 | 现实出版社 |

上中下或前后叠加方面，中国图书杂志公司标志中的上下叠置的"中国"二字，前者最下端的横画与后者最上端的横画合二为一，相互叠加，使得二字连为一体。土山湾印书馆的标志设计中，将"土""山""湾"三个字上中下叠加在一起，且外部轮廓呈现出圆形。国民书局的出版标志设计，抓住了"民"字的横竖笔画与"国"字中的"玉"字相近，于是将"国"与"民"两字叠加，将"民"字置于"国"字的正中，"国"中包着"民"字，有"有国才有民，民为国之主"的寓意，且两个字一黑一白，效果对比强烈、突出。而社会部兰州社会服务社的标志中，"服务社"三个字合为一体，不仅有笔画的叠加，同时还有着穿插、共享和借用等手法的综合运用，整体设计的程度高，标志的识别性强，是近现代文字类出版标志的优秀设计之作。

中国图书杂志公司	土山湾印书馆	国民书局	社会部兰州社会服务社

2. 正负反衬

反衬是一种古老的艺术形式，它能同时兼具对比、借用、均衡等效果。如同中国古代的鱼形太极图，两极相生、阴阳相克、动而生阳，静而生阴，互为关联，互为补充，形成对立统一、连绵不断、生生不息等内涵与特点[①]。

在近现代标志设计中，反衬的表现手法之一就是正负形的运用。正负形是实现设计创意的重要手法，在具体的设计中，图形部分称为"正"形，底色部分为"负"形。通过反衬让代表正负形的图与底关系相互转换，且在一个空间中正负图形共享同一轮廓，共同成为一个完整统一体，在视觉上形成一种"一语双关""一图双形"的错视效果。如近现代天津大公报的两个出版标志设计，在其圆印章形的标志中，"大"与"公"二字通过上下结构方式嵌入后成为一个整体，其中不仅"大"字的撇与捺画，恰好与"公"字的撇与捺画重合、共用，且第一个出版标志中，"大"字为白色（阳）的正形，"公"字为黑色（阴）的负形；第二个出版标志中，"大"字为黑色（阳）的正形，"公"字为白色（阴）的负形。正负形虚实的运用，使标志图形既统一又灵活，既有变化又不混乱。同时把理性的逻辑与感性的视觉效果生动有趣地协调在一起，把最小、最简洁的图形所传达的语义最大化，使一个"无意义"的空间化为一个"有意义"的形。在传情达意中，极富感染力和诱惑力，从而使图形出色地完成了传递信息、吸引受众的使命[②]。

除了正负形之外，反衬还有一种表现手法就是通过底纹与底色的运用，来衬托或凸显主体文字图形。其中运用底纹的如商务印书馆英文首字母 CP 与"商"字组合标志，早期底纹为黑色带肌理的细密纹，后来改

---

① 刘少辉，王长征. 标志设计 [M]. 北京：中国青年出版社，2009：94.
② 张域，王俊景. 标志设计中正负形的创意与表现方法 [J]. 中小企业管理与科技. 2012(7).

为无底纹的 CP 与"商"字组合，黑白对比分明，视觉效果醒目突出。除了带肌理的底纹背景外，更多的是深色背景，如常用的黑色、棕色、蓝色等。平明出版社的两枚出版标志，或使用黑色为底色衬托白色的文字图形，或使用白色衬托黑色文字图形，类似的还有独立出版社的两枚出版标志等。

天津大公报馆标志一	天津大公报馆标志二	商务印书馆标志一	商务印书馆标志二
平明出版社标志一	平明出版社标志二	独立出版社标志一	独立出版社标志二

（二）局部塑形或整体图形化

将汉字局部的笔画进行粗细、曲直、大小、疏密、明暗、虚实等塑形变化处理，使图像更具有装饰意味的视觉美、形象美。与此同时，为增强标志的识别性、生动性、幽默性和形象性等意趣，近现代出版标志还通过整体的塑形或图形化，使得标志的可读性、识别性、表意性和象征性都大为提升，达到了以少胜多的功效。

1. 局部整体塑形

标志中的文字图形化设计就是将笔画组成的文字转换为局部的视觉图形，从而突出文字标志的视觉效果，也使受众更能理解设计意图，其方法有将文字的点、画或结构等拉长、屈伸、颤动、旋转、叠加、变异等。将笔画拉伸如血潮社、寒流社，笔画颤动、屈伸、拉长如国魂书店、金汤书店；将短的笔画变为点、小三角如海音书局、众乐社等。

血潮社	寒流社	国魂书店
金汤书店	海音书局	众乐社

在轮廓整体塑形方面，通过字体外围笔画的拉伸与曲折，或若干文字的组合，形成或实或虚的整体轮廓，并将其设计成圆形、三角形、方形或不规则形，从而增加标志的整体性、识别性和独特性。如圆形的国家图书馆标志、良友图书印刷公司，三角形的不二书店、红蓝出版社，以及方形的复社等。

良友图书印刷公司	不二书店	红蓝出版社	复社

2. 局部整体图形化

除了通过笔画进行文字的图形化设计外，还有直接将文字整体外形或内部，通过笔画的组合、变形、仿生等手法，实现局部或整体的图形化。其中外形如中国图书杂志社的盾形，不二书店的人面形，万象书屋的象形，金屋书店的房子形，正中书局的人形，新闲书社"闲"字繁体"閒"的人面形，以及铁风出版社的"风"字两翼形，津浦铁路管理局和粤汉铁路用文字模仿飞轮的翅膀等。这些出版机构的标志设计，均是文字或局部或整体的图形化。

中国图书杂志公司	不二书店	万象书屋
金屋书店	正中书局	新闲书社
铁风出版社	津浦铁路管理局	粤汉铁路

二、文字与图形的组合设计

具象图形是对自然、生活中的具体物象进行一种模仿性的表达，其取材多来自日常生活和大自然中的人物、动植物和风景等，其图形特征鲜明、生动，因贴近生活与大自然而具有亲和力和感染力。抽象图形仅以抽象性的造型本身，来展示设计理念与形式美感。近现代出版标志的设计中，多数在具象与抽象图形的并用中，还采用了立体透视与重复渐变、交错穿插与分割再构等方法。

（一）立体透视与重复渐变

近现代出版标志设计中，许多设计都是通过线的错位、面的反转，线与面的交汇、折叠等方式，营造出视觉上的远近、虚实、动静、渐变与立体等效果。如夜窗书屋的出版标志，为现代两幢外观形态一致的两层建筑，且二者在前方呈V字形交会，形成具有透视特点的纵深感。且V字形交会处有三座西方建筑中的穹顶塔，深色的夜幕与亮灯的窗户形成明暗对比的同时，还衬托出建筑前方机构名称"夜窗书屋"四个具有透视感的文字。除了利用建筑墙体的纵深交会形成空间的透视外，同样标志中的文字本身也被设计成立体透视的形体，如五洲书店和启智书局，巧妙地利用文字笔画线条的延伸，斜交于一个消失点，从而形成独特的视觉立体效果。同样，近现代出版标志设计中，还利用交通工具的近大远小来实现立体、纵深及动感、速度等效果，如文会书局、力行出版社和昌文书局的标志，火车、飞机、轮船等图形的处理。

夜窗书屋	五洲书店	启智书局
文会书局	力行出版社	昌文书局

视觉立体与动静变幻是近现代标志设计追求的目标之一，为了实现这一目标，往往运用重复、渐变、错位、排序，营造出一种超越现实的奇特效果。如大众书局两个标志都是通过书籍的重复叠放与错置后形成的立体、渐变且具有动感的图形，从而呈现出意想不到的奇特视觉造型和效果，创意构思之巧妙，让人过目不忘。类似手法的标志设计还有文学出版社等机构的出版标志设计。

大众书局标志一	大众书局标志二	文学出版社

（二）交错穿插与分割再构

将各种图形元素的局部进行分割、穿插、拼合、再重构，从而形成新的图形元素，同样具有超越平凡与现实的深刻含义。首先这是一个先拆分再重组的过程，重组后的图形往往呈现时而穿越、时而怪诞、时而新奇的视觉效果，而设计者往往通过这种表现形式来营造独特的个性画面与氛围，以达到吸引、刺激和强化观者视觉记忆的目的。如群益出版社标志中，打开的书叠置累积后的立面，层层书页恰与"群益"二字的笔画相融合。书籍的下面，从"群"字中的部首"口"内，穿插出一支钢笔，寓言为心声、笔为口书等之意。通过巧妙的穿插、拼合，使得图文有机和谐地组合在一起，浑然一体。类似的穿插与交错手法设计的还有贞社、明日社、广益书局和译报图书馆等标志。

群益出版社	贞社
明日社	广益书局

此外，近现代出版标志的一些设计中，还尽量采用人们熟悉的元素，并在此基础上进行分割与重构，从而创造出新的视觉效果，如社书店，在司空见惯的一片树叶上，运用线条进行切割后形成"社"字形，达到了化平凡为不凡的新奇效果。大楚报社的标志是对桃子或石榴进行纵向切割后，在形成的剖面图中，将不同的花卉形象重置于其中，形成既熟悉又陌生的新奇效果，构思创意巧妙中见其不凡匠心。

社书店	大楚报社

第二节　中外经典美术作品的借鉴

近现代日用商品的商标设计中，出现了众多借鉴西方艺术作品的形象，如美国动画片中的白雪公主、大力水手、米老鼠等，美国电影中的金刚、雕塑中的自由女神像等[1]。与之不同的是，近现代出版标志设计中，借鉴西方艺术作品中的形象，主要以绘画、版刻与雕塑作品为主。其中借鉴人物雕塑作品相对较多，而绘画、木刻作品较少。且绘画作品方面以借鉴法国画家米勒与凡·高的《播种者》，以及苏联招贴画《打击懒汉工人》最具代表性。

一、绘画作品

让·弗朗索瓦·米勒（Jean-Francois Millet，1814—1875），是法国19世纪的画家，米勒出身于一个农民家庭，少年时便显现出绘画的天赋，因受到老师的鼓励而学习绘画。后来米勒到巴黎学画，但被画室里的同学嘲笑为"土气的山里人"。后来因生活所迫，米勒离开巴黎寄居到远郊的巴比松村，在那里米勒以写实的笔法描绘农村生活而被称为农民画家，他画笔下乡村的树木、田野，以及劳动者的敦厚、朴实，深深地触动了世人。他在巴比松的第一幅代表作品就是《播种者》，此后还相继创作了《拾穗者》和《晚钟》等名作。文森特·凡·高（Vincent Willem van Gogh，1853—1890），同样是19世纪的荷兰画家。凡·高一生都对米勒的绘画推崇备至，经常将米勒的画作进行临摹和再创作，将米勒简练、朴素、凝重的风格，演绎成色彩鲜明、生机勃勃又粗犷奔放的凡·高风格。

（一）法国米勒与荷兰凡·高的《播种者》

根据良友出版标志"播种人"的画面人物的服饰、形体及动作来分析，良友的播种人标志形象应源自米勒及凡·高的《播种者》，二者仅有的区别就是人物及动作的左右方向相反。米勒创作于1850年的《播种者》表现的是苍凉的麦田里，飞鸟在空中盘旋觅食，播种者阔步挥臂，在田垄中撒播着种子的情景。1881年左右凡·高临摹了多幅《播种者》，1888年凡·高在临摹米勒画的基础上，又陆续创作了多幅油画《播种者》。但需要说明的是，良友播种人的出版标志，不是直接来自米勒或

---

[1] 李雨晴，王艳云. 民国时期商标设计中的迪士尼卡通形象的应用[J]. 大众文艺. 2019(20).

凡·高的油画，而是辗转来自国外一幅根据《播种者》制作的木刻画或木刻藏书票，良友编辑赵家璧专门选来作为良友文艺图书的出版标志。

除了良友图书公司的这枚出版标志外，生活教育出版社的出版标志中人物形象，也与米勒和凡·高的《播种人》相似，且从播种者的帽子、衣服、动作、方向及左手臂上的粮食袋来看，其相似度更为接近凡·高的《播种人》形象。此外，该标志中的人物造型为雕塑，脚下形似土地的基座侧面，镌刻着"生活教育出版社"几个字。

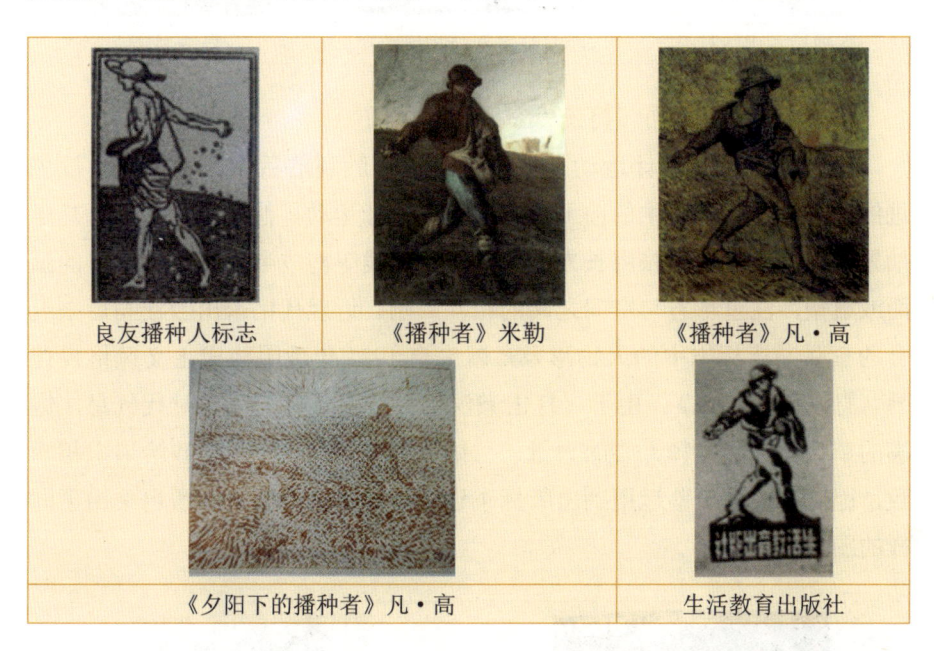

良友播种人标志	《播种者》米勒	《播种者》凡·高
《夕阳下的播种者》凡·高		生活教育出版社

不仅在中国，在美国、日本也有以播种人形象为出版标志的出版机构，如美国的西蒙与舒斯特出版公司、播种者出版社、日本的岩波书店等。其中西蒙与舒斯特（Simon Schuster）是美国大型出版机构之一，与兰登书屋、企鹅出版社、哈珀·柯林斯合称为世界四大英语出版社。西蒙·舒斯特出版社1924年成立于美国纽约，创办人理查德·西蒙（Richard L. Simon）和林肯·舒斯特（M. Lincoln Schuster）。出版社主要出版小说及非小说类的青少年读物、商业信息、专业情报、中小学与大学教科书类的教材、期刊等[①]。西蒙与舒斯特的出版标志也是把出版人当成播种者角色，身负播种、耕耘和创造的使命。美国播种者出版社（The Sower Press）1936年创办于美国的新泽西州，出版机构名称及出版标志取

---

① 许力以. 中国出版百科全书 [M]. 上海：书海出版社，1997：750.

名为播种者。此外，播种人形象还出现在日本的昭和十三年（1938年）岩波书店出版的《日本文化史概说》一书的封底。

| 播种者出版社 | 西蒙与舒斯特出版公司 | 岩波书店 |

（二）苏联宣传画《打击懒汉工人》

俄国构成主义设计运动是俄国十月革命胜利前后，在俄国一小批先进的知识分子当中产生的前卫艺术运动和设计运动，他们的许多作品是半抽象或抽象性的，主张用长方形、圆形、直线等构成半抽象或全抽象的画面或雕塑，注重形态与空间之间的相互影响。近现代韬奋出版社与后来组合的三联书店标志中的人物形象，就来自1931年俄国构成主义风格宣传画《打击懒汉工人》。由于《打击懒汉工人》所具有的强烈时代气息，饱满的革命精神和鼓舞人心的力量，与韬奋及三联书店鲜明的政治追求相一致，因此不仅被借鉴运用到出版标志设计中，生活书店的店徽也采用了同样的图案形象。

| 《打击懒汉工人》 | 韬奋出版社 |
| 三联书店徽章 | 三联书店 |

二、版刻作品

法郎士·麦绥莱勒（Franc Masereel，1889—1972），是19世纪末20世纪初比利时著名的版画家，1907年麦绥莱勒进入根特美术学院学习绘画，然而陈腐的学院教育，束缚着他自由的心。一年后麦绥莱勒便离开了学院，走向社会。1909年，麦绥莱勒到欧洲旅行生活，他从社会生活中汲取灵感，采用黑白木刻和腐蚀版画形式表现自己眼中的世界。在瑞士时，他常常向日报社投画稿，揭发社会的隐病。1914年第一次世界大战爆发，麦绥莱勒因坚持反战主义和人道主义的立场，被剥夺了比利时公民权，不得不辗转到欧洲政治流亡者聚集地日内瓦。在那里他加入了罗曼·罗兰等进步知识分子组成的反战行列，并为当时的进步刊物《叶报》等创作木刻插图。揭露战争带来的灾难，表现民不聊生的惨状，成为他这一时期木刻的主题，也成为他一生艺术追求的主要方向[①]。

（一）比利时麦绥莱勒《一个人的受难》

法郎士·麦绥莱勒与德国的珂勒惠支、梅斐尔德一样，都是20世纪初鲁迅先生发起新兴木刻运动时引进的外国知名版画家。1932年10月，鲁迅在《文学日报》上发表《连环图画辩护》里就提道："比国有一个麦绥莱勒，是欧洲大战时候，像罗曼·罗兰一样，因为非战而逃出过外国的。"第二年上海良友图书公司出版的《麦绥莱勒木刻连环画故事》四种，鲁迅除了作序，还为《一个人的受难》的二十五幅木刻图逐一写作了解说词："一无所有的屋子里，一个女子怀着孕了（一），生产之后，即被别人所斥逐，不过我不知道斥逐她的是雇主，还是她的父亲（二）。于是她只好在路上彷徨（三），终于跟了别人；先前的孩子，便进了野孩子之群，在街头捣乱（四）。稍大，去学木匠，但那么重大的工作，幼童是不胜任的（五），到底免不了被人踢出，像打跑一条野狗一样（六）。他为饥饿所逼，就去偷面包（七），而立刻被维持秩序的巡警所捕获（八），关进监牢里去了（九）。罚满释出（十），这回却轮到他在热闹的路上彷徨（十一），但幸而也竟找得了修路的工作（十二）。不过，终日挥着鹤嘴锄，是会觉得疲劳的（十三），这时乘虚而入的却是恶友（十四），他受了诱惑，去会妓女（十五），去玩跳舞了（十六）。但归途中又悔恨起来（十七），决计进厂做工，而且一早就看书自习（十八）；在这环境里，这

[①] 周晨.感动世界的100西洋绘画大师[M].武汉：武汉出版社，2009：184.

才遇到了真的相爱的同人（十九）。但劳资两方冲突了，他登高呼号，联合工人，和资本家战斗（二十），于是奸细窥探于前（二十一），兵警弹压于后（二十二），奸细又从中离间，他被捕了（二十三）。在受难的'神之子'耶稣像前，这'人之子'就受着裁判（二十四）；自然是死刑，他站着，等候着兵们的开枪（二十五）。"这二十五幅图画组成的便是《一个人的受难》的故事梗概①。

其中读书生活出版社标志中的人物形象，出自《一个人的受难》中第十八幅木刻画"决计进厂做工，而且一早就看书自习"。黑白画面中一个瘦削的年轻男子靠在路灯杆下，借助头上的灯光，正沉浸在读书的情境中。路灯光的光晕在木刻家的笔下似水波纹一样，由小到大、由明亮到暗淡依次动态地展开，更加衬托出读书人的安静与投入。读书生活出版社的标志几乎与《一个人的受难》中的这幅插图一模一样。

《一个人的受难》	读书生活出版社	上海佛教居士林	新文化书社
广益书局	上海国学社	求古斋	尚古书局

（二）中国画像砖与画像石《车骑图》等

画像石、画像砖是中国汉魏隋唐时期特有的一种艺术形式，当时是用来砌造在墓室、祠堂、石阙等建筑物上作为装饰，亦起到教化的作用。画像石、画像砖的拓片就是一张版画，它具备了版画应该有的概括性、简约性。在具体制作与表现上，画像石、画像砖主要运用减地浅浮雕加阴线雕刻的技法，将主体形象之外的底子铲成素面或剔成直线或斜纹，然后再在留有敲凿痕迹的素面上，用苍劲有力的阴线刻出细部。其画面形象以粗犷浑朴、奔放豪迈的艺术风格为主要特征，其中汉魏时期的画像石、画像砖的图像中，尤以车骑出行图为代表也最有特色。近现代出版机构如广益

---

① 《一个人的受难》鲁迅作序，1933.

书局、上海国学社、求古斋、尚古书局等的出版标志设计，就借鉴了画像石、画像砖车骑图的形式与风格，标志中车上驭手持缰绳扬鞭驱马疾驰，主人与驭手背对坐于车的后方，车上部有高低大小不同装饰的华盖，有的车骑图中还有手持弓箭的驭者或执手相送的送行者等。画像砖与画像石风格的出版标志，往往构图简洁明快，在粗犷古朴中见细致，在近现代众多风格各异的出版标志设计中独有古意与韵味。

除了画像石、画像砖外，中国传统的木刻版画与剪纸形式，也被恰到好处地借鉴运用到出版标志的设计中，如上海佛教居士林出版社、大家出版社和日本金星堂等的标志。

三、雕塑作品

相对绘画与木刻作品而言，近现代出版标志中借鉴经典雕塑作品的较多，如法国雕塑家罗丹的《思想者》，美国的《自由女神像》，苏联时期雕塑《集体农庄中的工人与农民》与《男女劳动者》，意大利不勒斯国立博物馆雕像《阿特拉斯》与雕像《望楼上的阿波罗》等。

（一）意大利《望楼上的阿波罗》《阿特拉斯》与《拔刺的男孩》

阿波罗相貌端庄英俊，是古希腊神话传说中的太阳神，为主神宙斯和女神勒托之子，与月神阿耳忒弥斯为孪生姐弟。传说二人出生前，天后赫拉因嫉妒其母，到处追赶并加害于她。最后勒托被迫来到爱琴海上的得罗斯岛，忍受了九天九夜的阵痛，才把孩子生下来。这时赫拉又派巨蟒来杀害他们，幸好得到海神波塞冬搭救，母子才幸免于难。阿波罗长大后，用箭把巨蟒射死，为母亲报了仇。因此，阿波罗不畏强暴的英雄气概一直受到了人们的尊敬。罗马皇帝奥古斯都曾宣称自己是阿波罗的儿子，为阿波罗修造庙宇，并为其举行四年一度的祭神会。后来阿波罗逐渐成为男性美的象征，是艺术家最热衷的创作题材之一。《望楼上的阿波罗》是古希腊雕塑家列奥卡列斯在公元前4世纪的代表作，原作由青铜铸成，高224厘米。由于原作佚失，罗马时期曾用大理石摹制，后被世人在罗马一个望楼上发现，该雕塑由此得名《望楼上的阿波罗》，并藏于意大利罗马梵蒂冈博物馆。雕刻家以熟练的雕刻技巧，表现了阿波罗优美的体态，匀称的四肢以及英雄般的气魄。近现代出版机构智源书局的出版标志设计就是借鉴了古希腊阿波罗雕塑的形象。

|  雕望《望楼上的阿波罗》 |  智源书局 |  雕塑《阿特拉斯》 |  光华出版社 |

　　光华出版社的标志形象来源于《阿特拉斯》雕像。阿特拉斯是古希腊神话中伊阿伯托斯的儿子、盗火者普罗米修斯的兄弟。阿特拉斯是泰坦巨神一族，但他们在和奥林匹斯神的战斗中落败，统治地位被宙斯家族取代，大部分参与战斗的泰坦神都被囚禁于冥界最底层的塔尔塔诺斯。而作为泰坦后代的阿特拉斯不愿屈服于宙斯，起身反抗但没有成功。后宙斯惩罚阿特拉斯，让其在世界尽头以其臂膀撑起天球，以避免天球重新归于混沌。如今意大利那不勒斯国立博物馆就遗有艺术家创作的雕像《阿特拉斯》，因其故事与艺术表现的巨大影响力，欧洲人多以阿特拉斯的画像或雕像装饰地图或制作地球仪的支架。民国时期光华出版社的出版标志设计中也借用了阿特拉斯双手上举天球的形象。

　　文化生活出版社标志形象源自罗马复制的青铜雕像《拔刺的男孩》。在希腊雕像史上，曾记载过一件希腊化时期的仿青铜原作的大理石摹制品，表现一个男孩正凝神地在拔他左脚上的刺[①]。目前常见的青铜雕像《拔刺的男孩》是1165—1167年之间翻铸的罗马复制品。原雕像最初在朱庇特神殿，后来移至罗马拉特兰宫。罗马教皇西克斯特四世于1471年登基时，雕像又经过了复制。复制品高约73厘米，其雕塑手法带有鲜明的希腊文化元素。因希腊化时代的雕塑已具世俗性，塑造对象不限于诸神和运动员等，而更多地转向世俗人物、平民形象，创作上更趋自由化，此作在意大利文艺复兴时期受到雕塑家们的高度赞赏[②]。文化生活出版社的标志设计中，雕像中拔刺男孩正凝神地看着脚底拔刺，其基座上有"文化生活出版社"几个字。

---

① 于明.世界美术全集 雕塑卷[M].西宁：青海人民出版社，2003：202.
② 夏征农，陈至立.大辞海 美术卷[M].上海：上海辞书出版社，2012：281.

|  雕塑《拔刺的男孩》 |  文化生活出版社 | 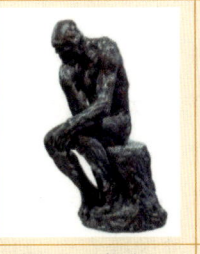 雕塑《思想者》 |  天下图书公司 |

（二）法国罗丹《思想者》

天下图书公司的出版标志中，人物形象借鉴自法国罗丹的青铜雕塑《思想者》形象。奥古斯特·罗丹（1840—1917年），是法国著名雕塑家，也是继米开朗琪罗之后世界上最伟大的雕塑家。在罗丹的作品中，大型浮雕《地狱之门》最具有代表性，可惜因受到阻挠而未能如期完成，只留下了《思想者》《吻》《夏娃》等作品。罗丹的《思想者》刻画了一个强健而苦闷的劳动者，他弯腰屈膝，右手托着下颌，沉默地注视着下方，仿佛在聚精会神地思考。在创作中，罗丹精心地处理了雕像的面部表情和四肢的肌肉，形象地将这个男子烦闷的内心世界表现了出来。20世纪初鲁迅先生曾是早期将罗丹作品介绍到中国的作家之一。"要讲罗丹的艺术，必须看罗丹的作品，至少，是作品的影片。然而中国并没有这一种书。所知道的外国文书，图画尚多，定价较廉，在中国又容易入手的……罗丹的雕刻虽曾震动了一时，但和中国却并不发生什么关系地过去了。后起的有 Ivan Mestrovic（1883年生），称为塞尔维亚的罗丹，则更进，而以太古底情热和酷烈的人间苦为特色的。曾见英国和日本，都有了影印他的雕刻集。最近，更有 Konenkov，称为俄罗斯的罗丹，但与罗丹所代表的西欧有产者不同，而是东欧的劳动者……"[①] 当然，天下图书公司的出版标志中，《思想者》的形象稍有变化，尤其是雕像的基座。

（三）美国《自由女神像》

相对而言，近现代出版标志设计中，人物形象采用美国自由女神像的比较多，如知识出版社、鲁迅全集出版社、真善美图书公司和共和社等。自由女神像（Statue of Liberty），又称自由照耀世界（Liberty Enlightening The World），是法国在1876年赠送给美国的独立100周年礼物。像高46

---

① 陈淑渝．肖振鸣．鲁迅著作全集 1928—1932[M]．福州：福建教育出版社，2006：102．

米，加地基和基座为 93 米，重 225 吨，位于美国纽约州纽约市哈德逊河口附近。自由女神穿着古希腊风格的服装，所戴头冠有象征世界七大洲及四大洋的七道尖芒。女神右手高举象征自由的火炬，左手捧着刻有 1776 年 7 月 4 日的《独立宣言》，脚下是打碎的手铐、脚镣和锁链，象征着自由、挣脱暴政的约束。20 世纪上半叶借鉴美国自由女神像的出版标志设计，其中的自由女神像既有全身像，又有半身像，且多数属于自由女神与文字、书籍、太阳等的组合设计。

《自由女神》像	知识出版社	鲁迅全集出版社	真善美图书公司	共和社

（四）苏联《工人与集体农庄女庄员》与《拖拉机手和农庄女青年》

  近现代借鉴苏联雕塑作品进行的标志设计，有作家书屋和东北画报社等。其中作家书屋标志中的人物形象来自雕塑《工人与集体农庄女庄员》。1937 年苏联的女雕塑家穆希娜为在巴黎举办的"国际艺术、技术与现代生活博览会"创作了这件大型雕塑，并把它矗立在巴黎国际博览会的苏联馆顶部。该雕塑具有丰富的艺术表现力和强烈的时代感，成了新生的苏维埃国家的象征。后来，苏联政府把它立在苏联国民经济成就展览馆门口，象征社会主义劳动者昂扬向上的精神面貌与社会经济欣欣向荣的景象。

  在莫斯科全俄展览中心的大门顶端的中心，还有一尊 1939 年雕塑家谢尔盖·米哈伊洛维奇·奥尔洛夫的铸铜作品《拖拉机手和农庄女青年》，其中男女青年手举丰收的麦穗，高昂的头颅，飘动的衣襟，英姿飒爽的气质，展现了当时苏联人民的自信与豪迈。近现代以《拖拉机手和农庄女庄员》雕像为基础的出版标志设计还有东北画报社等，与之略有不同的是标志中的形象新增了解放军战士的形象。

|  《工人与集体农庄女庄员》 |  作家书屋 |  《拖拉机手与农庄女青年》 |  东北画报社 |

除了以上标志外，其他借鉴西方雕塑或绘画作品形象的还有东华书局、上海出版合作社、今日文艺社、十日谈社、美乐图书出版公司、雅典书屋、春秋出版社、希望社、中国健学社、影艺出版公司、中国电影年鉴社、上海出版公司等。

第三节　中外设计形式风格的融汇

隋唐时期随着雕版印刷的发展，至宋代活字印刷技术的出现，中国书籍印刷出版进入了繁荣发展阶段，官刻、私刻、坊刻竞相发展。特别是两宋及此后元明清坊刻图书，往往在书的卷首、序文、目录、卷末等位置，多刻有坊刻家的堂号或标记，即牌记。牌记既有文字也有图形，其功能兼具现代书籍的出版标志及版权宣示的双重功能。1840年鸦片战争爆发后，随着外国商品及资本的不断输入与扩张，西方先进印刷技术设备也传入中国，受外来的机械造纸印刷与现代图书出版的影响，中国传统的雕版印刷逐渐式微，传统的线装书也逐渐为现代的平装书所取代，但传统书籍中牌记的图形、文字，也影响到中国近现代新兴图书出版的标志设计，具体表现在对传统牌记形式的传承、发展与创新等。

与此同时，19世纪末至20世纪初，西方正处于世界现代设计运动轰轰烈烈的探索与发展期，如艺术与手工艺运动、新艺术运动、装饰艺术运动和现代主义运动等纷至沓来。随着中国国门被打开，这些新兴的设计艺术思潮，有相当一部分通过商品的包装设计等，源源不断地输入中国，对当时中国商品包装、市场销售、宣传广告等产生了深远的影响，对社会大众的认知、消费和审美起到了潜移默化的作用。由此，也影响到当时的出版标志设计，出现了新艺术、装饰艺术和现代设计主义风格等。

一、对中国传统古籍牌记的发展

"牌记"又称木记、墨围、碑牌、书牌、牌子、书牌子等，是我国古籍雕刻印刷中的一种特殊标记，通常记录着刻书者姓名、堂号、刊刻年代等信息。牌记的功能除了装饰美观外，在当时还起到了出版标识、版权宣示及广而告之等作用。牌记有文字、图形或文字与图形相结合三种形式。

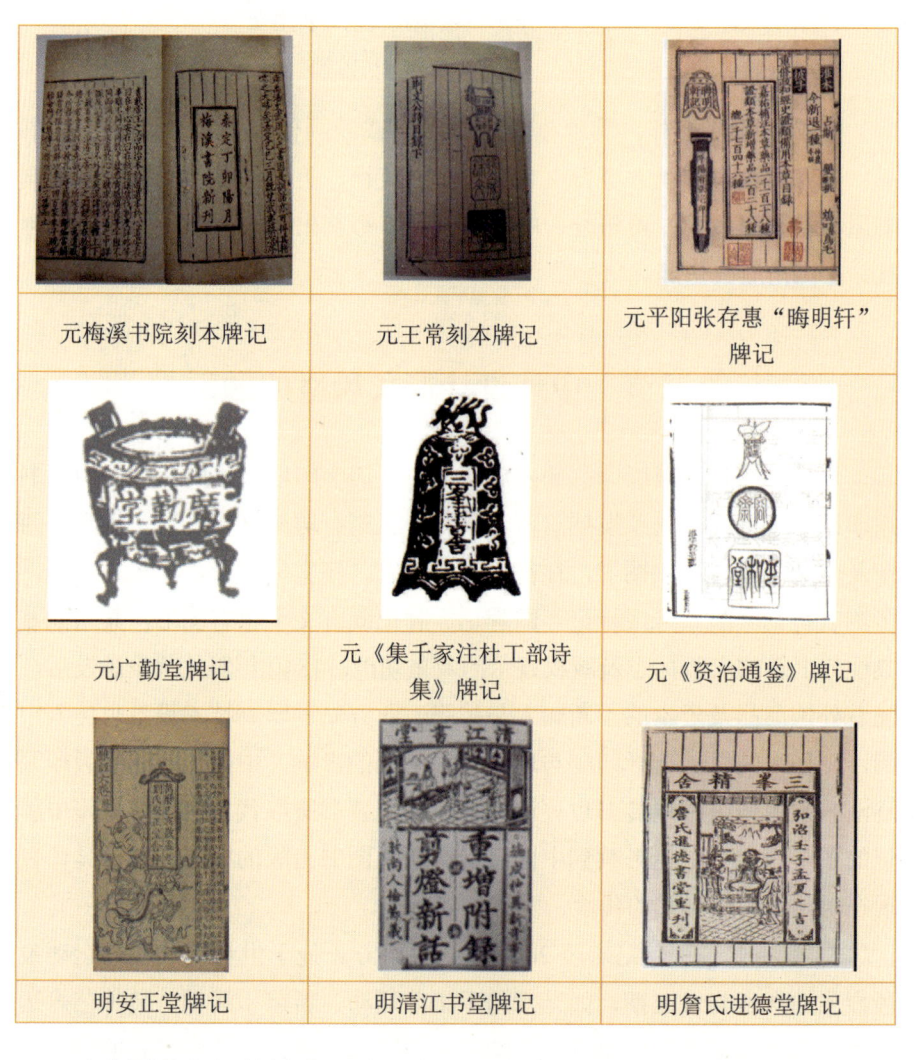

元梅溪书院刻本牌记	元王常刻本牌记	元平阳张存惠"晦明轩"牌记
元广勤堂牌记	元《集千家注杜工部诗集》牌记	元《资治通鉴》牌记
明安正堂牌记	明清江书堂牌记	明詹氏进德堂牌记

随着图书市场的繁荣，牌记在宋代的刻书中越来越广泛地被应用，但最初的牌记多为无墨栏的字体、形式简单。至南宋中叶有墨围的牌记开始流行，形式日趋多样，但仍以长方形、"亚"字形最为常见。宋代牌记位置灵活多变，或置于内封页、卷首、序文、目录、凡例之后，或置于目

录之前，或书的卷末，或书中各卷的卷末等。元代牌记在沿袭宋代牌记的基础上，不仅发展出钟形、鼎形牌记，还出现了一书多种牌记的现象，且元代牌记开始置于封面。明代是古代图书刊刻出版事业的鼎盛时期，牌记数量繁多，形式活泼。扉页牌记与封面牌记逐渐流行，且受当时新兴的木刻版画影响，一些图文形式的牌记还逐步发展为具有门楣条幅特点的木刻版画，发展至清代还出现了以刻印者肖像为牌记的新情况等。还需指出的是，明清时期坊刻竞争激烈，一些坊刻书家为了扩大广告宣传的效果，突出牌记的"商标"作用，还将自家的刻书铺号及广告用语刻为牌记，分散到全书各处，由此造成一书内多次使用同一牌记或者不同牌记的现象。这种格外注重牌记的做法，无疑是为了达到识别形象、引人注目、过目不忘等效果，同样也是防止盗版翻刻，与现代兼具形象识别与宣传功能的出版标志异曲同工。

近现代出现了一些经营时间长、规模大、影响深远的坊刻等，其中不乏一些清末设立，发展延续至民国的机构，如扫叶山房、商务印书馆、广益书局、直隶书局等。其中扫叶山房的发展历时长达 300 多年，是中国历史上存续时间较长的出版机构之一。明万历年间，苏州洞庭山席氏得常熟毛著汲古阁各书版本，创设了扫叶山房，设于苏州阊门内。1880 年设分号于上海城内缥衣街，又在棋盘街设立北号。另设分店于松江、汉口。扫叶山房出书达 2000 余种，主要为经史子集、字典、尺牍、字帖、中医书、旧小说等，多为石印线装。民国初年扫叶山房在出版界仍占重要地位，采用了铅印、石印等先进技术设备印书，图书行销全国。1955 年扫叶山房出版业务结束①。需要提出的是，扫叶山房在购得毛著汲古阁的大量书版后，陆续用扫叶山房的牌记印行。如 1910 年石印出版的《雷公药性赋》，就使用了瓦当形的牌记。圆形的瓦当中以中心为交叉点的十字空间内，顺时针分布着"扫叶山房"四个篆体字。这种瓦当形的牌记还一直沿用至民国，且其出现的位置受现代图书出版标志的影响，已从早先图书的内页、卷首、卷中或卷末，逐渐发展至图书的封底，如 1925 年出版的《王充论衡》封底的标志。这与现代图书标志如出一辙，无疑是传统古籍牌记发展至现代图书出版标志的鲜明代表。

---

① 熊月之. 上海名人名事名物大观 [M]. 上海：上海人民出版社，2005：530.

| 扫叶山房 | 《雷公药性赋》 | 《王充论衡》 |

在出版领域，商务印书馆是仅次于扫叶山房的历史悠久的出版机构。1897年创办于上海的商务印书馆，其早期出版的图书上，封底就有传统风格的出版标志，如1905年的"商"字、凤凰环抱印章式、青龙环绕印章式、"商"字镂空脸谱式等标志，无论是题材还是形式，都有着浓厚的传统风格特点，且这些标志多出现在中小学的绘画类教材的封底。

| 晚清 | 1905年 | 1906年 | 1908—1909年 | 1910年 |

发展至民国时期，古籍出版延续不断，当时的古籍出版机构至少有500家，其中上海、北京、浙江、江苏是古籍出版业的中心地区。上海的古籍出版除了扫叶山房、商务印书馆外，还有中华书局、中国书店、古书流通处、大东书局、广益书局、世界书局等60余家，北京的有直隶书局、北京图书馆、故宫博物院、燕京大学、富晋书社等20余家，浙江的有西泠印社、绍兴墨润书苑、归安沈氏、乌程张氏、吴兴张氏、刘承干嘉业堂等30余家，江苏的古籍出版家有苏州文学山房、昆山赵氏、无锡杨氏、苏州李氏、常熟丁氏等30余家[1]。随着外国的石印术、铅印术陆续传入，这些古籍出版机构的出版主要有雕版、影印和排印三种类型。由于新技术较之雕版印刷成本低、周期短、效率高，所以民国时期出版的古籍，多数采用影印和排印[2]。其中古籍影印主要是照相石印，可以完整地复制

---

[1] 曹之.中国古籍版本学[M].武汉：武汉大学出版社，2015：368.

[2] 石洪运，陈琦.图书收藏及鉴赏[M].武汉：湖北人民出版社，1998：22.

或再现古籍样式和版本特征，成为当时古籍复制暨大型古籍丛书出版的重要方式。活字排印本主要是铅印本，铅字排印体现出一定的优越性，而在形式上，大多完全模仿雕版古籍的装帧方式，使得其版面构造、行款、装帧等与雕版古籍一致，且装订形式由传统线装开始向现代平装和精装转化①。在这些转型中的古籍石印或铅印的平装书上，传统牌记也在传承发展中向现代出版标志转型，突出表现在文字类与图形类的标志设计上。

（一）模拟印章封泥与瓦当效果

传统古籍的文字牌记以楷书居多，时杂有篆书、隶书或草书等。这种情况在近现代出版机构标志中，同样可发现其类似的踪迹，如篆书有亢德书店、山山书屋、中孚书局、史学书局等；隶书有朴社、国家图书馆、教育书店等。传统牌记的文字四周常用墨线围起来，墨围的形状多种多样，有长方形、椭圆形、亚字形等。受其影响，近现代书籍的文字类标志，也有大量使用墨围的情况，如方形、圆形、半圆形、三角形、亚字形、椭圆形、菱形、不规则形等。其中方形的如朴社、亢德书房、教育书店、山山书屋等；圆形墨围如中孚书局、国家图书馆、南洋美洲文化事业部、友声旅行社等；半圆形如春江书局，菱形如民生实业银行，三角形如人文书店，亚字形如史学书局；竖长方形的古今出版社、中医书局等；单或双墨线的华夏书店、多样社等；不规则墨围如林氏出版社、人文月刊、国魂书店、天津益世报业等。其中一些方形与圆形的墨围与其中的文字，还模拟传统的印章捺印后的效果，如朴社、亢德书店、中孚书局、山山书屋等。

庸林书屋	亢德书房	教育书店	山山书屋
中孚书局	国家图书馆	南洋美洲文化事业部	友声旅行社

---

① 王会.古籍概述[M].合肥：安徽师范大学出版社，2018：50.

春江书局	民生实业银行	人文书店	史学书局
古今出版社	中国书局	多样社	华夏书店
林氏出版社	人文月刊	国魂书店	天津益世报业

　　有的出版标志还模拟封泥的效果，如人文月刊、林氏出版社等。封泥又称"泥封"，是古代封缄制度的重要形式之一。秦汉时期书写材料主要是竹简木牍，竹简木牍的文件在传递时，需要用绳子捆扎，再在绳端用胶质泥土封缄，以印章按于封泥上作为封缄的凭证，即为封泥。由于封泥是盖有印章的干燥坚硬的泥团实物，其原印是阴文，钤在泥上便成了阳文，其边为泥面，所以形成四周不等的宽边。印章在盖印过程中，由于软泥入槽多少不一，如正好填满方槽，则泥块干后呈方形，如软泥多而溢出方槽，则这块泥干后呈不规则的圆形，由于泥质易松、蚀、裂、残等，加之历史年代久远，自然剥蚀脱落致使封泥的边缘残缺破损，呈现出斑驳效果，有浑朴之残缺美。且因原泥封上边较宽，拓出后的宽边与内部文字的细瘦形成的对比鲜明醒目，给人以古拙自然之美。后世印人吴昌硕等，深得其奥秘，引之入印，别树一帜[①]。对照人文月刊与林氏出版社等的出版标志，无疑就是模拟封泥效果的设计。

　　近现代墨围文字除了追摹印章封泥的效果外，还模仿瓦当形制。瓦当是中国古代建筑的重要构件之一，为房屋檐际的盖头瓦，即筒瓦末端的下垂部分，可以保护屋檐椽头，免受雨浸日晒，延长房屋的寿命，同时也起到装饰的作用。瓦当有圆形与半圆形等，按纹饰可分为素面瓦当、图

---
① 刘江.篆刻艺术赏析[M].桂林：广西美术出版社，2016：64.

案瓦当、文字瓦当三大类。其中圆形文字瓦当上多为四字，如"千秋万岁""万岁未央""长乐富贵""大吉宦官""君宜侯王"等吉语，且多以瓦当中心为点，呈十字四区分布，这种形制与设计在近现代的出版标志中大量出现，如政法学会、中国政府、龙门联合书局、文艺书屋、中医书局、民俗学会、有正书局、科学社、群学社等。有的还将瓦当边缘的粘连断续等特征清晰地描摹了出来。此外，还有借鉴古代半圆瓦当形制的如春江书局的标志等。

政法学会	中国政府	有正书局	中医书局
文光书局	文艺书屋	龙门联合书局	民俗学会

（二）墨围图形发展为写实图像

在中国古代，"礼"有很大一部分功能是由不同的器物来体现的。早期典礼祭祀所用的器物，多是一些简陋的陶、木、骨、石器等制品。进入商周与春秋战国时期后，统治者利用手中的社会管理职权，将大量青铜资源投入相关礼仪活动中，逐渐发展出名目繁多、数量庞大的青铜礼器，使之成为中国青铜文明重要的象征。根据典礼祭祀的需要，鼎俎之器用于祭祀时陈列牲体，簋簠之器用于供奉五谷粢盛，爵卣之器用于敬献酒鬯，笾豆之器用于盛装菜肴，而钟鼓之器是为了祭祀音乐娱神，等等[①]。这些青铜礼器的形象也出现在宋元明清的牌记中，如宋元明清墨围为钟形、鼎形、炉形、爵形、鬲形等的牌记。近现代出版标志中虽然也出现了钟、镈、爵、鼎、簋、钱币与兵器等，但其已从先前的图形墨围性质，发展为形象写实的图像，如一些标志上的钟镈与簋等，不仅将其上浮雕的饕餮、重环等纹饰清晰地展现出来，还同时将钟镈上突起的

---

① 李学勤，郭志坤，黄爱梅. 封邦建国的礼乐世界　西周[M]. 上海：上海人民出版社，2018：144.

乳钉及钟纽等都一一呈现。如出版标志以钟镈为形象的有中国文学珍本丛书、晨报社、文化学社、中国月刊社、新州书局、晨钟书局、文通书局、中外书局等；以鼎为题材的如九州书局，以簋为题材的如国学珍本文库等。这些采用青铜礼器的出版标志设计，无疑是有传承历史、开启民智思想、警醒世人等寓意。

钟镈	中国文学珍本丛书	晨报社	文化学社	中国月刊社
	新州书局	晨钟书局	文通书局	中外书局
鼎簋币	九州书局	国学珍本文库	财政评论社	民间出版社

二、对西方现代设计运动风格的借鉴

中国近现代出版机构中，有的在明清时期就已建立，跨越明清至近现代的如商务印书馆、广益书局和扫叶山房等，这些机构的出版标志不仅多，且往往传统风格与现代风格并用，从中可以捕捉到近现代出版标志设计中，承袭发展传统与借鉴外来现代风格的演变轨迹。

（一）追求自然曲线的新艺术风格

诞生于19世纪末20世纪初的新艺术运动，上承艺术与手工艺运动，强调手工艺生产与制作，倡导清新的自然风格，装饰纹样来源于自然，突出表现其曲线和有机形态。新艺术运动不排斥工业化生产，积极探索新材料和新技术带来的艺术表现的可能性，从而开创了全新的自然风格。同样在中国近现代的日用商品与图书标志设计中，不乏新艺术运动风格影响下的设计，如商务印书馆早期的英文出版物标志、中英印务局和远东图书公司等出版标志等。

1. 商务印书馆

商务印书馆的盾形标志使用时间大约在20世纪初，该标志的外边缘也是西方常见的植物藤蔓与枝叶缠绕卷曲的纹饰，纹饰内椭圆形轮廓线中心，白底黑文的篆体"商"字，相应地也被处理成椭圆形，"商"字下方的英文名Commercial Press，其字母棱角也被处理成弧线，整个标志设计中新艺术的自然纹样与曲线风格突出而鲜明。此外，商务印书馆出版的英文图书上，还使用了三种风格相近的新艺术风格的出版标志，均是商务英文名首字母"C、P"与卷草纹的组合。其中第一种标志中的卷草纹，除了枝茎末端保留的小叶片外，其余部分几乎被处理成恣意卷曲缠绕的线条，穿插流畅自如，粗细变化丰富。第二种标志的卷草纹叶片增加，花朵硕大。第三种标志卷草纹全部为密集植物叶片所替代，整齐统一，突出了中心环绕的"C、P"字母。

| 1910—1913 | 1915 | 1918—1920 | 1918—1920 |

2. 文通书局

文通书局的医学丛书如《青徽素临床之应用》《抗生性物质之研究》《法定传染病学》等位于封面的出版标志，采用西式圆镜形象，最为突出的是其上下左右模仿植物纹样的卷曲纹饰，创造出富有生机和动感的自然植物藤蔓缠绕的纹饰，将自然和装饰的曲线唯美最大化地体现，充满了异国情调。

|  文通书局的医学丛书《青徽素临床之应用》 |  文通书局的医学丛书《抗生性物质之研究》 |  文通书局的医学丛书《法定传染病学》 |

3. 中英印务局等

中英印务局位于广州市西湖路 55 号，主要出版时间为 20 世纪三四十年代，出版内容为政治、史书、课本等[①]。如 1947 年李英著《日本警察概况》、1927 年李泰初《广东丝业贸易概况》等。其出版标志将"中英印务局"五个汉字笔画的末端几乎全部处理成卷曲的藤蔓形状，若不仔细辨认，还以为是英文书写的花体，这种将中文汉字处理成英文卷曲的花体书写形式，在近现代标志设计中非常少见。与之类似的还有远东图书公司、新宇宙书店等标志中的英文名首字母的设计。

|  中英印务局 |  远东图书公司 |  新宇宙书店 |

（二）凸显光芒速度的装饰艺术风格

20 世纪 20—30 年代，在法国、美国和英国等兴起的装饰艺术运动，是一次风格特殊的设计运动，这场运动与欧洲的现代主义运动几乎同时发生发展，因此装饰艺术运动受到现代主义运动很大的影响，无论是从材料的使用上，还是从设计的形式上，都可以明显看到这种影响的痕迹。其中装饰艺术风格注重几何图形但又不过分地强调对称，常用直线但又不限于直线。装饰艺术风格突出的设计造型有扇形、放射状线条、闪电形、曲

---

① 林子雄.广东古籍文献研究文集古版新语[M].广州：广州出版社，2018：373.

折形、重叠箭头形、星星闪烁形、之字形或金字塔形等①。近现代出版标志中，有不少装饰艺术运动风格影响下的设计，尤以几何扇形、放射状线条、星星闪烁形等为代表。

1. 光芒四射的时还书局与合成书局等标志

旭日喷薄而出的光芒、璀璨闪耀的星光与奔涌的喷泉等象征了新时代的黎明曙光，被大量运用于装饰艺术运动中。同样这些形式也出现在近现代出版标志的设计中，且放射状的光芒多与太阳、图书、齿轮、钟镈等组合在一起，其中与图书组合的如合成书局、开明书店，与太阳组合的东方文学社，与烛光组合的大光明书局，与图书花卉组合的时还书局，与美术黑体字组合的如前夜书局，与灯塔组合的中国灯塔出版社，与钟镈组合的晨钟书局、文通书局等，播种人与田垄及光芒组合的良友图书公司，以及丛书标志形象呈放射状的中华书局等。

时还书局	合成书局	前夜书局
中华书局	文通书局	中国灯塔出版社
中国月刊社	开明书店	良友图书公司

此外，近现代出版标志中还大量出现了闪烁的星光，且这些闪烁星光的多为五角星、六角星、七角星等，其中以五角星居多，如南星书店、七星书店、政法学社等。

---

① 谭景．康永平 [M]．设计概论．天津：天津大学出版社，2010：14．

南星书店	七星书店	政法学社	中国医学齿科出版社

2. 向上递减的广益书局与现代书局等标志

装饰艺术运动风格在形成中，深受古埃及装饰艺术、中美洲玛雅文化等的影响。其中在建筑方面如金字塔或玛雅神庙的设计中，出现了阶梯式或台阶式逐步向上递减收缩的样式，这种建筑特点被大量运用到摩天大楼的装饰艺术中。如美国的克莱斯勒大厦、帝国大厦、洛克菲勒大厦等。这种建筑特点与风格还影响至近现代出版标志的设计，出现了广益书局、华美书屋、现代书局等的装饰艺术运动风格的标志设计。

广益书局	华美书屋	现代书局

3. 风驰电掣的力行出版社与昌文书局等标志

20世纪以来，随着人类现代交通工具的飞速发展，极大地拓展与提升了人们认知的空间，由此以展现时代速度与力量、激情的艺术表现，也成为装饰艺术运动的标志之一。在出版领域的标志设计中，也不乏这一思潮的体现，如力行出版社、昌文书局、大通书局等的出版标志，通过透视、仰视、局部放大、突破天地构图等法则，创造出在交通运输方面，速度、时效等的突飞猛进与时代飞跃般的新成就。

力行出版社	昌文书局	大通书局

（三）强调几何形的现代主义风格

20世纪20年代前后在欧洲发展起来的，以德国包豪斯的成立为标志的现代主义设计，常采用几何风格，强调功能，摒弃装饰。在字体设计方面，为增强识别性和传达性，字体设计简洁、精炼，注重文字本身与字体几何风格的设计。图像方面，常常运用几何与抽象图形，从而创造出形象鲜明、直观、理性的经典设计。受现代主义设计的影响，近现代标志设计中，以文字为主体的标志设计是该时期文字及图形创意探索的集大成时期。此外，受西方文化的影响，近现代的出版标志设计中，还大量涌现出中英文结合或纯英文首字母的标志，创造出众多优秀的成功案例。

1. 几何风格标志

几何风格多是运用点线面等造型元素，来表达标志的主题和内涵的一种形式。其特点是以几何形为主，不注重形似而注重神似。因其图形简洁、内涵丰富，包含的信息量大，给人留下了较大的想象空间，因此逐渐成为现代设计的主流形式。近现代标志设计中，已经出现了这样的趋势，如合众书店、民众书店、西北局兰州服务社、电世界社、华北书店、文化合作公司等。其中合众书店、民众书店的标志中，其文字本身还存有象形文字的意味，随着时代的发展，其象形成分虽然弱化，但仍有一些象形意味的遗存，受现代主义设计的影响，设计从具象化向抽象化、几何化发展。

合众书店	合众书店	民众书店
西北局兰州服务社	电世界社	华北书店

2. 抽象图形化标志

在西风东渐潮流的影响下，20世纪初的文化先锋者曾提倡推行的拉丁化新文字运动，发展至20世纪30年代，许多报纸杂志广告中，常夹杂着拉丁字母及以其为基础的英文词汇，商标中出现西方拉丁字母和英文名称的设计情况也十分普遍。单纯使用英文字形的标志，在近现代香烟商标中比较常见，但在民国出版标志设计中少见，而以中英文即汉字与拉丁字母相结合的标志较多，且往往穿插组合成抽象的图形化标志。出现的英文名称或以全拼或以首字母缩写形式与中文的汉字组合。其中以首字母形式组合的，如北平青年书店，为"Y"与"M"组合而成的标志，其中的"Y""M"分别为young与men的英文首字母缩写后的大写，标志将"Y"与"M"直接上下穿插在一起，形成一个整体。类似的如新民印书馆的"C、P"标志。文艺新潮社的出版标志为一个竖长的菱形里，由大写的"ABC"组合而成的标志。而最知名且最具代表性的为商务印书馆的"C、P"字母组合标志，将商务英文名的首字母"C、P"设计为"印"字形，又似奖杯形或双手合围形，中间为商务印书馆的"商"字，在设计与寓意上皆具匠心。此外，该设计上还运用了有底纹和无底纹两种形式，即阴文与阳文两种标志。类似的还有交通部上海电信局、旦社、三民图书公司、五十年代出版社的出版标志等。

北平青年书店	新民印书馆	文艺新潮社
商务印书馆	商务印书馆	三民图书公司
交通部上海电信局	旦社	五十年代出版社

第六章
近现代出版标志设计与使用杂象

19世纪末至20世纪上半叶，处于历史巨变与转型的中国社会，新的政治与经济基础相对薄弱，但现代新式出版业却在短时间内获得快速膨胀式成长，一度曾涌现出近万家出版机构，从而也造成了这一时期出版业繁荣与紊乱共存的局面[1]。出版主体多元、出版机构多样、从业人员复杂，再加上行业基础不牢固，造成了出版业在发展到一定阶段后问题频出，出版生态的无序与混乱、出版投机的公开化与普遍化、盗版翻印侵权的泛滥等问题越演越烈。在此背景下，出版标志设计领域，图形相似、风格相近，甚至是直接模拟和抄袭等情况也是如影随形。不同出版机构标志的有无及数量多寡形成天壤之别，出版标志的使用与不用等无规律可循，出版标志的位置与大小等也无规范标准。总之，出版标志的这些乱象与杂象的出现，无不缘于当时适应现代出版业快速发展的职业观、道德观和法律观等规范体系和管理机制尚未健全，由此导致了出版标志设计及使用的失序和失范[2]。

第一节 出版标志的位置与数量

与宋元明清时期传统古籍上的牌记类似，近现代新兴的现代出版标志位置也往往不固定。有的出现在书籍的封面，有的在封底；有的在扉页，有的在版权页；有的甚至出现在目录页、环衬页上。出版标志在页面上的

---

[1] 肖东发.中国出版通史[M].北京：中国书籍出版社，2008：4.
[2] 曾建辉.民国时期出版业的失范问题及其治理——基于出版评论的视角[J].燕山大学学报（哲学社会科学版）.2020（5）.

大小、位置高低也各不相同，有的居高，有的居中，有的居于页面的下端外，有的还居于右上角，有的位于左下角等，有着明显的随意性。此外，还有的出版标志被放大后，成为书籍封面装饰的一部分，出现在书脊与封面、封底相互连接的位置上，其所占面积之大，几乎将封面、书脊与封底连为一体。同样情况还出现在环衬页、目录页上的标志，几乎占据了所在页面的全部位置，其页面的装饰性远大于标志的识别性。再者，近现代出版机构的标志数量多少也不尽相同，最多的是商务印书馆，目前发现其近现代使用的出版标志就多达17个。其次是广益书局，出版标志为11个。其余出版机构大多五六个或三四个，或一两个，有的甚至一个也没有。在具体的使用中，有的出版机构自始至终都在用，如商务印书馆、中华书局、文通书局等。而有的出版机构有时用，有时不用；有时同时用两个标志，封面和封底各一个；有的同时用三四个，封面、书脊、封底、扉页都有。总之无定数、无标准，基本是无规律可循。

一、标志位置的不确定性

封面是书籍最外面的一层，即装订成册后的书芯外包粘上的书衣，因此书籍的封面也称书封、封皮、外封等，起着保护书芯的作用。一般在书籍的封面上除了书名、作者、出版机构名称与时间外，往往还有封面插图，对书籍起着美化装饰的作用。此外，在书籍的封面、环衬与扉页上，还有出版标志的踪影。

（一）封面、环衬与扉页

20世纪上半叶，出版标志出现在封面的图书，涉及不同民营商业、政社团体、在华外国出版机构。其中出版标志有的位于书籍封面左上方的，有位于左下角、右下角的，或位于封面下方中间、封面中间左端、封面右端或偏上等位置。如出版标志居于封面左上方的有1932年日本堂出版的旅游系列丛书《江南名胜史》，1936年延安大众读物社出版的《哲学初级读本》，1923年中华职业教育社出版的期刊《教育与职业》第64期等；出版标志位于封面左下角的，如1937年良友图书公司出版的《炼》；位于封面右下角的，如1938年广学会《基督教伦理学之基础》，以及1940年伊文思图书公司《远东算数课本》等；出版标志位于封面下端中间位置的，如别发印书馆的《英语阅读初阶》；位于封面中间偏左的，如1941年文化供应社《保家乡》；位于封面右端偏上位置的，如1931年宣道书局《福音的道理》等，总之五花八门，各不相同。

《江南的名胜史》	《哲学初级读本》	《教育与职业》
《炼》	《远东算术课本》	《基督教伦理学之基础》
《英语阅读初阶》	《保家乡》	《福音的道理》

　　扉页是书籍翻开后的第一页，又叫内封或书名页，扉页的作用首先是补充书名、著作、出版机构等信息。有的扉页设计追求简洁明快，装饰内容较少，一般只有书名、作者名、出版机构和出版标志等；有的扉页全页都有底纹，且图案复杂，风格华丽。近现代出版标志有的就位于图书扉页上，且在扉页的具体位置也不固定，有的居中，如1932年良友图书公司出版的《高尔基评传》，播种人标志位于扉页的中间；有的位于正中偏下方的位置，如1935年《浅予速写集》扉页下方的独立出版社标志；有的

还居于扉页正中偏左的位置，如1946年开明书店的《生物素描》上的出版标志等。

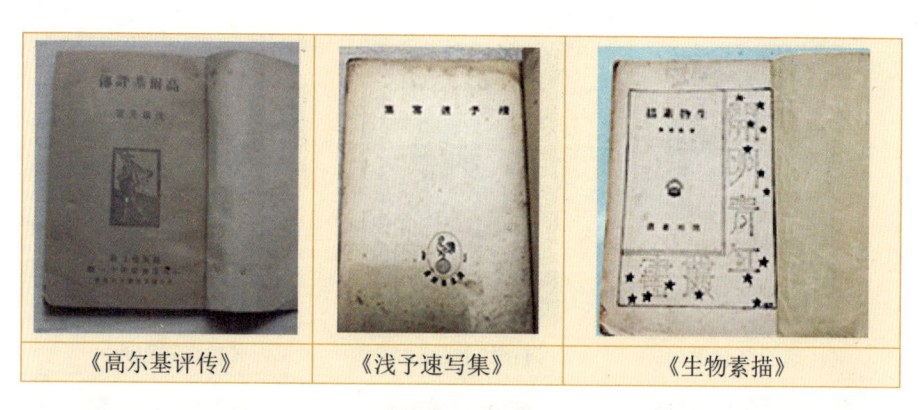

| 《高尔基评传》 | 《浅予速写集》 | 《生物素描》 |

环衬是书籍封面后、封底前的空白页，环衬起到连接封皮和内页正文部分的作用。环衬分双环衬和包脊双环衬，包脊双环衬比开本大一些，其一半是粘在封二或封三上的，另一半则是活动的。早期环衬一般不印任何文字图案，后开始选择与正文不同颜色的用纸或带压花的纸张能够使设计更富有变化，有的还发展成印有绘画、图案、题字等，借以增强全书的艺术性①。目前发现近现代的良友图书公司、汗血书店、广学会等出版机构出版的一些图书上，其出版标志还出现在其环衬页上。如良友图书公司1935年出版的《文学论争集》《虫蚀》《移行》等，其环衬页上出现了良友的播种人标志，且该标志被放大至全页，标志背景中的放射状光芒与地面呈平行线的沟垄处理，具有强烈的装饰艺术效果。还有1936年良友推出的精装袖珍本丛书系列如《艺术丛话》《踌躇集》《拜伦的童年》等，在该系列图书的环衬页上还出现了良友的双鹅标志，同样占据了环衬页的主体部位。汗血书店的出版标志位于环衬页上的，如1935年汗血书店《新县政研究》，1936年汗血书店《战时消费品之分配统制》《田赋问题研究》等，该标志主要出现在书籍环衬页的上端，且以二方连续的方式左右延展，使得原标志中独立的战斗者的形象重复出现，从而形成了行进作战的队伍形象。现代书局1932年、1934年出版的图书《沫若诗集》《经济学概论》《中国新文化运动概观》《文学评论集》《世界的民族文学家》《随笔三种》等书上，除了在书的封底有出版标志外，在其环衬页上将两种不同底色的出版标志，以密不透风的方式相间分布于整个页面，这

---

① 佐佐木刚士.佐佐木刚士的设计制作原理[M].上海：上海人民美术出版社，2016：57.

种创意与做法令人耳目一新。

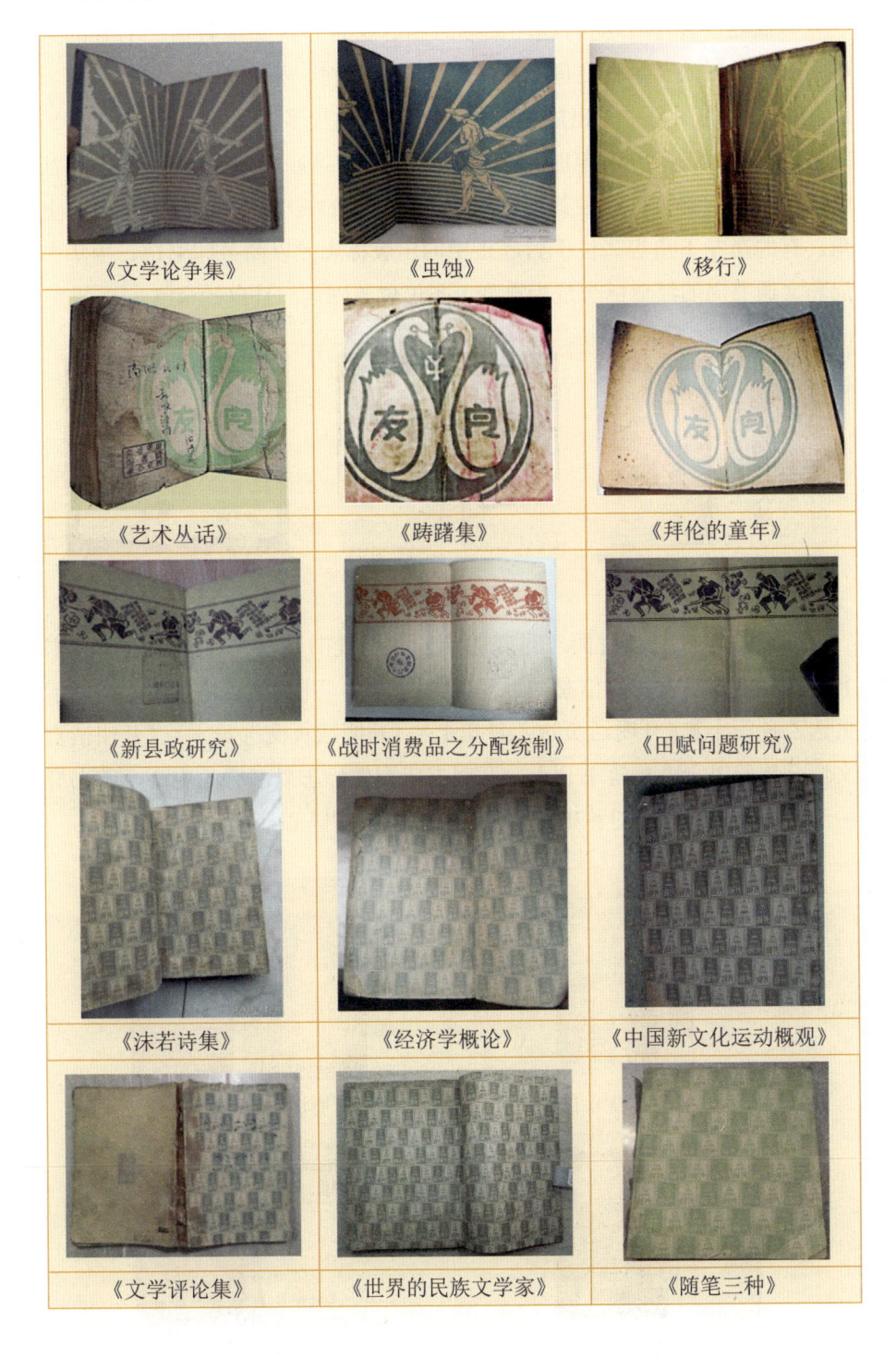

《文学论争集》	《虫蚀》	《移行》
《艺术丛话》	《踌躇集》	《拜伦的童年》
《新县政研究》	《战时消费品之分配统制》	《田赋问题研究》
《沫若诗集》	《经济学概论》	《中国新文化运动概观》
《文学评论集》	《世界的民族文学家》	《随笔三种》

（二）封面、书脊与封底

　　封底是一本书书皮的底，又称封四、底封。封底是封面、书脊的延展和补充，封底与封面之间紧密关联，相互帮衬，相互补充，缺一不可。近现代出版的图书中，出版标志位于封底的比较多，如1926年大东书局《雪鸿轩尺牍》，1949年时代出版社《普通一兵》和1930年华通出版社的《中国文学评价》等。其中有的标志在封底的正中，有的在封底的右上角，有的在左下角等。位于封底正中的出版标志尤以商务印书馆、中华书局和文通书局的经典标志最为典型，不仅位置固定，且自始至终。

| 《雪鸿轩尺牍》 | 《普通一兵》 | 《中国文学评价》 |

　　书脊是连接书刊封面、封底的部分。一般书刊往往在书脊上印有书名、作者、出版机构等信息。近现代的图书中，开明书店出版的《开明活页选乙种第十》《开明活页选乙种第七》《开明活页文选第六》《开明活页文选合装册第十六》等书刊上，开明书店图像标志以书脊为中心，跨书脊两侧，形成以书脊为对称中心的巨大标志，可谓匠心独运。

| 《开明活页选乙种第十》 | 《开明活页选乙种第七》 |
| 《传记》 | 《温士堡·俄亥俄》 |

此外，晨光出版集团的雄鸡形象标志，不仅单独出现在封底上，也同时出现在封面、书脊与封底上，与书籍封面封底的插图融为一体。如1949年晨光出版集团出版的石华父所译的《传记》一书，其蓝色的封面、封底上，有海鸥、帆船和雄鸡标志组成的图案，呈左上与右下方向的条状布局。与此同时，在同年出版的另一本书，即吴岩翻译的《温士堡·俄亥俄》一书，黄色封面、封底上，同样有海鸥、帆船和雄鸡标志组成的图案，呈左上与右下方向的条状布局。

（三）版权页、目录页与广告页

近现代图书的出版标志，除了位于上述的封面、环衬、扉页、书脊、封底外，还有的出现在图书的版权页、目录页或广告页中。

版权页是出版物的版权标志，也是版本的记录页，一般位于书名页的背面、封三或书末。版权页的作用是供读者了解图书出版情况的同时，出版机构还用来强调和申明著作者、印行者的权益。据研究，1902年广智书局出版《欧洲十九世纪史》，是国内出版物首次采用版权页的开始。1906年《大清印刷物专律》第二章第六条规定版权页是印刷物上印明"印刷人姓名及印刷所所在"的页面，可以说是近代中国版权制度的肇始构建。版权页包含的八大元素是书名、作者名、译者名、出版社、印刷者、发行所、版次、印数、定价等等，并加"版权所有翻印必究"字样，或粘贴有作者的版权印花[1]。在版权页上使用出版标志的，如扫叶山房1910年出版的《雷公药性赋》，其标志不仅赫然出现，且巨大的标志几乎占了一整页[2]。除了扫叶山房外，当时还有其他机构出版的图书，将出版标志置于版权页上的印花粘贴处，如1935年汗血书店《新县政研究》、1937年文化建设月刊《今日之日本》等。

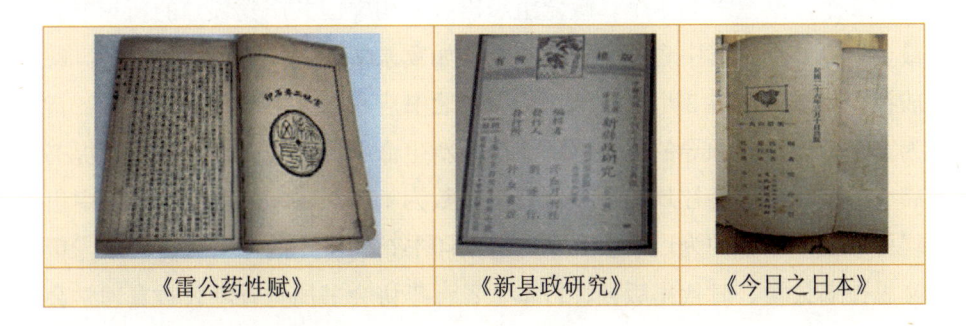

《雷公药性赋》	《新县政研究》	《今日之日本》

---

[1] 罗智国. 近代中国书业的非凡时代 1905—1937 [M]. 合肥：黄山书社，2017：207.

[2] 刘瑞升. 徐霞客游记书影 [M]. 上海：上海远东出版社，2017：264.

除了版权页外，近现代的出版标志还出现在广告页与目录页中，如1935年《汗血月刊》封底广告页下方文字正中，就是红色醒目的汗血书店的出版标志。在1935年出版的《汗血月刊》目录页上，目录页的黄色线条底纹同样是放大了的汗血书店出版标志。

《汗血月刊》封底广告页　　　《汗血月刊》目录页

二、标志的多寡与应用随意

（一）多标志的同用与换用

本书研究涉及的近现代商业出版机构、政党社团机构和在华外商出版机构中，涉及知名的大小出版单位有70个左右，目前共发现出版标志大约140个。其中民营商业机构中商务印书馆出版标志数量最多，中英文共计17个，广益书局11个，中华书局、世界书局与良友图书公司各4个，开明书店、大东书局、文通书店、北新书局、泰东书局均为3个，亚东图书馆2个，其余多为1个。政党组织出版机构中国共产党领导的新华书店最多，为6个，其中含分支机构5个，如冀东解放区、冀南解放区等。解放社、新知书店各3个，生活书店、华北书店、东北书店、文化供应社皆为2个，国民党领导的民智书局3个，新生命书局、独立出版社、拔提书店、中国文化服务社均为2个，其余多数为1个。在华外商出版机构中出现标志的，最多的为广学会6个，慈幼印书馆与土山湾印书馆各3个，伊文思图书公司、时代出版社、日本堂、青年协会书局与香港公教真理学会各2个，其余多数为1个。

通过以上数据分析可知，民营商业出版机构的标志整体而言相对较多，属于多标志的出版机构。民主党派组织有出版标志的数量不多，目前发现仅有的两家也是各为1个，为单标志。无论是多标志，还是仅有1个标志，在具体的使用中，情况也是各不相同。

1. 封面封底同时使用

近现代图书中，有的在一本书的封面与封底同时使用出版标志，且标志都是相同的，如1927年英商伊文思图书公司《科学与近代的进步》一书，其封面与封底上的标志均相同；1925年世界书局《高级自然课本》的标志使用情况相同。不同的如1929年广学会出版的《基督教史纲》，封面标志为油灯形，封底为中英文组成的圆形印章式标志。而1938年广学会出版的《基督教伦理学之基础》一书，封面右下角标志为圆形印章式，而封底为方形印章式。良友图书公司1936年出版的《苏联作家七人集》封底用的是良友的双鹅标志，而扉页上用的是播种人标志。

类似的还有一种情况是书籍封底使用出版机构标志，封面用丛书标志的情况，如1935年中华书局《英文同音异字汇解》和1948年文通书局的《抗生性物质之研究》等。

《科学与近代的进步》	《高级自然课本》
《基督教史纲》	《基督教伦理学之基础》

《英文同音异字汇解》 　　《抗生性物质之研究》

《苏联作家七人集》 　　《苏联作家七人集》

2. 同套同系列换用等

同一套书的上下册所使用标志也不一样，如商务印书馆 1916 年赵玉森《重订瀛寰全志》（上下册）上册封底标志为商务盾形标志，下册封底标志为商务的梅花形标志。

鲁迅著《野草》，为北新书局的乌合丛书之一，自 1927 年至 1935 年，共有十版，其使用的出版标志既有北新书局的第一种，又有第二种、第三种。如 1927 年 7 月印行，封底为第二种标志。1933 年 3 月十版和 1935 年 9 月十版，其封底均为第一种标志。北新书局第三种出版标志出现在 1912 年出版的鲁迅著《彷徨》、1922 年出版的《呐喊》上，但该书 1939 年 6 月二十四版封底却是第一枚标志。北新书局发行的冰心全集之一《冰心小说集》在 1933 年至 1937 年共有六版，共使用了 3 种标志，其中 1933 年 1 月初版封底为第三种标志，1934 年 4 月三版封底为第一种标志，1937 年 2 月六版封底为第一种标志。

即便同一出版社同一书籍上使用同一标志的，标志在细节表现上仍有不同，如独立出版社 1935 年出版的《浅予速写集》，扉页上是纯线条勾勒的独立于地球之上的雄鸡标志，而封底上的同一标志，在雄鸡与地球背景形成的椭圆内，添加了深背景色，使用了辅助色。

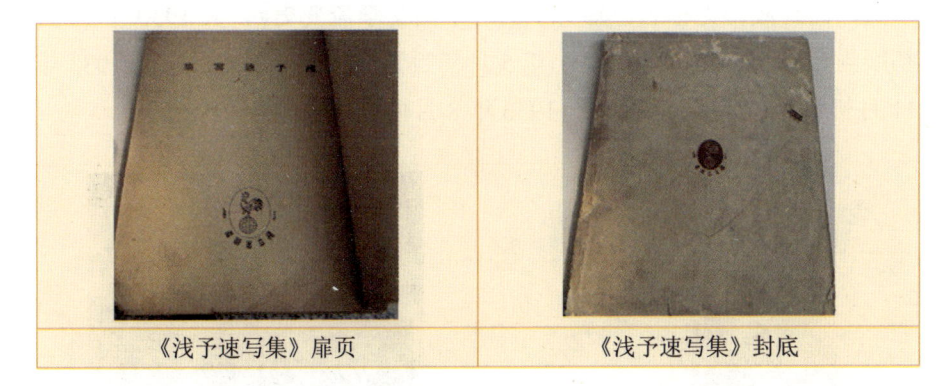

《浅予速写集》扉页　　　　　　《浅予速写集》封底

此外，出版标志还用在出版机构的店徽、出版机构兼营的其他商品货物上。如商务印书馆光绪三十四年（1908年）出版的、由吕瑞廷与赵澂璧编辑的《新编中国历史》一书，其封底正中印有一个青龙图案出版标记，据熟悉书业掌故的人说，该标记曾兼作老商务的店徽①。与此同时，商务印书馆的CP阴文和阳文两枚标志除了用于图书上的出版标志外，还用于商务经营的文具、纸及其制品、颜料、油漆、理化学、测量、照相教育等用器械器具及其附件，以及"不属于别类的机械器具及其附件"等之上②。

（二）单标志的用与不用

目前发现有单标志的出版机构，不同时期及同一时期出版发行的图书，有的有出版标志，有的没有；有的版本有标志，有的版本无；有的早期版本无标志，晚期版本有；有的晚期版本印的是早期的标志等，总之情况多种多样，无规律可循。其中表现比较突出的如北新书局、世界书局等。

1. 偶用与不用

北新书局出版的图书中使用其第一种标志的，有刘半农翻译的《茶花女》、郑宾于编的《中国文学史流变》等。其中刘半农翻译的《茶花女》，该书自1926年在北京北新书局印行第一版后，至1937年在上海的北新书局共出版印行了七版，即1926年7月初版，1926年8月再版，1927年5月三版，1929年2月四版，1930年五版，1935年1月六版，1937年5月

---

① 陈巧孙.小谈"出版标记"[J].出版史料，1982：141.此处需要指出的是，该文中提到的《新编中国历史》，应为《新体中国历史》一书。
② 《民国商标汇刊》中的注册登记相关信息。

七版。在这七版中，1935年1月六版和1937年5月七版的封面一致，封底均有出版标志。但1927年5月三版和1930年4月五版，封面与六版、七版一致，而封底却无标志。郑宾于的《中国文学流变史》，其1930年10月初版封底有第一种标志；1931年5月初版无标志，再版有标志；1933年11月初版封底有第一种标志，1936年8月再版封底有第一种标志。

北新书局《茶花女》封底无标志　　北新书局《茶花女》封底有标志

北新书局《中国文学流变史》再版有标志　　北新书局《中国文学流变史》初版无标志

还有一些出版机构由于特殊原因，或借助其他机构的印刷所印刷图书，或借助其他机构的发行部发行，因此在图书的封底印有该代理机构的出版标志，如1935年泰东图书局出版的法国鲁滂的原著《群众》，由大新书局发行，在该书封底也有大新书局的标志。1935年版的向达、恺然著《拳术见闻录》，发行人赵南公，出版者泰东图书局，总发行所大新书局，封底也有大新书局的标志。同年出版的郭沫若所著的创造社辛夷小丛书《卷耳集》，发行人赵南公，出版者泰东图书局，总发行所大新书局，封底也有大新书局的标志。类似的情况还有1935年4月十二版郭沫若的《女神》，发行者赵南公，泰东图书局出版，封底是上海大新书局标志。1946年艾芜撰《文学手册》，由香港文化供应社出版，封底却是中华书局的标志，而1947年版封底却无标志。1946年邵慎之撰《地图的秘密》，由香港大千印刷出版社印刷、香港文化供应社发行，但封底是商务印书馆的出版标志等。

2. 自始至终使用

在 20 世纪上半叶出版标志使用情况五花八门的情况下，仍有一些知名机构始终如一较为规范地使用出版标志，如中华书局。从当前能见到的中华书局早期的出版图书来看，自启用出版标志后，中华书局的标志就多出现在书籍的封底，且只要是中华书局出版发行的图书，不仅封底有标志，且标志位置相对固定，使用情况也自始至终，与其他出版机构形成鲜明的对比。类似情况的还有商务印书馆与文通书局的经典标志应用等。

三、单标志的使用与限用

近现代出版机构除了多标志、无标志的出版机构外，剩下的就是众多单标志的出版机构，但由于这些机构多数创办时间不详、关停时间不明，出版标志的使用时有时无，原因也不甚明了。此外，有的出版机构，出版标志下还附加年份，如群益出版社的图书出版标志，所处的位置主要在封底的右上角或正中间。其居于中间的标志，往往在标志的下方有不同年份数字如 1946 年、1947 年、1948 年等，出现相应年份标志的图书为该年出版的，这在近现代出版机构及标志设计使用上还是少有的，目前发现使用这种年份限制的出版标志图书主要有：

- 1946 年郭沫若著《南京印象》
- 1946 年贺孟斧译《烟草路》
- 1947 年 [德] 马克思著 郭沫若译《批判经济学》
- 1947 年郭沫若译《浮士德》
- 1948 年 [德] 米海里司著 郭沫若译《美术考古一世纪》
……

| 《南京印象》 | 《浮士德》 | 《美术考古一世纪》 |

第二节　标志设计的混用与冒用

近现代出版领域出现同名机构不同标志，以及机构名称相近、标志相近的大致有社会历史、党派政治及商业管理不善等原因，相对而言后两者比较突出，其中党派政治原因中有国民党政府对共产党出版机构实施限制、压制、迫害和取缔关停等强权政策，共产党出版机构在迫害与反迫害、压制与反压制中，为了继续生存、发展和斗争，不得不灵活应对，由此出现了大量异名机构使用相同、相近标志的情况。此外，近现代由于出版市场监管不力，商标法、出版标志法不健全，也造成了同名、异名出版机构，标志相近、相同等乱象，出版标志设计上的模仿、抄袭、冒用、混用等现象也层出不穷。

一、同名近名机构不同标志

近现代出版领域中，有大量同名、近名但实际上是不同性质的不同出版机构，其出版标志因此也各不相同，如同名的北方书店与近名的国光出版社等。

当时以"北方出版社"命名的出版机构在北平、重庆、昆明、沈阳与哈尔滨等地皆有。但北平、重庆与昆明的北方出版社与哈尔滨的北方出版社，应为同名但实体不同的出版机构，这从其出版图书的信息中就可以知道。如1943年重庆的北方出版社出版了刘治寰著述的《慈禧太后西狩记》。1945年昆明的北方出版社出版光未然长篇叙事史诗《阿细的先鸡》。北平的北方出版社1948年曾出版了国父遗墨筹备委员会编纂的《国父墨宝》。此外，1999年辽宁省地方志编纂委员会办公室主编出版的《辽宁省志·出版志》中，1947年至1951年期间沈阳也有一家北方出版社，但具体信息不详。关于这种情况，张泽贤先生的《民国出版标记大观》中也提到他对这家出版社知之甚少，所见北方出版社的书不多，总体印象是一家解放区的出版机构。这种看法是正确的，因为根据当前找到的《改造我们的学习》一书，是毛泽东1941年5月完成的一部著作，1946年4月北方出版社作为"北方文丛之一"出版该书。由此可见，同名出版社其实际情况的复杂与不同。另外，近现代近名出版机构也比比皆是，如与国光出版社名称相近的有国光书店、神州国光社、上海国光社、国光舆地出版社等，其标志也是各不相同，所有这些都造成了出版机构繁多，出版标志混杂等现象。类似的还有共产党领导的新光书店与国民党的新光书店、三民书店与三民图书公司、东方书社与东方文学社等。

（一）共产党领导的新光书店与国民党的新光书店

近现代一些出版机构出现了重名及名称相近的现象，有时甚至是国共两党领导的书店同时用一个机构名，如新光书店。目前发现的新光书店共有3个标志，一个是共产党领导的新光书店标志，另外两个出版标志从其设计使用的题材判断，应为国民党的出版机构。共产党领导的新光书店，为1941年读书出版社在桂林开设的书店。整个抗战时期，桂林先后有各类出版机构多达178家，其中如中国共产党领导的新华日报桂林营业处，以及进步出版机构如生活书店桂林分店、读书生活出版社、新知书店、文化供应社、新光书店等①。为避免国民党政府的检查和迫害，一些共产党领导的出版机构出版的图书还多用伪装的办法。如北方人民出版社，所出图书绝大部分是重印人民出版社、新青年社、上海书店、华兴书局、无产阶级书店等出版过的读物。该社书籍多用伪装的办法，书名常常是假名，出版社名字也常署人民书店、新生书店或新光书店等②。此外，在北平、山东、贵州等省市，也有共产党领导的新光书店。如山东菏泽新光书店，由进步人士李玉勤、傅利轩等负责，以经营进步书刊、杂志为主，由于宣传抗日救国，后被国民党查封③。贵州镇远新光书店1938年由镇远进步人士熊岳柏在当地开设，书店不仅经营进步书刊，而且成了当地《新华日报》的分销点，保证了革命书刊不断输入镇远④。

桂林新光书店	国民党新光书店	新光书店	三民公司	三民书店

（二）三民书店与三民公司

机构名称相近，而标志不同的，还有三民书店、三民公司、三民图书

---

① 魏华龄. 桂林抗战文化综论 [M]. 桂林：广西人民出版社，2014：4.
② 吴永贵. 中国出版史·近现代卷 [M]. 长沙：湖南大学出版社，2008：387.
③ 山东省菏泽地区地方史志编纂委员会. 菏泽地区志 [M]. 济南：齐鲁书社，1998：691.
④ 贵州省地方志编纂委员会. 贵州省志·出版志 [M]. 贵阳：贵州人民出版社，1996：119.

公司等。近现代在江西、浙江、安徽、江苏、河南等地，都出现了三民书店，多为共产党所领导。如周维炯，安徽省金寨县人，1924年秋加入中国共产党。1926年7月赴河南开封，与共产党员吴芝圃一起开办三民书店，从事革命活动①。1928年春，因时局动乱，中共皖西六安特区委为了建立工作基地，派窦克难赴任组织当地学生会秘密传阅进步刊物《向导》《新青年》等，传播真理，引导青年走上革命道路。为此，他以共青团和学生会名义建立了"读书会"，内设"图书贩卖部"，外挂"三民书店"的牌子。通过民众学校、三民书店、读书会等形式向广大百姓介绍马列主义，灌输革命思想，引导他们走上革命道路②。此外，近现代时期的江西六合城区先后开办了同文社、老世界书局、进化书局、文化书店、三民书店、文明书店，一品斋书店、生活书店、合众书店、爱古书店、正中书店等私营书店，其中施先明等人开办的"三民书店"秘密出售进步书刊，并以书店做掩护，进行革命活动。1948年因时事艰难，这些书店多数停业③。

与三民书店名称相近的三民公司或三民图书公司，其社址位于上海北四川路，是一家有实力的公司，既有总发行所，还有分发行所和印刷所。从其出版的图书，许多都是孙中山、三民主义以及国民党早期的一些代表人物著作，如1926年的《孙中山主义读本》，1927年的《中国国民党几个根本问题》与《蒋介石全集》，1928年的《胡汉民最近言论》，1929年的《三民主义表解》《建国方略问答三百条》《汪精卫全集》《戴季陶集》等判断，应为国民党所属的出版机构。1927年出版的《孙逸仙传记》书末印有一则特别启事："本公司开办以来，历有年所，所出中山主义各种书籍及纪念品，早已行销国内外。近有人组织与本公司名称类似的书店，查与本公司全无关系，深恐各界误会，特行郑重声明！尚希本外埠，惠购诸君及各同业注意为荷！本公司总发行所在上海北四川路底狄思威路口919号。本公司分发行所在上海棋盘街交通路99号④。"由此可见，与三民书店、三民公司等名称接近的出版机构还有其他。

---

① 信阳地区地方史志编纂委员会. 信阳地区志 [M]. 北京：生活·读书·新知三联书店，1992：973.
② 汤祖祥. 革命故事 [M]. 合肥：黄山书社，2015：225.
③ 六安市地方志编纂委员会. 六安市志 [M]. 南昌：江西人民出版社，1991：390.
④ 张泽贤. 民国出版标记大观续集 [M]. 上海：上海远东出版社，2012：366.

（三）东方书社与东方文学社等

近现代出版机构的名称中有"东方"二字的不少，张泽贤先生在《民国出版标记大观》中介绍过与东方书社和东方文学社名称相近的有六七个，"这些出版机构有的有标记，有的没有，而标记的设计图案与文字几乎相同，文字都取'东方'二字，如果把彼此的标记互换，也看不出有什么差异[①]。"目前发现其他以"东方"开头的出版机构有东方社、东方书局、东方杂志、东方书店、东方学会、东方书院、东方画报等。此外，类似的还有文风出版社与文风书局等。

东方文学社	东方书社	文风出版社	文风书局

二、异名机构相同相近标志

20世纪随着西方现代思潮、科技图形及机器印刷出版技术设备的引入，在图书机构出版标志设计领域，出现了大量设计题材相同、设计方法相近、设计标志雷同的现象，且尤以近现代科技图形如印章形、地球仪、地图、平装书、太阳光芒等图形为代表，形成了程式化、模式化的标志设计现象，出现了出版领域异名机构标志相近的状况，这是中国近现代设计发展史上一个非常特殊的历史现象。除此之外，还有一些与知名出版机构标志雷同的，如大东书局与东方书店、商务印书馆与亚洲文明协会、北京书店与华北书店等。

（一）大东书局与东方书店

大东书局是近现代知名的出版机构之一，其标志是圆形的齿轮内有一印刷滚筒，滚筒上端是一本打开的书，书的两页分别有"大""东"两个篆书字体。东方书店的标志与大东书局如出一辙，唯有标志内书页上的"大""东"两个篆书字体，被换成东方书局的"东""方"两个篆体字。

---

① 张泽贤.民国出版标记大观续集[M].上海：上海远东出版社，2012：110.

大东书局	东方书店

（二）商务印书馆与亚洲文明协会

亚洲文明协会与商务印书馆的梅花形标志也大同小异，只是商务印书馆，梅花形标志中每个花瓣中的机构名称文字，皆运用具有行书意味的隶书体，且字体大小与花瓣形成的疏密、留白恰到好处，展示出梅花的形神与精髓，该设计集文化象征寓意与书画艺术于一体。与之形成对比的亚洲文明协会标志，徒有其形，少其艺术与精神。

商务印书馆	亚洲文明协会	北京书店
华北书店	独立出版社	鸡鸣书局

（三）北京书店与华北书店

祈年殿为明清两代皇帝孟春祈谷之所，是一座镏金宝顶、金碧辉煌的三层重檐圆形大殿。按照"敬天礼神"的思想，祈年殿为圆形，象征天圆；瓦为蓝色，象征蓝天。

北京书店的出版标志设计就是以北京的祈年殿为素材，背景中云气升腾，突出了北京书店特殊的地域位置，以及书店的传统文化积淀等。而华北书店是抗战期间由重庆的生活书店、读书生活出版社、新知书店联合派人以民营的名义，在延安和晋东南敌后抗日根据地建立的出版发行机构，显然与北京天坛祈年殿无直接的联系，但其标志无论是在出版机构名称上，还是在祈年殿的建筑图形上，都与北京书店如出一辙。类似出版机构名称不同，但出版标志类似的还有独立出版社与鸡鸣书局、沈鹤记与中原书局、枫社与文艺书局等。

主要参考文献

辞典类：

[1] 王余光，徐雁. 中国阅读大辞典 [M]. 南京：南京大学出版社，2016.
[2] 熊月之. 上海名人名事名物大观 [M]. 上海：上海人民出版社，2005.
[3] 施宣圆，王有为，丁凤麟，等. 中国文化辞典 [M]. 上海：上海社会科学院出版社，1987.
[4] 马学新，曹均伟，薛理勇. 上海文化源流辞典 [M]. 上海：上海社会科学院出版社，1992.
[5] 许力以. 中国出版百科全书 [M]. 太原：书海出版社，1997.
[6] 上海辞书出版社. 中国现代文学词典 [M]. 上海：上海辞书出版社，1990.
[7] 张宪文，方庆秋，黄美真. 中华民国史大辞典 [M]. 南京：江苏古籍出版社，2001.
[8] 尚海. 民国史大辞典 [M]. 北京：中国广播电视出版社，1999.
[9] 马洪武，王德宝，孙其明. 中国革命史辞典 [M]. 北京：档案出版社，1988.
[10] 征农，陈至立. 大辞海：中国近现代史卷 [M]. 上海：上海辞书出版社，2013.
[11] 王巍. 中国考古学大辞典 [M]. 上海：上海辞书出版社，2014.
[12] 薛理勇. 上海掌故辞典 [M]. 上海：上海辞书出版社，1999.

著作类：

[1] 肖东发. 中国出版通史 [M]. 北京：中国书籍出版社，2008.
[2] 陈丽菲. 上海近现代出版文化变迁个案研究 [M]. 上海：上海辞书出版社，2016.
[3] 陈昌文. 都市化进程中的上海出版业（1843—1949）[M]. 上海：上海人民出版社，2012.
[4] 侯怀银. 民国教育学术研究 [M]. 长沙：湖南教育出版社，2018.
[5] 吴洪成. 中国近现代教科书史论 [M]. 北京：知识产权出版社，2017.
[6] 陈明远. 文化人的经济生活 [M]. 西安：陕西人民出版社，2013.
[7] 罗智国. 近代中国书业的非凡时代（1905—1937）[M]. 合肥：黄山书社，2017.
[8] 仲淳，林元平. 台海遗珍：厦门市博物馆藏涉台文物赏鉴 [M]. 上海：学林出版

社，2014.

[9] 中国大百科全书出版社编辑部. 中国大百科全书 [M]. 北京：中国大百科全书出版社，1990.

[10] 叶再生. 中国近代现代出版通史：第 2 卷 [M]. 北京：华文出版社，2002.

[11] 刘英编. 漫画宗师：丰子恺 [M]. 北京：民主与建设出版社，2012.

[12] 商金林. 叶圣陶全传：第 2 卷 [M]. 北京：人民教育出版社，2014.

[13] 刘学洙. 黔疆初开 [M]. 贵阳：贵州人民出版社，2013.

[14] 徐松如. 都市文化视野下的旅沪徽州人（1843—1953 年）[M]. 上海：上海人民出版社，2015.

[15] 李怡，毛迅. 现代中国文化与文学 [M]. 成都：巴蜀书社，2018.

[16] 汪原放. 回忆亚东图书馆 [M]. 上海：学林出版社，1983：1.

[17] 张泽贤. 民国出版标记大观 [M]. 上海：上海远东出版社，2012.

[18] 范军、何国梅. 商务印书馆企业制度研究（1897—1949）[M]. 武汉：华中师范大学出版社，2014.

[19] 丁景唐. 犹恋风流纸墨香：六十年文集 [M]. 上海：上海文艺出版社，2004.

[20] 方庆秋，曹必宏，郭必强. 民国党派社团出版史丛 [M]. 南京：江苏人民出版社，1996.

[21] 中国戏剧出版社. 弦歌不辍：中国戏剧出版社 60 年 [M]. 北京：中国戏剧出版社，2017.

[22] 胡序威. 胡愈之文化现象研究 [M]. 北京：生活·读书·新知三联书店，2016.

[23] 上海市文物保护研究中心，上海市测绘院，上海淞沪杭抗战纪念馆. 上海抗战史迹图集纪念抗日战争胜利 70 周年 [M]. 上海：中华地图学社，2015.

[24] 福建省政协文史资料委员会. 文史资料选编：第 3 卷文化编 [M]. 福州：福建人民出版社，2001.

[25] 福州晚报. 抗日者 [M]. 福州：海峡文艺出版社，2018.

[26] 冯克熙. 路漫漫其修远 [M]. 重庆：重庆出版社，1998.

[27] 姚一鸣. 中国旧书局 [M]. 北京：金城出版社，2014.

[28] 邹振环. 20 世纪上海翻译出版与文化变迁 [M]. 南宁：广西教育出版社，2000.

[29] 中共上海市委党史研究室，上海市档案局（馆）. 日出东方：中国共产党诞生地的红色记忆下 [M]. 上海：上海锦绣文章出版社，2014.

[30] 吴永贵. 中国出版史：近现代卷 [M]. 长沙：湖南大学出版社，2008.

[31] 赵生明：新中国出版发行事业的摇篮 [M]. 西安：太白文艺出版社，2017.

[32] 姜椿芳. 姜椿芳文集：第九卷随笔三怀念·忆旧 [M]. 北京：中央编译出版社，2012.

[33] 赵生明. 新中国出版发行事业的摇篮 [M]. 西安：太白文艺出版社，2017.

[34] 郑士德. 图书发行学概论 [M]. 北京：新华书店总店，1984.

[35] 陕西省地方志编纂委员会. 陕西省志：出版志 [M]. 西安：三秦出版社，1998.
[36] 郑士德. 新华书店五十春秋 [M]. 北京：新华书店总店，1987.
[37] 齐峰，李雪枫. 山西革命根据地出版史 [M]. 太原：山西人民出版社，2013.
[38] 河北省新闻出版局出版史志编辑部. 中国共产党晋察冀边区出版史资料选编 [M]. 石家庄：河北人民出版社，1991.
[39] 新华书店总店. 书店工作史料 2[M]. 北京：新华书店总店，1982.
[40] 于世军，乔桦，吕品. 东北小延安文化名人谱 [M]. 北京：中国戏剧出版社，2012.
[41] 吉林市文化艺术志编辑部. 吉林市文化艺术志资料汇编第七辑 [M]. 1989.
[42] 戈双剑，杨晶. 鲁迅：生存与表意的策略 [M]. 广州：广东教育出版社，2012.
[43] 高信成. 中国图书发行史 [M]. 上海：复旦大学出版社，2005.
[44] 上海市出版工作者协会编辑组. 出版史料第二辑 [M]. 上海：学林出版社，1983.
[45] 徐乃翔，黄万华. 中国抗战时期沦陷区文学史 [M]. 福州：福建教育出版社，1995.
[46] 贺渊. 新生命研究 [M]. 北京：社会科学文献出版社，2011.
[47] 金竹山. 蒋介石与他的幕僚们：下 [M]. 北京：团结出版社，2014.
[48] 谢长法. 教育家黄炎培研究 [M]. 济南：山东人民出版社，2016.
[49] 周汉民. 世纪弦歌中华职业教育社立社 100 周年纪念文集 [M]. 上海：上海科学技术文献出版社，2017.
[50] 杨力主. 中国抗战大后方中间党派文献资料选编：上 [M]. 重庆：重庆出版社，2016.
[51] 李向平. 文化正当性的冲突 [M]. 上海：百家出版社，2006.
[52] 王望峰. 白衣的智慧：弘法居士 [M]. 郑州：中州古籍出版社，2015.
[53] 于建华. 南北书画价值考 [M]. 上海：学林出版社，2017.
[54] 马越. 禅智山光——扬州佛教文化遗产 [M]. 南京：东南大学出版社，2015.
[55] 许尚枢. 天台山历代名人传 [M]. 杭州：江人民出版社，2000.
[56] 郭卫东. 近代外国在华文化机构综录 [M]. 上海：上海人民出版社，1993.
[57] 高信成. 中国图书发行史 [M]. 上海：复旦大学出版社，2005.
[58] 何凯立. 基督教在华出版事业（1912—1949）[M]. 陈建明，王再兴，译. 成都：四川大学出版社，2004.
[59] 上海鲁迅纪念馆编. 鲁迅与上海 [M]. 上海：上海社会科学院出版社，2018.
[60] 汪耀华. 1843 年开始的上海出版故事 [M]. 上海：上海人民出版社，2014.
[61] 黄光域. 外国在华工商企业辞典 [M]. 成都：四川人民出版社，1995.
[62] 郁达夫. 郁达夫书信集 [M]. 长春：吉林出版集团股份有限公司，2017.
[63] 陈谦平. 民国对外关系史论（1927—1949）[M]. 北京：生活·读书·新知三联书店，2013.
[64] 周武主. 二战中的上海 [M]. 上海：上海远东出版社，2015.
[65] 北京图书馆参考研究部. 北京图书馆参考工作资料汇编第十四辑 [M]. 1990.

[66] 李兴耕，李仁年，张慧君. 风雨浮萍：俄国侨民在中国（1917—1945）[M]. 北京：中央编译出版社，1997.

[67] 薛理勇. 西风落叶：海上教会机构寻踪 [M]. 上海：同济大学出版社，2017.

[68] 薛理勇. 老上海高楼广厦 [M]. 上海：上海书店出版社，2014.

[69] 孙逊，陈恒主. 城市精神：一种生态世界观 [M]. 上海：上海三联书店，2016.

[70] 任延黎. 天主教知识读本 [M]. 北京：宗教文化出版社，2015.

[71] 施叔华. 上海市区志系列丛刊：杨浦区志 [M]. 上海：上海社会科学院出版社，1995.

[72] 任继愈. 中华大典：宗教典：伊斯兰基督与诸教分典 [M]. 石家庄：河北人民出版社，2017.

[73] 文昊. 民国的报业巨头 [M]. 北京：中国文史出版社，2013.

[74] 沈从文. 中国文物常识 [M]. 成都：天地出版社，2019.

[75] 装饰杂志编辑部. 学人问津 1[M]. 沈阳：辽宁美术出版社，2017.

[76] 胡绍浚. 实用书法教程 [M]. 武汉：武汉水利电力大学出版社，1998.

[77] 赵连生. 小百科全书：科学的发明与发现 [M]. 济南：山东科学技术出版社，1981.

[78] 陈君慧. 影响人类的重大发明：第 1 册 [M]. 长春：吉林出版集团有限责任公司，2013.

[79] 林惠祥. 文化人类学 [M]. 上海：上海古籍出版社，2013.

[80] 巴特利特. 符号中的历史：浓缩人类文明的 100 个象征符号 [M]. 北京：北京联合出版公司，2016.

[81] 王志艳. 中国的发明与发现：永远闪耀着的智慧之光 [M]. 北京：北京燕山出版社，2006.

[82] 吴民祥. 德性自觉 [M]. 北京：新华出版社，2018.

[83] 天津市西青区教育局. 西青百年教育：上 [M]. 天津：天津社会科学院出版社，2018.

[84] 薛娟. 中国近现代设计艺术史论 [M]. 北京：中国水利水电出版社，2009.

[85] 美术大观编辑部. 中国美术教育学术论丛：艺术设计卷 [M]. 沈阳：辽宁美术出版社，2016.

[86] 于明主. 世界美术全集：雕塑卷：上 [M]. 西宁：青海人民出版社，2003.

[87] 鲁迅. 鲁迅著作全集（1928—1932）[M]. 陈淑渝，肖振鸣，整理. 福州：福建教育出版社，2006.

[88] 曹之. 中国古籍版本学 [M]. 武汉：武汉大学出版社，2015.

[89] 石洪运，陈琦. 图书收藏及鉴赏 [M]. 武汉：湖北人民出版社，1998.

[90] 刘江. 篆刻艺术赏析 [M]. 南宁：广西美术出版社，2016.

[91] 李学勤，郭志坤，黄爱梅. 封邦建国的礼乐世界：西周 [M]. 上海：上海人民出版社，2018.

[92] 林子雄.古版新语：广东古籍文献研究文集[M].广州：广州出版社，2018.

[93] 谭景，康永平.设计概论[M].天津：天津大学出版社，2010.

[94] 佐佐木刚士.佐佐木刚士的设计制作原理[M].上海：上海人民美术出版社，2016.

[95] 罗智国.近代中国书业的非凡时代（1905—1937）[M].合肥：黄山书社，2017.

[96] 刘瑞升.徐霞客游记书影[M].上海：上海远东出版社，2017.

[97] 陈巧孙.小谈"出版标记"：出版史料：第一辑[M].上海：学林出版社，1982.

[98] 魏华龄.桂林抗战文化综论[M].南宁：广西人民出版社，2014.

[99] 吴永贵.中国出版史：近现代卷：下册[M].长沙：湖南大学出版社，2008.

[100] 山东省菏泽地区地方史志编纂委员会.菏泽地区志[M].济南：齐鲁书社，1998.

[101] 贵州省地方志编纂委员会.贵州省志：出版志[M].贵阳：贵州人民出版社，1996.

[102] 信阳地区地方史志编纂委员会.信阳地区志[M].北京：生活·读书·新知三联书店，1992.

[103] 汤祖祥.革命故事[M].合肥：黄山书社，2015.

[104] 六安市地方志编纂委员会.六安市志[M].南昌：江西人民出版社，1991.

[105] 杨丽莹.清末民初的石印术与石印本研究——以上海地区为中心[M].上海：上海古籍出版社，2018.

[106] 徐凤晨，赵矢元.中国近代史[M].沈阳：辽宁人民出版社，1982.

图册类：

[1] 实业部商标局.民国商标汇刊[M].北京：知识产权出版社，2012.

[2] 农商部商标局.商标公报[N].1923—1948.北京：国家图书馆出版社，2014.

[3] 左旭初.民国商标图典[M].上海：上海锦绣文章出版社，2013.

[4] 张泽贤.民国出版标记大观[M].精装本.上海：上海远东出版社，2012.

[5] 张泽贤.民国出版标记大观续编[M].精装本.上海：上海远东出版社，2012.

数字资源及网站：

[1] 中国历史文献总库：近代报刊图书数据库，http://bz.nlcpress.com/library/publish/default/Main.jsp.

[2] 民国时期期刊全文数据库，https://www.cnbksy.com.

[3] 域外汉籍数据库，http://gj.reasonlib.com.

[4] 孔夫子旧书网，https://www.kongfz.com.

……

后 记

一次在学校图书馆查阅资料中，我无意间发现了张泽贤先生的《民国出版标记大观》，很快就被书中作者收集的众多个性鲜明、创意多变的出版标志所吸引，几番借还之后自己索性买了一套放置于案头，闲暇时翻阅欣赏。后来逐渐发现了诸多兴趣点，萌生了从设计艺术的角度进行专题研究的念头。在随后时断时续的分类整理中，研究的思路逐渐明晰了起来，并以此申请到了2013年北京印刷学院北印学者项目的立项。立项后适逢当届研究生论文选题，便将对此感兴趣的研究生纳入了项目研究团队。后来又赶上中国印刷博物馆举办出版印刷学术研讨会，经过努力师生相关单篇研究论文被大会选中，会后随论文结集出版。2014年我赴英国访学一年，相关研究暂时搁置，但研究生以此为选题的硕士论文仍在继续。虽然相隔两地，好在借助前期的资料储备，再加上网络联系的便利，我顺利完成指导其硕士论文《民国出版标记的设计与文化》的写作，后来该论文还获得了校级毕业生优秀论文奖。

访学结束回国后，我准备继续近现代标志设计艺术研究项目的时候，却突然意识到前期的研究思路、框架和方法等，都已在辅导研究生的参会论文与硕士论文的写作中用尽，重新接续先前的研究已无多少可拓展的空间，再加上其他原因，后来不得已申请项目延期。延期后，被迫从头开始研读民国出版史料，翻阅各种文献资料，多方搜集相关标志图像，关注出版界与史学界最新的研究成果，通过不断的梳理分析和对比，寻找新的研究角度和突破点等。期间一路坎坷，经常在不断的肯定与否定中摸索前行……

目前，北印学者项目早已结题，结题后的研究成果，又经过反复的充实、调整和修改，成为这本《近现代出版标志设计研究》书稿。在北京印刷学院人才引进项目及艺术学学科建设项目的资助下，书稿最终得以出版。但深知个人专业及研究能力有限，其中还有许多遗漏缺憾和不足，恳请专家同行多批评指正，希望未来能有机会进一步完善与提升。

最后，谨向《民国出版史》《中国出版史》《中国近现代出版通史》及《民国出版标记大观》《民国出版标记大观续集》等著作的专家学者们表示敬意！没有前辈筚路蓝缕、披荆斩棘的奠基工作，本书的研究将漫漫如长夜。

2022.8.7 于清城